KU-529-303

FRENCH LITERATURE AND THE PHILOSOPHY OF CONSCIOUSNESS

Phenomenological Essays

NJL CLIS PF00496 12/2/85

6 00 104754 1

TELEPEN

Students and External Readers	Staff & Research Students
DATE DUE FOR RETURN	**DATE OF ISSUE**
ON EXHIBITION until 2.1. AUG 1985 UNIVERSITY LIBRARY − 7 JUN 2006 SEM HALL 32	
	N.B. All books must be returned for the Annual Inspection in June

Any book which you borrow remains your responsibility until the loan slip is cancelled

IAN W. ALEXANDER

French Literature
and the
Philosophy of Consciousness

Phenomenological Essays

IAN W. ALEXANDER

Edited by A. J. L. Busst
With an Introduction by Georges Poulet

CARDIFF
UNIVERSITY OF WALES PRESS
1984

© *University of Wales 1984*

All rights reserved. No part of this book may be reproduced, stored in a retrieval system, or transmitted, in any form or by any means, electronic, mechanical, photocopying, recording or otherwise, without clearance from the University of Wales Press.

British Library Cataloguing in Publication Data

Alexander, Ian W.
French literature and the philosophy of
consciousness: phenomenological essays.
1.   French literature—Philosophy
I. Title. II. Busst, A. J. L.
840'.1   PQ45

ISBN 0-7083-0862-7

Printed in Wales by Cambrian News, Aberystwyth.

Foreword

The virtual inaccessibility of a large number of short masterpieces of criticism by Ian W. Alexander suggested that his significant contribution to scholarship could best be marked, and the interests of the academic community best served if, instead of receiving the traditional *Festschrift* in honour of a retired professor, he were presented with a volume containing some of his own essays.

The choice of these essays was made extremely difficult by the wealth of material available. However, since considerations of publication imposed strict limits, it was decided to combine variety with unity by selecting pieces, three of them unpublished, showing Professor Alexander's treatment of the philosophy of consciousness in the works of widely differing authors and periods. The resulting collection illustrates very well not only the remarkable range of Alexander's interests, but also the persistence of certain preoccupations, underlined in Georges Poulet's *Introduction*. Above all, it clearly indicates Alexander's conviction that any work of criticism should be worthy of the author or subject studied.

Throughout his long university career, in all his diverse activities as scholar, thinker and writer, as teacher and administrator, and now in his retirement, never for one moment has Ian Alexander allowed himself to forget what he has always considered to be the most important function of the academic: intellectual work at the highest level. This unfailing devotion to such an eminent and serious ideal has provided an example and an inspiration for generations of students and for countless colleagues and friends. It has also profoundly influenced everything that he himself has written, from full-length studies to short articles and reviews.

All of Alexander's works are admirably lucid and also, as Georges Poulet points out, beautifully structured and balanced; but they do not yield their treasures to the cursory glance of a reader seeking an easy distraction. Believing that a composition resulting from years of reflection, and devoted to the study of the most complex ideas of great thinkers, cannot be assimilated without application, he has never attempted to cultivate a wide readership, but has rather addressed himself, like his beloved Stendhal, to 'The

Happy Few' — to those who, in this case, are willing to make the effort to reach the profound insight that Ian Alexander's works always contain.

A. J. L. Busst

Contents

		Page
FOREWORD		V
BIOGRAPHY		ix
INTRODUCTION		1
I.	Raison, existence, être selon les notions de Pascal	6
II.	Philosophy of Organism and Philosophy of Consciousness in Diderot's Speculative Thought	19
III.	La Morale 'ouverte' de Benjamin Constant	39
IV.	The Consciousness of Time in Baudelaire	60
V.	The Phenomenological Philosophy in France. An Analysis of its Themes, Significance and Implications	76
VI.	Maine de Biran and Phenomenology	105
VII.	Ideas and Literature in France in the Twentieth Century	126
VIII.	Le Relatif et L'Actuel. En marge des pensées d'Alain	138
IX.	The Ontology of Gabriel Marcel	169
X.	Consciousness and Structure in Paul Valéry's 'System'	183
SELECTED BIBLIOGRAPHY OF PUBLICATIONS		204

Biography

1911	Born in Edinburgh
1919-28	Royal High School, Edinburgh
1928-32	University of Edinburgh
1932	M.A. First Class Honours in Modern Languages
1949	D. Litt. (Thesis: The Philosophy of Gabriel Marcel in its Relations with Contemporary French Thought)

1932-34	Carnegie Research Scholar (Paris)
1934-36	Assistant in French, University of Edinburgh
1936-37	Carnegie Research Fellow (Paris)
1937-38	Assistant Lecturer, University of Edinburgh
1938-46	Lecturer, University of Edinburgh
1946-51	Lecturer and Head of Department of French, University College, Dundee, in the University of St. Andrews.
1951-1977	Professor of French and Romance Studies, University College of North Wales, Bangor
1958-60	Dean of Faculty of Arts, Bangor.
1977	Professor Emeritus, University of Wales

1953	*Officier d'Académie
1953	Lecturer (on the Scottish School in philosophy) at a special meeting in Paris of the French branch of the Franco-Scottish Society, in honour of Gabriel Marcel
1966	Fellow of the International Institute of Arts and Letters (F.I.A.L.)
1967	G. T. Clapton Memorial Lecturer, University of Leeds (on Pascal)
1973	*Promotion to Officier dans l'Ordre des Palmes Académiques.

---

*The Order of the Palmes Académiques was reorganised in 1955. Under the new dispensation, the Order was assimilated to other Orders with three ranks: *Chevalier, Officier, Commandeur.* The old Officier d'Académie became Chevalier. So the appointment as Officier (1973) was a promotion.

1952-81	President, North Wales Branch of Modern Language Association
1967-72 } 1979-81	President, British Society for Phenomenology
1972-79 } 1981-	Vice-President, British Society for Phenomenology
1967-	Member of the Editorial Board, *Journal of the British Society for Phenomenology*
1968-75	Member of Advisory Board, *The Human Context*
1975-	Member of the Comité de Patronage of the Association Présence de Gabriel Marcel

Introduction

Je me souviens encore aujourd'hui avec beaucoup de netteté des débuts d'Ian W. Alexander. Cela devait avoir lieu aux environs de l'année 1935. A cette époque, en France, un des critiques littéraires les plus réputés était un Mexicain établi à Paris et portant le nom de Ramon Fernandez. Le jeune Alexander qui admirait ses écrits, décida d'écrire sur lui un article d'ensemble. Ce choix était révélateur. Il trahissait chez le néophyte le désir d'entreprendre, pour approfondir sa propre pensée, alors à peine ébauchée, l'étude d'une autre pensée, celle-ci entièrement formée, mais que, dans ses principes essentiels, il sentait proche de la sienne. En cherchant à pénétrer à fond la pensée de Fernandez, Alexander visiblement s'appliquait à préciser la méthode même dont il comptait se servir pour son propre compte. Or, quelle était cette méthode? On pouvait la considérer à la fois comme volontariste et rigoureusement intellectuelle. D'un côté il s'agissait de mettre en évidence chez l'auteur étudié la part accordée par lui à la notion d'effort. Mais en même temps aussi il s'agissait de comprendre que ce rôle prépondérant de l'activité volontaire pouvait être intégralement transposé dans un langage purement intellectualiste. Unir dans le même acte de compréhension critique l'élan volontaire de la pensée analysée et l'inflexion intellectuelle que tirait d'elle la réflexion, telles étaient, aux yeux d'Alexander comme de Fernandez, les deux faces complémentaires d'une même pensée, qu'il importait avant tout de faire apparaître.

C'est dans cette saisie presque simultanée d'un élan et d'une réflexion sur cet élan, que je vois le point de départ de la pensée alexandrienne. A l'exemple de son maître, Alexander va s'appliquer à montrer toute grande activité intellectuelle comme alimentée du dedans par l'action permanente d'un vouloir qui l'oriente vers une certaine fin. Chaque œuvre se présente comme engagée dans une lancée orientée, propulsée et maintenue dans son progrès constant par une force toujours au travail. Force en son origine peut-être difficilement élucidable, mais qui devient très claire dès qu'on voit la fermeté avec laquelle elle se dirige vers la fin qu'elle ne cesse de viser. Force dirigée, donc déterminée. Peut-être une telle conception avait-elle quelque chose d'un peu rigide. Elle suivait un chemin forcément rectiligne. Elle décrivait une action qui avait tendance à se poursuivre toujours à la même allure. Enfin, dernier péril que pouvait frôler une telle critique, le passage forcé qu'elle faisait apparaître entre le caractère nécessairement dynamique de la pensée ainsi décrite et le statisme inévitable de la réflexion abstraite à laquelle elle aboutissait. Il fallait donc infléchir cette tendance.

C'est ce qui arriva lorsque peu de temps après la période dont je parle, Alexander fit la découverte d'une pensée infiniment plus profonde que celle de Fernandez. Je veux parler de celle du grand philosophe allemand Husserl. Pour celle-ci il ne pouvait y avoir à aucun moment de substitution de l'abstrait au concret. Sur tout son cours l'élan volontaire décrit par lui se présentait comme une force vivante dont il n'était pas possible de donner un simple équivalent intellectuel. Mais d'autre part aussi, sur tout son cours, la pensée se refusait à être décrite comme un simple schéma idéologique ayant pour fin de remplacer et d'effacer ce qui n'en aurait été que la préparation. Au contraire, chez Husserl, d'un bout à l'autre la pensée maintenait la même activité et la même orientation: semblable ainsi à la flèche partie de l'arc, qui ne cesse de pointer vers son but.

Enfin la pensée de Husserl, à la différence de celle de Fernandez, se présentait à celui qui l'adoptait, comme universellement valable. Elle ne se limitait pas à l'examen de quelques cas particuliers. D'où le profit exceptionnel que dut tirer Alexander de sa conversion, d'ailleurs toute relative, à la phénoménologie husserlienne. Grâce à tout ce que celle-ci lui ouvrait, les applications qu'il pouvait en tirer, se révélaient être sans limites.

Il n'en reste pas moins que si vaste que pût être le champ où elle s'exerçait, la méthode husserlienne pouvait se révéler parfois à celui qui la pratiquait, comme un peu trop exclusivement absorbée dans ses buts propres. Une doctrine qui aboutissait invariablement à ne percevoir jamais en toute activité humaine que des visées très nettes, fixées une fois pour toutes, courait le risque d'apparaître à celui qui la pratiquait sans y être inféodé, comme manquant quelque peu de flexibilité. Sans doute, à de certains moments, la critique d'Alexander pouvait donner l'impression de devenir prisonnière de la pensée qu'elle étudiait. Néanmoins, et c'est là le point essentiel, jamais la critique d'Alexander n'a cédé à la tentation qui s'offrait à lui sur ce point. Jamais, en fait, elle n'a voulu ramener sa propre recherche à la description unilatérale d'une tendance. Elle a excellé et continue d'exceller au contraire à dégager chaque fois dans le courant de toute pensée les mille remous qui s'y enchevêtrent et qui lui donnent ce caractère concret, plural, authentiquement vécu, que les forces à l'œuvre laissent voir toujours quand on les suit dans leur action. Contrairement à l'espèce de simplification exagérée souvent opérée par la phénoménologie, la critique d'Alexander n'a cessé de s'intéresser à la pluralité et à l'ondoyance. Dans cette tâche elle fut et reste puissamment aidée par la pratique de deux autres grandes philosophies, l'une et l'autre françaises, celle d'Henri Bergson et celle de Gabriel Marcel.

Peu de philosophes ont été aussi souvent étudiés que Bergson. Mais pour le comprendre il ne suffit pas d'accompagner sa pensée du dehors, il faut en quelque sorte s'identifier avec elle dans le mouvement extrêmement complexe, et parfois même équivoque, par lequel elle procède, D'où, chez elle, une différence notable avec la pensée de Husserl. Cette dernière, comme nous l'avons vu, est complètement dominée par la *fin* qu'elle se donne. Il ne s'agit que de la suivre dans la ligne de son élan. Il en va très différemment chez Bergson. Chez celui-ci la ligne hésite, tremble, semble osciller entre les fins qu'elle se découvre. Elle penche tantôt d'un côté et tantôt d'un autre, selon des mouvements apparemment confus, qu'on ne saurait vouloir préciser sans en altérer la nature. Enfin elle est sujette à des accélérations et à des décélérations, qui, tantôt, comme chez Husserl, pressent chez Bergson la pensée dans une direction déterminée, mais qui, parfois aussi, et même très fréquemment, débouchent sur de profondes mais obscures régions de la pensée. En un mot, pour Bergson, et par conséquent pour le critique qui s'inspirerait de lui, la pensée ne se confine pas dans une marche en avant sévèrement dirigée. Il y a alternance de la tension et de la détente, de l'effort et d'une suspension provisoire de celui-ci. C'est dire que la pensée ne paraît plus ici, comme chez Husserl, infatigablement orientée vers des fins *déterminées*. A la détermination succède souvent une faculté inverse, toujours renouvelable, encore que toujours fuyante, qui n'étant définie par rien de précis, mérite à juste titre le nom de *pensée indéterminée*. Déterminations et indéterminations, tels sont les deux pôles de la pensée bergsonienne. Or, c'est ce qu'on peut découvrir en lisant un des plus beaux essais d'Alexander, le *Bergson* qu'il a publié dans les *Studies in Modern European Literature:* merveilleux petit livre, admirablement condensé et balancé comme tout ce qu'écrit Alexander, et où l'on voit présentées dans le plus juste équilibre, les deux tendances antagonistes de la conscience, la tendance à poursuivre sans trêve la course qu'elle mène vers ses objets, et la tendance inverse où, ralentissant progressivement sa course, elle aboutit à n'être plus qu'une conscience sans objet, une conscience détendue.

L'influence de Bergson est perceptible dans presque tous les essais d'Alexander. Mais on ne peut parler de ce dernier comme du représentant d'un bergsonisme intégral. A la pensée de Bergson s'allie souvent chez lui l'action d'une pensée plus concrète encore et plus sensible aux sautes, aux contradictions, aux surgissements inattendus qui se manifestent dans la vie de la conscience. En un mot, chez Alexander, se marque, souvent de façon très nette, une forme de pensée qui n'est plus ni husserlienne, ni bergsonienne, qui est proprement existentialiste. Il faut rappeler, à ce propos, qu'une des œuvres les plus documentées d'Alexander, est sa thèse de doctorat sur le grand existentialiste français, Gabriel Marcel. L'espace nous manque pour parler dans le détail de l'influence de Marcel sur Alexander. Elle fut considérable. Marcel n'est pas comme Husserl un phénoménologue. Sa pensée n'est jamais dirigée vers un but déterminé. D'autre part, à la différence de celle de Bergson, elle est tout le contraire d'une pensée continue. Elle procède par bonds, par pauses, par interruptions brusques, suivies de nouveaux élans. Elle avance par coups de sonde dans des profondeurs qui ne peuvent être que très imparfaitement explorées. En conséquence elle s'oriente vers une réalité forcément problématique qui ne se découvre jamais entièrement et dont on ne peut jamais qu'approcher.

Ainsi, passant d'un maître à penser à un autre, de Husserl à Bergson, de Bergson à Marcel, peut-être encore de Marcel à Merleau-Ponty, s'orientant enfin curieusement vers une des formes les plus récentes de la critique occidentale, le structuralisme, l'activité critique d'Alexander ne se fixe jamais, elle ne se laisse jamais capturer définitivement par aucune doctrine. Toutes l'enrichissent, aucune ne le fige dans une attitude fermée sur elle-même. Cette capacité de s'ouvrir à la vaste pluralité des formes intellectuelles n'est nulle part aussi évidente que dans l'ouvrage extérieurement très mince mais merveilleusement riche en nuances de toutes sortes, qu'Alexander en 1973 a consacré à l'*Adolphe* de Benjamin Constant. C'est à mon avis son chef-d'œuvre.

Imprégné par les aspects multiples de la pensée française, mais resté par un autre côté très britannique dans ses façons de sentir, de penser, de s'exprimer, Ian W. Alexander me fait irrésistiblement penser à ces deux maîtres de la critique anglaise qui ont si bien su, s'approprier ce qu'il y a de plus français dans la pensée française: Hazlitt parlant de Jean-Jacques, Pater parlant de Du Bellay ou de Watteau.

GEORGES POULET

Raison, existence, être
selon les notions de Pascal

« Une sphère dont le centre est partout, la circonférence nulle part », telle est l'image que la tradition applique à Dieu et que Pascal applique à « la réalité des choses », voire à la totalité de l'être, naturel et surnaturel[1]. Petit point perdu dans cet être infini qui l'accable par son mystère, sa grandeur et sa complexité, l'homme a beau aspirer à une connaissance qui soit totale et claire. La raison, qui y prétend, ne peut être adéquate au réel de par sa nature et sa fonction mêmes. Esprit géométrique, elle avance vers ses conclusions moyennant des termes clairement définis et des propositions évidentes rangées dans un ordre qui permet le passage du simple au complexe. Mais, si elle ne peut se tromper pourvu que ses définitions soient exactes et qu'elle observe l'ordre de la déduction, ce qu'elle manie sont des concepts et des abstractions, des « principes gros » ou « palpables[2] », et sa démarche est telle qu'elle finit par substituer à la complexité des choses une simplicité abstraite, à l'hétérogénéité l'homogénéité et aux procès organiques un progrès successif et linéaire. D'autres facultés donc doivent entrer en jeu pour nous mettre en contact avec la substance du réel — monde de faits et d'existences avec leur tissu de relations subtiles et obscures — et pour fonder les croyances par lesquelles nous définissons notre rapport au réel et sur la foi desquelles nous agissons en tant que sujets existants au sein de cet être multiple et divers.

Tels sont le cœur et l'esprit de finesse, distincts sans doute dans leur objet, mais pareils dans leur mode d'opération et en ayant leur source dans la « nature ». Dans toutes les activités humaines, en effet, « la nature soutient la raison impuissante[3] ». Même en mathématiques, lieu privilégié de l'esprit géométrique, le géomètre doit renoncer à son idéal de « tout définir » et de « tout prouver » et, consentant à « se tenir dans le milieu », reconnaître que les premiers principes, nombre, espace, temps, mouvement, sont indémontrables, « sentis » plutôt que connus[4]. Quant aux règles de méthode de la science expérimentale, elles ne vaudraient rien sans l'appel à l'imagination créatrice avec son mélange d'intuition, de finesse et de choix. Dans les trois moments de sa démarche il y a discernement, choix et même « pari », soit pour distinguer les faits significatifs, soit pour construire l'hypothèse explicative, soit pour combiner l'expérience décisive. « Mais si notre vue s'arrête là, que l'imagination passe outre[5] », cette phrase de Pascal s'appliquerait bien à sa méthodologie de savant, car, comme ses écrits relatifs au vide l'indiquent, il a bien vu que toute découverte scientifique implique un saut dans l'inconnu et un véritable engagement de la part du savant[6]. C'est pourtant bien dans le domaine des relations personnelles que le rôle du cœur et de l'esprit de finesse se manifeste le plus clairement. Les jugements que nous formons à l'égard des personnes ne se présentent sûrement pas comme les conclusions d'une démonstration. « On ne prouve pas qu'on doit être aimé, en exposant d'ordre les causes de l'amour: cela serait ridicule[7]. » Plutôt s'agit-il d'une certaine sensibilité, mélange de finesse et d'instinct, prompte à saisir les éléments multiples d'esprit, de caractère et de comportement de la personne, lesquels semblent se fondre dans une perception globale pour produire une persuasion intérieure et motiver un jugement de valeur.

Ce qu'il y a de significatif dans le type de certitude offerte dans tous ces cas, c'est son caractère global et instantané. Organe de synthèse, le cœur saisit des totalités concrètes dans un mouvement compréhensif qui « tout d'un coup voit la chose d'un seul regard[8] », bien différent de la démarche successive du raisonnement. Les divers éléments dont le jugement se forme — expériences répétées du temps et de l'espace, faits explicites et implicites compris dans l'hypothèse, signes et indices discernés chez les personnes — sont ramassés et comme fondus ensemble dans une conviction globale et immédiate qui est à la fois connaissance et sentiment, bref, une « certitude du cœur » ou croyance.

On peut distinguer trois facteurs qui collaborent dans la croyance. En premier lieu il y a le facteur intellectuel, car Pascal donne au cœur une fonction cognitive: non pas la raison mais le « jugement », qui est le pouvoir qu'a l'esprit de mettre en balance les faits et les arguments qui lui sont présentés[9]. Ensuite il y a la volonté. Car, même s'il y a toujours des « raisons » qui motivent la croyance (« le cœur a ses raisons ....[10] »), ces raisons sont des faits ou des conclusions tirées des faits et ne sont pas évidentes en soi. Qu'une série de faits ou d'arguments incline l'esprit à les accepter de préférence à la série de faits ou d'arguments contraires par leur degré supérieur de probabilité — et ils le font dans la mesure où ils sont plus nombreux, plus pertinents et plus éclairants — ils n'en restent pas moins des probabilités qui, pour être converties en certitudes, demandent un mouvement actif de la volonté. La volonté est donc ce qui rend possible l'appropriation subjective de la vérité, essentielle à tout jugement de valeur, ce par quoi on opte pour une série de raisons, annulant par un refus exprès les raisons opposées. Non pas que les vérités soient de pures créations de la volonté. « La volonté est un des principaux organes de la créance », mais « non qu'elle forme la créance ». « L'esprit croit naturellement, et la volonté aime naturellement[11] ». La volonté « répond » à l'appel d'une vérite « vue » par l'esprit, y mettant le sceau de la certitude. Reste enfin un troisième élément constitutif de la croyance, à savoir la coutume. « La coutume fait nos preuves les plus fortes et les plus crues; elle incline l'automate, qui entraîne l'esprit sans qu'il y pense[12] ». Les croyances en effet constituent une sorte de mécanisme mental qui règle la conduite automatiquement. En plus, engagées dans le mécanisme corporel lui-même, elles se manifestent sous la forme d'un comportement spécifique.

Ainsi les croyances, par la simple répétition des expériences ou par l'accumulation de preuves convergentes présentées à l'esprit et appropriées par la volonté, deviennent des habitudes invincibles de l'esprit et du corps — certitudes qui sont à la fois pensée, sentiment, volonté et action, ce que Lucien Goldmann, les assimilant aux postulats kantiens, appelle des « certitudes théorico-pratiques[13] », modes de connaissance du monde et instruments d'action dans le monde. Choix et coutume, peut-on noter d'ailleurs, jouent un rôle là où l'on s'y attend le moins; quand, par exemple, grâce à l'attention obstinée et voulue donnée par le géomètre à ses démonstrations, « les propositions géométriques deviennent sentiments[14] ». Même dans l'expérience du temps et de l'espace, qui à première vue ne paraît leur réserver aucune place, ils ont néanmoins leur part. Car, si d'une part le temps et l'espace s'imposent à la conscience par leur répétition dans l'expérience, ils ne le font pas sans susciter un mouvement de la volonté, du fait même que « l'homme a rapport à tout ce qu'il connaît[15] » et qu'un sujet est toujours là pour y répondre. Appropriation subjective immédiate, peut-on dire ou, selon le mot d'E. Baudin, « préadaptation » naturelle[16], pareille à cette intentionnalité sous-jacente de la conscience dont les phénoménologues ont fait la description, qui fait qu'un sujet est impliqué dans toute cognition et dans toute expérience, même si, pour celui qui cherche à le saisir, ce sujet fuit et échappe.

Il y a chez Pascal une logique de la croyance, complexe et pourtant cohérente. Elle se présente sous deux aspects, selon que l'on considère la manière dont les preuves qui fondent la croyance s'établissent dans l'esprit en face des preuves ennemies, ou selon que l'on considère la manière dont elles s'organisent en système et s'incorporent dans une structure de pensée.

Toute croyance est l'issue d'une querelle où deux séries de raisons s'opposent et s'affrontent devant l'esprit qui, par un « renversement continuel du pour au contre[17] », les met en balance, chacune sollicitant l'adhésion du jugement. A tout moment celle qui prend le dessus rencontre une résistance de la part des raisons et des preuves contraires, résistance qui pour être vaincue réclame des choix répétés de la volonté. La croyance ne s'établit ainsi qu'au terme d'une dialectique d'affirmations et de négations successives. Vue sous cet angle, comme une logique de la dispute intérieure, la logique pascalienne prend donc la forme d'une dialectique.

Si maintenant on considère la logique pascalienne sous son second aspect, c'est-à-dire comme un art de persuader, les choses se présentent autrement, car ici il s'agit de persuader autrui (ou soi-même) et à cet effet d'organiser les preuves en système. Les trois organes de la croyance, jugement, volonté, coutume, sont mis en œuvre. « Il faut commencer par montrer que la religion n'est point contraire à la raison; ... la rendre ensuite aimable, faire souhaiter aux bons qu'elle fût vraie; et puis montrer qu'elle est vraie. » « Il faut ouvrir son esprit aux preuves, s'y confirmer par la coutume ...[18] » Recours à l'esprit d'abord, puisque Pascal prétend offrir « des preuves convaincantes[19] » du christianisme. Pourtant, leur degré de clarté ne dépasse pas le niveau de la probabilité. « Les prophéties, les miracles mêmes et les preuves de notre religion ne sont pas de telle nature qu'on puisse dire qu'ils sont absolument convaincants ... Mais l'évidence est telle, qu'elle surpasse, ou égale pour le moins, l'évidence du contraire; de sorte que ce n'est pas la raison qui puisse déterminer à ne la pas suivre ...[20] » En religion comme en tout ce qui touche à l'existence, on n'a que des probabilités raisonnables qui pour devenir certitudes doivent être appropriées par la volonté. Une logique est donc requise capable de fixer l'attention sur les preuves affirmatives à l'exclusion des preuves contraires afin de faciliter cette appropriation. Tel est cet « ordre du cœur » dont parle Pascal[21], démarche logique, mais différente de celle dont il a été parlé plus haut. Car, alors que dans celle-là il y a conflit et négativé, puisque deux séries de raisons s'opposent et que la volonté est appelée à nier à coups répétés l'une des séries pour en affirmer l'autre, dans celle-ci il s'agit de tenir toutes les raisons contraires à distance et de fixer l'esprit exclusivement sur les raisons proposées. D'où la définition de l'ordre du cœur: « Cet ordre consiste principalement à la digression sur chaque point qu'on rapporte à la fin, pour la montrer toujours[22] ». Les divers arguments se combinent et s'accumulent de sorte que tous, enveloppés pour ainsi dire les uns dans les autres, convergent vers une même fin, portant l'esprit et la volonté « naturellement et sans art[23] » vers une certitude intérieure par leur poids réuni.

L'ordre du cœur serait donc prospectif par contraste avec l'ordre rétrospectif de la raison, où les conséquences dépendent des principes. Il en différerait également en offrant la continuité d'un système organique par contraste avec la continuité d'un système déductif. L'ordre de la dialectique, prospectif comme l'ordre du cœur, serait à distinguer pourtant à la fois de celui-ci et de l'ordre de la raison, sa démarche étant par « sauts », par affirmations et négations alternées.

C'est bien cet ordre du cœur toutefois qui a la priorité dans la pensée de Pascal logicien, car il répond à ce qu'il y a de plus personnel chez lui, à cet appétit de l'être sous ses deux formes, soif de la certitude et nostalgie de la présence. C'est en suivant l'ordre du cœur que les preuves — faits, indices, raisons —s'incorporent dans une structure. Elles s'entassent, empiètent les unes sur les autres, par occasion s'emboîtent les unes dans les autres, toutes porteuses d'un même sens constamment varié, pour constituer un système structuré tributaire d'une même sémantique; tout comme les structures d'un texte, en déterminant les fonctions spécifiques des signifiants et les limites de leur jeu, ordonnent en système la diversité des lectures, conformément d'ailleurs à ce mot de Pascal lui-même, « morale et langage sont des sciences particulières, mais universelles[24] ».

Le caractère distinctif d'un système pareil est qu'il reste ouvert. Si un même sens le règle, aucune limite n'est posée aux variations sur le thème dominant. Ce qui domine chez Pascal apologiste est la tendance à varier les points de vue, à tasser, à remplir, dans un effort pour combler ce vide de la connaissance qui vient du fait que les hommes sont « incapables de savoir certainement et d'ignorer absolument[25] ». Cette tendance pascalienne au remplissage a été admirablement mise en relief par Georges Poulet, lorsqu'il note que « dans l'épistémologie pascalienne il ne peut y avoir de place pour une connaissance à distance, pour une connaissance qui atteindrait son objet sans s'étirer jusqu'à lui[26] ». Dans l'ordre du cœur, peut-on remarquer encore, l'art de convaincre et l'art d'agréer coïncident, comme Pascal l'a bien reconnu: « L'art de persuader consiste autant en celui d'agréer qu'en celui de convaincre[27]. » S'il y a des rapports de convenance et d'analogie entre les preuves, en effet, il y en a également entre les preuves et le sujet, du fait que « l'homme a rapport à tout ce qu'il connaît ». Et le même principe d'enveloppement structural se trouve appliqué dans l'un comme dans l'autre cas, comme il ressort d'une analyse du concept de modèle stylistique chez Pascal, telle celle qui a été faite par Louis Marin dans une étude où il définit l'art d'agréer comme une « sorte de logique imaginaire » dont les structures ou modèles jouent le rôle de « moyens opératoires » ou « possibilités de transformation[28] ».

Dans cette logique de la croyance il reste pourtant un dernier élément ou, si l'on préfère, une troisième « logique » à ajouter aux précédentes: après la logique de la dispute intérieure et la logique de la persuasion, une logique du comportement, ces trois « logiques» correspondant d'ailleurs aux «trois ordres de choses: la chair, l'esprit, la volonté[29] ». De cette logique du comportement l'argument du pari fournit les éléments essentiels. Cet argument ne vise pas, bien entendu, à démontrer l'existence de Dieu, chose reconnue impossible dès le début. Plutôt faut-il supposer que sous le poids des preuves la volonté du lecteur ait-été amenée au bord de la décision, mais qu'elle rencontre une dernière résistance. Reste donc à attaquer la volonté directement par un appel à l'intérêt. L'argument du pari est, comme le dit Henri Gouhier, une « mise en situation[30] ». Il met le lecteur en face de sa situation existentielle, en montrant que la question de l'existence de Dieu importe pour l'individu, puisque son destin sur cette terre et dans une vie future dépendra de sa réponse, qu' « il s'agit de nous-mêmes, et de notre tout ». Force lui est de choisir: « Cela n'est pas volontaire, vous êtes embarqué[31]. » Etant donné cette obligation de choisir, il s'agit, en appliquant la « règle des partis », de faire un choix raisonnable à la lumière d'un calcul des gains et des pertes respectifs qui résulteraient d'une décision pour ou contre l'existence de Dieu.

S'il n'était question que de l'existence de Dieu, l'argument du pari aurait peu de force. Mais, comme il ressort clairement d'une lecture du texte, ce ne sont pas deux propositions, mais deux biens et, au fond, deux manières de vivre et deux conduites entre lesquels nous sommes invités à choisir. Opter pour l'existence du Dieu chrétien, c'est s'engager à mener une vie chrétienne. Toute croyance en fait implique une manière d'exister et, partant, demande à être transformée en action. Et ici l'apprenti croyant rencontre une double résistance. D'une part, la raison hésite au dernier moment à engager le moi sur la foi de preuves qui, quel que soit leur degré de probabilité, restent incertaines. Mais, répond Pascal, dans toutes les croyances qui règlent la conduite nous parions pour l'incertain, sinon « il ne faudrait rien faire du tout, car rien n'est certain[32] ». D'autre part, les croyances antérieures, devenues des habitudes de l'esprit et du corps, opposent une résistance tenace. Face à ces obstacles Pascal propose une double technique d'assimilation qui viendra en aide à l'esprit et à la volonté hésitant à choisir et qui en même temps permettra à la croyance nouvelle de s'installer à la place de la croyance ancienne: d'un côté « s'abêtir » ou dompter la raison qui doute en « ouvrant son esprit aux preuves[33] », afin que, par l'attention soutenue portée sur elles, elles s'incorporent dans le mécanisme psychique; de l'autre côté, puisque « nous sommes automate autant qu'esprit[34] », adopter la conduite appropriée (prendre de l'eau bénite, etc.) afin d'engager la croyance nouvelle dans un mécanisme corporel. Alors la croyance enfin née se manifestera comme une manière d'exister nouvelle, un seul sens sous la forme d'idée, de sentiment et d'action.

Les notions phénoménologiques d'être-au-monde et de projet viennent tout naturellement à l'esprit ici. Pascal conçoit le moi en effet comme un centre d'activité engagé dans le monde et son existence comme un projet pour la compréhension et pour le maniement du monde. Les croyances ne sont autre chose que des incarnations de tels projets, action donc autant qu'idée. Assimilées par l'esprit et incorporées dans des schèmes dynamiques moyennant l'action de la volonté, elles se manifestent sous la forme de mécanismes psychiques et physiques toujours prompts à entrer en action. Elles engagent l'homme tout entier comme une seule structure de l'esprit et du corps. Plutôt donc que de parler des croyances d'un sujet il faudrait parler d'un sujet croyant, car ses croyances sont des manières d'être et d'agir, et les propositions qu'il formule relatives à ses croyances décrivent des actions ou bien des intentions d'agir de telle ou telle façon. Pour vraiment

« comprendre » une croyance étrangère il ne suffit pas de se familiariser avec un certain domaine d'idées, il faut encore adopter la conduite appropriée, puisque c'est un projet nouveau dont on cherche à s'emparer. Posséder la vérité d'une religion, c'est en faire l'expérience: « penser à un Dieu possible, c'est faire l'expérience de posséder Dieu », comme Austin Farrar l'a bien dit[35].

Pourtant, s'il y a une pensée existentielle chez Pascal, elle est, comme sa logique même, tributaire d'une réflexion sur l'être, de ce que Jean Guitton appelle un « réalisme ontique[36] ». Pluraliste en ceci, mais sans nier l'unité de l'être, il conçoit la réalité comme une structure d'ordres distincts. Tout comme en mathématiques « on n'augmente pas une grandeur continue lorsqu'on lui ajoute, en tel nombre que l'on voudra, des grandeurs d'un ordre d'infinitude supérieur », de même « la distance infinie des corps aux esprits figure la distance infiniment plus infinie des esprits à la charité car elle est surnaturelle[37] ». L'être constitue donc une hiérarchie d'ordres discontinus, puisque chaque ordre, quoique susceptible d'une extension indéfinie à l'intérieur du plan qui est le sien, est fermé sur lui-même, étant séparé de l'ordre supérieur ou de l'ordre inférieur par une distance infinie, de sorte qu'aucun passage continu n'est possible d'un ordre à un autre. En outre, à cette structure du réel correspond une structure de l'esprit qui fait que les sens et les valeurs de cet ordre ne peuvent être saisis que par un esprit ajusté à cet ordre. A chacun répondent une intention et un projet spécifiques et, puisque les ordres de valeur sont discontinus, le passage de l'un à l'autre demande une véritable « conversion » du moi. « La grandeur des gens d'esprit est invisible aux rois, aux riches, aux capitaines, à tous ces grands de chair. La grandeur de la sagesse, qui n'est nulle sinon de Dieu, est invisible aux charnels et aux gens d'esprit. Ce sont trois ordres différant de genre[38] ». En un mot, pour comprendre, encore plus pour posséder, la croyance appartenant à un certain ordre, il faut adopter par une décision expresse le projet et la conduite correspondants.

Avant tout, il s'agit d'assumer un langage. Pascal conçoit les liens entre la croyance, le langage et l'action d'une façon presque contemporaine. Dans un passage de *De L'Esprit géométrique*, qui est peut-être basé sur celui des *Confessions* de saint Augustin auquel Wittgenstein fait allusion dans ses *Philosophical Investigations*[39], et encore dans le fragment 392, il soutient que l'on apprend à associer tel mot à telle idée en les entendant associer constamment par autrui; bref, que l'on apprend le sens des mots en observant la façon dont ils s'emploient. « Ainsi ce n'est pas la nature de ces choses que je dis qui est connue de tous: ce n'est simplement que le rapport entre le nom et la chose ». « Je vois bien qu'on applique ces mots dans les mêmes occasions … et de cette conformité d'application on tire une puissante conjecture d'une conformité d'idées[40] ». Sans doute, comme le dit Wittgenstein, cette explication ne vaut que pour un seul des « jeux de langage », à savoir l'attribution des noms[41]. Mais l'essentiel de la thèse pascalienne consiste dans la proposition que le sens des mots se découvre dans leur emploi, que le signifié se découvre dans le signifiant même, avec ce corollaire qu'on ne sort jamais du langage, puisqu'on ne sort d'un langage que pour tomber dans un autre. Et, s'il en est ainsi, pour apprendre le sens d'une croyance il est d'abord nécessaire de s'approprier le projet linguistique et l'univers du discours qui lui sont propres, puisque c'est dans un emploi linguistique spécifique que ce sens se découvre.

Ce que Pascal propose enfin c'est une technique, sinon pour l'acquisition, du moins pour la compréhension d'une croyance étrangère, qui consisterait dans l'adoption du projet entier — idées, langage, conduite — du croyant. Art plutôt que technique, puisque tout ici est finesse, sensibilité, disponibilité. Qu'une telle appropriation ne soit pas impossible, l'exemple du critique littéraire nous le prouve, lui qui s'empare d'un univers d'idées et de mots pour réaliser cette « coïncidence de deux consciences » dont parle Georges Poulet[42].

Sans doute y a-t-il paradoxe partout dans l'univers pascalien: du nombre, union d'infini et de rien, de l'homme, grand et petit, de Dieu même, caché et révélé. Mais il serait faux d'attribuer à Pascal une vue chère à certains existentialismes selon laquelle l'univers serait absurde et inintelligible. La phrase célèbre « tout ce qui est incompréhensible ne laisse pas d'être[43] », comme la suite l'indique (« Le nombre infini. Un espace infini, égal au fini »), ne fait que souligner les bornes de l'esprit géométrique, et les choses incompréhensibles dont il est question (nombre infini, etc.) sont précisément ce par quoi le monde devient intelligible pour nous. Le réel constitue une structure bien ordonnée et, s'il y a incompréhensibilité à la racine des choses, elle aussi devient intelligible dès qu'elle retrouve sa place comme le fondement de la structure entière. Il y a donc une « rationalité » du monde, non certes celle de l'esprit géométrique, puisque dans cette hiérarchie d'ordres discontinus aucun ordre ne se déduit d'un autre. Et s'il est vain de s'attendre à ce que la raison pure perçoive cette intelligibilité des choses, accoutumée comme elle l'est à tout mettre sur un même plan, le cœur et la finesse, aptes à saisir l'unité et la différence, en sont capables.

En outre, rien n'est plus éloigné d'un volontarisme ou doctrine du choix inconditionné du type sartrien. Chez Pascal l'être a la priorité sur la pensée. Si les croyances incorporent des sens et des valeurs, devenant ainsi des modes d'existence et des manières d'être du moi, ces sens et ces valeurs appartiennent à l'être même, où ils ont leur source et leur fondement. Présentés à l'esprit comme autant d'appels de l'être auxquels la volonté est invitée à répondre, ils sont « choisis » par le moi qui, en les incorporant dans son projet sous la double forme de pensée et d'action, les fait passer à l'existence. La croyance est à la fois « révélation » et « choix »; pour citer Henri Gouhier, « elle qualifie à la fois une propriété de ce qui est choisi et une qualité de celui qui choisit[44] ». Le rôle du moi donc est de servir de véhicule pour la révélation de sens et de valeurs qui le transcendent et qui appartiennent à l'être; à un être origine de tout sens et de toute valeur, mais origine absolue qui transcende tous les sens et toutes les valeurs, foyer où « les extrémités se touchent et se réunissent à force de s'être éloignées[45] » et qui ne peut être que le Dieu caché lui-même.

Pour Pascal la pensée et le discours sont orientés vers une transcendance absolue, qui les dépasse infiniment — ce « mystère » de Gabriel Marcel, ce « silence » de Heidegger, cet « indicible » de Wittgenstein. A la fin il faut reconnaître que, supérieur à toute logique, il y a le mystère qui le fonde. Les croyances accumulent leurs preuves et leurs indices, font naître des certitudes pratiques et instituent des conduites et amènent l'homme toujours plus près de ce mystère, l'être reste pourtant une présence recherchée mais non possédée. Car les croyances mêmes ne suffisent pas pour donner cette assurance décisive dont Pascal a soif ni, certes, pour sauver. « Mais est-il *probable* que la *probabilité* assure? Différence entre repos et sûreté de conscience. Rien ne donne l'assurance que la verité[46]. » Seule une expérience peut le faire, unique puisqu'elle a le caractère d'un événement surnaturel, à savoir le don de la grâce par lequel le Dieu caché en la personne du Christ entre dans l'âme non seulement pour la remplir mais pour l'éclairer. Dans cet événement l'absence se fait présence, le silence se parle, l'indicible se dit, et l'être vient donner à l'homme la clef de son mystère. « Non seulement nous ne connaissons Dieu que par Jésus-Christ, mais nous ne nous connaissons nous-mêmes que par Jésus-Christ. Nous ne connaissons la vie, la mort que par Jésus-Christ. Hors de Jésus-Christ nous ne savons ce que c'est ni que notre vie, ni que notre mort, ni que Dieu, ni que nous-mêmes[47]. » C'est donc la foi en dernière analyse qui fonde la croyance et la logique des preuves, laquelle est toute suspendue à une révélation surnaturelle: « il faut ouvrir son esprit aux preuves, s'y confirmer par la coutume, mais s'offrir par les humiliations aux inspirations, qui seules peuvent faire le vrai et salutaire effet: *Ne evacuetur crux Christi*[48] ». En même temps elle fonde l'herméneutique, car seul Jésus-Christ nous « ouvre l'esprit pour entendre les Ecritures[49] », et pour comprendre le sens caché des chiffres.

La foi chrétienne a été le moyen pour Pascal, répondant à la double exigence, à la fois existentielle et ontologique, d'un cœur qui « aime l'être universel naturellement[50] », de réaliser la soudure de l'existence et de l'être et de fonder une logique de la croyance et une herméneutique, ancrées solidement dans une « existence-interprétée », mais dans une existence-interprétée qui ouvre sur un « être-interprété[51] », où les notions de choix et de projet d'une part et celles d'ordre et de modèle de l'autre se combinent dans une structure complexe de pensée moulée sur le réel.

En dehors de tout contexte spécifiquement religieux cependant, l'exemple de Pascal nous éclaire sur la nature même de la croyance. Il semble que n'importe quel système de croyances implique un passage semblable de l'existence à l'être, enfin une ontologie, même inavouée. Il s'insère et trouve son fondement dans une vision du monde ou prise sur les choses, un certain rapport à l'être, qui se reflète dans ce que les philosophes anglo-saxons appellent un « tableau » ou cadre conceptuel ou pré-conceptuel. S'il en est ainsi, la croyance, loin de constituer une sorte de création *ex nihilo*, cache dès l'origine une intention voilée qui dirige et règle sa logique, et le paradoxe pascalien du « Tu ne me chercherais pas si tu ne me possédais[52] » se trouve être le paradoxe même de la croyance en tant que telle.

[*Mouvements Premiers: Etudes critiques offertes à Georges Poulet* (Paris, Librairie José Corti, 1972), pp. 51-63.]

[1] P. 72. Sauf indication contraire, les citations des ouvrages de Pascal sont prises dans l'édition Brunschvicg des *Pensées et Opuscules* (Hachette), les numéros des pages étant précédés par un petit p, et ceux des *pensées* par un grand P. Pour une exposition magistrale de la dialectique du centre et de la circonférence chez

Pascal, voir Georges Poulet, *Les Métamorphoses du cercle* (Plon, 1961), chap. III.

[2] P. 1.

[3] P. 434.

[4] *De l'Esprit géométrique*, pp. 167-8. Cf. P. 281.

[5] P. 72.

[6] Voir Georges Le Roy, *Pascal savant et croyant* (P.U.F., 1957), pp. 30-3; M. Sadoun-Goupil, « L'œuvre de Pascal et la physique moderne » dans *L'Œuvre scientifique de Pascal* (P.U.F., 1964).

[7] P. 283.

[8] P. 1.

[9] P. 4.

[10] P. 277.

[11] P. 99, P. 81.

[12] P. 252. Cf. P. 91.

[13] *Le Dieu caché. Etude sur la vision tragique dans les Pensées de Pascal et dans le théâtre de Racine* (Gallimard, 1955), p. 76.

[14] P. 95.

[15] P. 72.

[16] *La Philosophie de Pascal* (Neuchâtel, La Baconnière, 1946), t. I, 206.

[17] P. 328.

[18] P. 187, P. 245.

[19] P. 430.

[20] P. 564. Cf. P. 823.

[21] P. 283.

[22] Ibid.

[23] P. 1.

[24] P. 912.

[25] P. 72.

[26] Op. cit., p. 64.

[27] *De l'Esprit géométrique*, p. 187.

[28] « Réflexions sur la notion de modèle chez Pascal » dans la *Revue de métaphysique et de morale* (1967), I, 96-7.

[29] P. 460.

[30] *Blaise Pascal. Commentaires* (Vrin, 1966), p. 170.

[31] P. 194, P. 233.

[32] P. 234.

[33] P. 233, P. 245.

[34] P. 252.

[35] *Saving Belief* (London, Hodder and Stoughton, 1964), p. 18. Cf. Ludwig Wittgenstein: « How much I'm doing is persuading people to change their style of thinking » ; « an unshakeable belief ... will show, not by reasoning or by appeal to ordinary grounds for belief, but rather by regulating for in all his life. » (*Lectures and Conversations on Aesthetics, Psychology and Religious Belief*, Oxford, Blackwell, 1966, pp. 28, 54.)

[36] *Pascal et Leibniz* (Aubier, 1951), p. 167.

[37] *Œuvres* (éd. Grands Ecrivains de la France, 1908), t. III, 367.

[38] P. 793.

[39] (Oxford, Blackwell, 1953), I. 1. Pour le renvoi à saint Augustin voir *Confessions*, I, 8.

[40] *De l'Esprit géométrique*, p. 170. P. 392.
[41] Op. cit., I, 3.
[42] *La Conscience critique* (Corti, 1971), p. 9.
[43] P. 430.
[44] Op. cit., p. 279.
[45] P. 72.
[46] P. 908.
[47] P. 548. Voir aussi Jean Daniélou, « Pascal et la Vérité » dans *Textes du Tricentenaire* (Fayard, 1963).
[48] P. 245.
[49] P. 679.
[50] P. 277.
[51] Nous empruntons ces termes à Paul Ricœur: voir *Le Conflit des interprétations. Essais d'herméneutique* (Seuil, 1969), pp. 15, 27.
[52] P. 555.

Philosophy of Organism and Philosophy of Consciousness in Diderot's Speculative Thought

The development of Diderot's materialism has been more than once the object of study, and the general sense of this development has been indicated.[1] There remains, however, to subject Diderot's thought to a more searching analysis from this view-point. The results will be such, it is believed, as to justify our claiming Diderot as a veritable precursor of the 'philosophie de la conscience', a precursor all the more interesting that the problem is envisaged by him in the light of, and starting from, a scientific philosophy of nature. This analysis may indeed reveal to those conversant with Whitehead's philosophy of organism some striking similarities between the latter and Diderot's conceptions. However that may be, it will be shown that Diderot, in transcending the materialism of his time with which in his early statements he had identified himself, embarked upon what in modern parlance would be termed the analysis of mind, and arrived at conclusions which anticipate not only some features of nineteenth-century French Idealism but also many views (particularly views on time and space) of more recent date.

'Diderot est un homme', M. Trahard has truly said, 'pour qui le monde extérieur existe.' Before becoming a scientific theory, materialism was for him a certain experience of the world as immediately present, of 'compresence', to employ Whitehead's term. To be conscious is to be aware of participating, in and through a sensibility common to the subject and the object, in an 'other' which transcends the self. The existential problem for Diderot is that of the relation between the being of the self and that global being in which, from the birth of consciousness and feeling, it is as it were absorbed, between the individual existent and brute existence. Diderot's personal experience, in its dramatic evolution, marks an effort to delimit the sphere and ascertain the specific qualities and status of the subject or reflective self within the objective and non-reflective, although living, world.

Put in general philosophical terms, the problem is, on the basis of a materialistic monism, to explain the specificity and uniqueness of individual beings and, in particular, of the human being endowed not only with consciousness but with self-consciousness and reflective powers. It is this latter being which becomes progressively the object of Diderot's attention. The evolution of Diderot's thought is the passage from the outward to the inward, from the objective to the subjective, from the general to the specific.

It is, however, all-important at the outset to posit clearly the terms of the problem. We have spoken of the 'delimitation' of the individual and subjective reality. The evolution of Diderot's materialism indeed corresponds to the development of a thought which, starting from the objective data of perception from which it distinguishes itself with difficulty, unveils slowly its inner core — the reality of the self-conscious and reflective self. Yet it would be wrong to speak of Diderot's later 'Idealism', as does Janet. In the writer's view, Diderot has anticipated those contemporary phenomenologists who have transcended the arbitrary gulf fixed between subject and object and between Idealism and Realism. Diderot conceives the personal reality as a sort of mirror wherein the world is reflected and as it were interiorized. The self's fundamental one-ness with the world is left undisturbed; the objective data of sensation remain the *sine qua non* of perception and reflection. But the world and its objective data are interiorized and absorbed. The reflective self, as described by Diderot, is no 'pure ego' but rather a self incarnated in a world that it makes 'for itself', so that the infinite is mirrored, reflected and re-created within the substance of an entity, fully actual and unique, a unity within plurality but instinct with the plurality from which it draws its being.

Diderot throughout preserves the link between thought and the world. 'Tout se réduit à revenir des sens à la réflexion, et de la réflexion aux sens: rentrer en soi et en sortir sans cesse, c'est le travail de l'abeille.'[2] Such is the rhythm of human consciousness, balancing between sensation and reflection, matter and form, the objective and the subjective, the 'dehors' and the 'dedans'. Diderot's merit and originality as a thinker consist, in the first place, in recognizing, as the realistic premise implicit in his materialism demands, the interplay of the two series of terms and, secondly, in progressively refining his materialism so as to establish the priority of the second series; thus opening the way to a philosophy of human consciousness and human values such as a gross materialism cannot aspire to and a 'pure', idealism, by its simplification of the data, fails to establish securely.

I

Diderot's basic materialism as a scientific doctrine has its origin in the reaction against the mechanistic interpretation of the universe, an interpretation which, however adequate it may have proved in the realm of the physical sciences, failed manifestly to account for the phenomena of growth and development of living organisms. To account for the latter, various theories were propounded. Mauper-tuis in his *Système de la nature*, on the basis of his 'loi d'épargne' derived from Leibniz, proposed to explain the generation of beings in terms of an active, heterogeneous matter, that is a matter endowed essentially with sensibility of varying degrees. It is this theory which Diderot adopted and developed.

None the less, Diderot's materialism is more than a scientific theory. The metaphysical inspiration underlying it is even more important. No doubt, a general influence of Spinoza and his doctrine of the Single Substance is discernible. Yet Diderot's materialism has little in common with Spinoza's geometrical pantheism. The latter's determinism, which manifests the unfold-ing of a logical necessity, is quite unlike the determinism of evolutionary process; the parallelism between mental and physical modes (ideas and volitions on the one hand and bodily movements on the other), designed as it is to overcome dualism, does not enter into the preoccupations of the materialist proper, who has no dualism to overcome; while the total transcending of time in contemplative vision, such as Spinoza's *Ethics* envisages, is foreign to Diderot's dynamic philosophy which, to use Lovejoy's express-ion, 'temporalises the chain of being'.[3]

It is rather from Leibniz that the fundamental metaphysical inspiration derives. The latter's vision of a universe composed of an infinity of spiritual monads, varying in their degree of activity and perception and, by virtue of the law of unity, constituting a continuous chain of being, becomes a Vitalism by a sort of materializing of the monad. In this passage from the spiritual monad to the energized molecule the *agent de liaison*, Diderot indicates explicitly in the article 'Leibnitzianisme' of the *Encyclopé-die*, is Hobbes. 'Quelle différence y a-t-il entre ces êtres [Leibniz's "automates incorporels" or monads] et la molécule sensible de Hobbes? Je ne l'entends pas. L'axiome suivant [that the monads vary in degree of perception] m'incline bien davantage à croire que c'est la même chose.'[4]

This transformation allows Diderot to do away with the Leibnizian Divinity and the pre-established harmony. (In conformity with his principle of indiscernibles, Leibniz conceives his monad as a closed entity, and to explain the order of the universe he has recourse to the divine pre-established harmony.) Similarly, Diderot can turn his back on final causes and explain the organization, development and deperition of beings formed from the grouping of molecules in terms of 'chance' (here another term for determinism), that is the pressure of physical causes and conditions.

None the less, it is Leibniz's law of unity or continuity, re-interpreted in the light of the scientific concept of a heterogeneous matter, which provides the basis of Diderot's materialism, for it accounts for the two essential features of the economy of the universe, unity and plurality, identity and difference. Moreover, to anticipate a little, by allowing him, while remaining faithful to the idea of one single origin and one single essence (animated matter) of all beings, to integrate therein the notions of differentiation, hierarchy and value, this same principle will permit him ultimately to transcend crude materialism and lay the structure of a philosophy of value and consciousness.[5].

The basic materialism of Diderot, in its still somewhat crude form, may be summarized briefly. There is one eternal substance or Nature, of which all elements are transformations, composed of molecules endowed with energy of varying degrees (principle of heterogeneity).[6] Under the term energy Diderot includes above all the properties of movement and sensibility.[7] There is no inertia or insensibility in the universe. The distinctions made between 'force vive' and 'force morte' and between 'sensibilité active' and 'sensibilité inerte' are purely abstract; reality offers only a greater or lesser degree of energy; sensibility is always present if only *en puissance*. The great philosophic principle governing the universe is the law of unity or continuity. 'Il ne faut pas croire la chaîne des êtres interrompue par la diversité des formes; la forme n'est souvent qu'un masque qui trompe, et le chaînon qui paraît manquer existe peut-être dans un être connu à qui les progrès de l'anatomie comparée n'ont encore pu assigner sa véritable place.'[8]

This law, for which Leibniz receives high praise in the article 'Leibnitzianisme', establishes all created things as forms of one energy and one matter, constituting a continuous chain of being. The place of each being, its emergence and organization, depend on the grouping of molecules and on their degree of sensibility and perception. The unity of a particular being comes about, by another application of the law of continuity, through the 'sympathetic' union of molecules or organs, transforming the *composé* into an, at least provisional, unity. A common sensibility, together with contiguity, suffices to explain the process.[9] All is thus explained on the basis of one energized matter subject to incessant change. 'Tout change, tout passe, il n'y a que le tout qui reste.'[10]

II

The reduction of all being to a common stuff raises the acute problem of explaining the element of difference in the universe and of accounting for varying levels of existence and value. In the earlier stages of his thought Diderot seems to employ his law of continuity not only, as is justifiable, to reveal man's unity with general being, but to stress the identity of the higher with the lower, to absorb human into mere brute existence. He is, however, too penetrating a thinker not to observe that the great difficulty is to account for the individual and the specific in their unique nature.

There are indeed signs that from an early stage he is alive to this very problem, notably in the *Pensées sur l'interprétation de la nature*, where he goes out of his way to refute Maupertuis, whose general principles he is adopting. He does so on the grounds that Maupertuis, blurring all distinctions, proposes to attribute to the basic molecules not merely sensibility, but thought.[11] Diderot is already intent on preserving the sense of distinction and hierarchy without which no explanation of the nature of the individual existent can be attempted. And in his remarks on Maupertuis he is making a judicious application of the Leibnizian law, which stresses difference as well as identity, plurality as well as unity.

Generally speaking, Diderot has been concerned with how the individual emerges, but not with what it *is* — what it is as a unique existent. He has been dealing with conditions, the conditions necessary for consciousness or any particular entity to come about. He has been treating it as a resultant; there remains to treat it as a cause. For once it has come about, it is a cause in itself; and this applies both to every new stage in nature's development and to every individual in each stage. The individual is an entity whose whole is more than the sum of its parts; it has a surplus value. Such an entity is necessarily a subjective entity (the concept does not have to imply idealism). It results from certain data, without which it cannot be, but these data (the world that provides its matter) are in themselves objective, they have to be absorbed into it, interiorized, given form; the final term is a novel, unique individual. Both the objective data and the subjective 'inbearing' are essential factors. Finally, this entity is a value, value implying choice, selection and therefore a subjective process of absorbing data; itself a value, it then becomes the initiator of value.

Such is the direction that Diderot's materialism is to take. The evolution of his thought consists in the transfer of interest from conditions to causes, from the mere objective to the subjective form-giving process, from brute universal existence to the actual existent which unifies and reflects it within the confines of its subjectivity; in short, from scientific evolutionary theory to philosophy of organism and philosophy of consciousness.

Diderot comes to these speculations by way of Leibniz, as the following passage indicates:

> *Pour que la matière soit mue*, dit-on encore, *il faut une action, une force;* oui, ou extérieure à la molécule, ou inhérente, essentielle, intime à la molécule, et constituant sa nature de molécule ignée, aqueuse, nitreuse, alkaline, sulfureuse...
>
> La force, qui agit sur la molécule, s'épuise; la force intime de la molécule ne s'épuise point. Elle est immuable, éternelle. Ces deux forces peuvent produire deux sortes de *nisus*; la première, un *nisus* qui cesse; la seconde un *nisus* qui ne cesse jamais...
>
> La quantité de force est constante dans la nature; mais la somme des *nisus* et la somme des translations sont variables. Plus la somme des *nisus* est grande, plus la somme des translations est petite; et, réciproquement, plus la somme des translations est grande, plus la somme des *nisus* est petite.[12]

Diderot here accounts for the specificity of the individual entity in terms of two differing forces: the one, that exercised by other entities upon it, the other, internal, which it exercises on other entities, the quantity of energy remaining constant while the sum of the two *nisus* is variable.[13] The passage is, however, primarily significant for the stress laid on the subjective, internal principle.

The individual entity is seen to result from the interplay of an inherent *nisus* or causative force (the term *nisus* implies conative activity) and objective conditioning forces. In the manner of Leibniz and Aristotle, Diderot, although not denying the reality of time and space (which for Leibniz are ideal relations), makes them relative to an internal causative activity seeking the fulfilment of its ends. The individual is here defined as an active entity absorbing objective data into itself, eliminating some elements, moulding others to its purpose, an entity of which the prototype is the human consciousness. Both the 'dehors' and the 'dedans' play their part in fashioning the individual, which constitutes a sort of 'dehors-dedans' where what was purely objective has been interiorized.

Now, for this to take place the entity must, *from the outset*, be itself a causal force: its essence is a willing activity seeking self-realization. This is what makes it what it is, differing from all else. Unless we assume such a predisposed activity, capable of selecting, unifying and absorbing external data, the growth and development of the specific entity are inexplicable.

III

From what has been said, it is not surprising that Diderot should have been led to undertake the analysis of consciousness. The determining factor, however, was the publication of Helvétius's two works, *De l'Esprit* and *De l'Homme*. The sensationalism of Helvétius, in part the logical outcome of Condillac's doctrine of transformed sensation, is the natural corollary of a simplified materialism applying in too crude a fashion the law of continuity. Generally, the reduction of all being to a common source tends to blur the distinctions beween levels of existence. More especially, given man's implication in the world, intellectual activity appears readily enough as simply the power of receiving through the senses the intimations of this world.

In such manner, Helvétius equates judgment and sensation. Both consist in the capacity to perceive 'ideas'; in the case of sensation, to perceive sense-data, in the case of judgment, to perceive relations between them. In both cases the 'perception' involves no activity, being a mere receptive capacity. As for memory, the condition of judgment, it is the capacity to 'perceive' former ideas: it is pure reviviscence. Helvétius's famous thesis of the equality of minds follows from this reduction of the intellectual operations to passive sensation, a capacity shared equally by all.

The absurdity of those conclusions, which would obliterate all innate distinctions between man and the animal, the genius and the fool, finds a ready answer. It is a matter of fact that men differ in their physical organization and therefore in their very sensibility.[14]

As regards the more particular problem, judgment cannot be equated with physical sensation. Helvétius's error is in failing to see that between brute sensibility and the higher operations of the intellect there is a continuous series of stages of development, at each of which the primitive sensibility takes a new form, one not wholly explicable by its antecedents.[15] The mistake consists in taking conditions for causes.[16] No doubt physical sensibility is the necessary condition for the development of consciousness and intelligence, but it is merely the objective condition, not the cause: 'je suis homme, et il me faut des causes propres à l'homme'.[17] The cause is consciousness itself, which is its own cause. However it has emerged, it constitutes with respect to the objective data and antecedents from which it springs a self-causative, selective activity endowed with ends that express themselves in the form of innate dispositions, aversions, inclinations.

> Sans doute, il faut être organisé comme nous et sentir pour agir; mais il me semble que ce sont là les conditions essentielles et primitives, les données *sine qua non*, mais que les motifs immédiats et prochains de nos aversions et de nos désirs sont autre chose.[18]

There is therefore an essential distinction to be made between the physical and the moral, the sensational and the reflective, corresponding to that between man and the animal.[19]

These conclusions are confirmed by the analysis of judgment itself. It differs from sensation as does activity from passivity. It implies the existence of a central organ whose function is to unify and organize passively received sense-data. A sort of 'sixième sens', the judgment has its own organ, the brain, and its own function, the active coordination of sense-data proper (Mlle de Lespinasse's image of the spider).

Now this activity must be causative, that is it implies in mind the existence of certain innate dispositions, inclinations and aversions, in the light of which it selects and coordinates. To Helvétius's statement that man is born without ideas or passions, he replies: 'Sans idées, il est vrai, mais avec une disposition propre à en concevoir, à en comparer, et en retenir certaines avec plus de goût et de facilité que d'autres. Sans passions exercées, je l'ignore; sans passions prêtes à se développer, je le nie.'[20] Above all, we have this essential passage inspired by Helvétius's premise 'il y a cinq sens'.

> Oui, voilà les cinq témoins: mais le juge ou le rapporteur?
>
> Il y a un organe particulier, le cerveau, auquel les cinq témoins font leur rapport...
>
> Il faut sentir pour être orateur, érudit, poète, philosophe, mais on n'est pas philosophe, poète, orateur, érudit parce que l'on sent. Pour désirer et goûter les plaisirs, pour prévoir et éviter les peines, il faut de la sensibilité physique. Mais pour connaître et éviter les peines, pour désirer et goûter les plaisirs, il y a toujours un motif qui se résout en autre chose que la sensibilité physique qui, principe du goût et de l'aversion en général, n'est la raison d'aucune aversion, d'aucun goût particulier. La sensibilité physique est à peu près la même dans tous, et chacun a son bonheur particulier.[21]

Here, then, in this activity, existing prior to passive sensibility, is the basis of self-consciousness. Without it the latter would not exist, for, limited to mere sensation, the individual would be absorbed in the objective datum, his existence would be engulfed in the brute existence of objects; nor would he have consciousness other than that of the moment, for the self would be merged with the phenomena that occupied the mind successively. It is only when, by the exercise of the internal activity, he grapples with the objective data of sense, selecting, organizing, that he becomes conscious of himself as an individual existent, distinguishes himself from the world of objects; and that, by the continuity of his effort, he creates a time 'for himself', a subjective continuity of experience, and knows himself not only as a self, but as a self which endures. These important notions will be developed by such philosophers of consciousness as Maine de Biran and Jouffroy, but that Diderot already grasped the principle at stake, a passage such as the following will show:

> ...sans un correspondant et un juge commun de toutes les sensations, sans un organe commémoratif de tout ce qui nous arrive, l'instrument sensible et vivant de chaque sens aurait peut-être une conscience momentanée de son existence, mais il n'y aurait certainement aucune conscience de l'animal ou de l'homme entier.[22]

Diderot has not only succeeded in differentiating between sensation and perception, but has come close to grasping the notion of apperception as it will be defined by Maine de Biran: the consciousness of the self as an active force as distinct from the consciousness of its modes and objective, phenomenal content.[23] We may also note in the passage quoted the important distinction implied between spontaneous memory (alone recognized by Helvétius) — mere reviviscence and therefore a form of sensibility — and the developed memory of reflection, inseparable from the active comparison and choice of remembered elements.

To return to our main topic, judgment is seen to involve the notion of the unity of consciousness. To judge, to deploy the faculty of reflection through comparison and memory, is to order objective data by the exercise of an internal activity in such manner that those data are absorbed into the synthetic unity of consciousness. It is not simply perception, but apperception. The idea of a synthetic unity is often stressed by Diderot. Although agreeing with Helvétius that truths are identical propositions, he denies that to perceive the truth of propositions is simply to follow out the series of identities. It involves more than mere analysis and progression from proposition to proposition (Helvétius is developing Condillac's doctrine of analysis). It implies conviction, and the latter springs from simultaneous and immediate perception of the whole as a unity.

> ... La conviction n'est pas la certitude et la mémoire de toutes ces identités, et cela dans l'ordre démonstratif; car la démonstration ne résulte pas seulement de chacune d'elles, ni même de leur somme, mais de leur enchaînement.[24]

Other passages are even more significant, where he develops views identical with those of Pascal. Like him, he puts the 'vérités du sentiment' above deductive reasoning, and he explains their origin and force similarly. They derive from a multiplicity of arguments, no single one of which is compelling, but which by their combined convergent force create a synthetic unity within the mind, inducing it to conviction; a synthetic unity that mirrors the whole reign of proofs and grasps them in one immediate simple intuition.

> Que les vérités du sentiment sont plus inébranlables dans notre âme que les vérités de démonstration rigoureuse, quoiqu'il soit souvent impossible de satisfaire pleinement l'esprit sur les premières. Toutes les preuves qu'on en apporte, prises séparément, peuvent être contestées, mais le faisceau est plus difficile à rompre.[25]

Another important passage relating to the same series of ideas occurs in the *Salons*.

> ... Dans l'enfance on nous prononçait des mots; ces mots se fixaient dans notre mémoire, et le sens dans notre entendement, ou par une idée, ou par une image; et cette idée ou image était accompagnée d'aversion, de haine, de plaisir, de terreur, de désir, d'indignation, de mépris ... mais à la longue nous en avons usé avec les mots, comme avec les pièces de monnaie... Nous avons laissé là de côté l'idée ou l'image, pour nous en tenir au son et à la sensation ... Le cœur et les oreilles sont en jeu, l'esprit n'y est plus ... cas rares, choses inouïes, non vues, rarement aperçues, rapports subtils d'idées, images singulières et neuves ... Qui sont donc les hommes les plus faciles à émouvoir, à troubler, à tromper? Peut-être ce sont ceux qui sont restés enfants, et en qui l'habitude des signes n'a point ôté la facilité de se représenter les choses.[26]

The gist of Diderot's argument seems to be as follows. The child acquires words together with their sense, the words being linked with an idea or image productive of certain feelings. Later in life, words became separated from their idea or image with their associated feelings and exist as a mere 'monnaie' capable not of arousing feelings, but only of exciting sensations (sound, etc.). The word *cœur* here signifies sensation and is opposed to *esprit* (feeling, *sentiment*). The distinction is one between sensation and feeling, *sensation* and *sentiment*. Feeling differs from sensation in its unity and continuity, qualities it owes to the unifying, interiorizing activity of consciousness. Sensation is a momentary affection; for it to be transformed into feeling there is required a continued effort of reflection, made up of numberless comparisons and judgments, whereby it is taken up into the being of the self and referred to the apperceptive unity of the self. The polypal unity it possesses ('rapports subtils d'idées') it possesses precisely because it is no mere representation, but self-representation, not mere experience, but experience reflected within the unity of the self, so that when the latter knows it, it at the same time knows itself: 'en qui l'habitude des signes n'a point ôté la facilité de *se représenter les choses*'.

We can now understand more fully Diderot's conception of the nature of reflection. It must not be thought that in view of this criticism of sensationalism he is reverting to pure idealism. Consciousness for Diderot is always consciousness of the world. He therefore rejects any method which limits itself to abstract notions.

It is for this reason that he condemns analysis. As defined by Condillac, analysis consists in decomposing and recomposing the real, but, as Diderot well sees, it can do so only because it substitutes simple intellectual elements for complex realities. Secondly, it is a method of slow progression that constitutes a means of exposition rather than a way of knowing. Finally, it is not creative, for it consists in ordering propositions so as to exhibit the identity of the conclusion with the premise; if it is a 'marche' it is a 'marche sur place'. Suitable for mathematics, which pursue the tranformation of conventional terms, it is useless as a method of knowing reality.

To analysis Diderot opposes synthesis based on analogical reasoning. Here is a method truly creative, permitting the discovery of new truths, but respectful of the reality it seeks to penetrate. It is a sort of imaginative vision that 'feels' its way: 'esprit de divination par lequel on *subodore,* pour ainsi dire, des procédés inconnus, des expériences nouvelles, des résultats ignorés'.[27] Its basis is intuition; it submits to reality, grasps intuitively its inner harmonies or forms. No doubt these forms exist in things, but this is where the activity of mind ignored by the sensationalists comes into play. The mind seizes upon them and refers them to the unity of its apperception in the way we have described.

Knowledge of the real, therefore, operates between equally essential poles, the pole of simple experience and the pole of reflection; it has its two moments corresponding to the 'expiration' and 'inspiration' of Goethe. Together they allow the mind to gather up within itself in an intuitively grasped whole the manifold of revealed reality. At the centre of the process lies consciousness, within whose unity the world is mirrored and comprehended, infinity brought within the confines of a reflecting and self-reflecting entity; a world compresent with the self, a self replete with the world.

IV

It is in the light of the Leibnizian philosophy of organism and philosophy of consciousness that Diderot's conceptions must be studied, for they have their source and explanation in Leibniz's law of continuity. Here is how Diderot expounds Leibniz's doctrine of correspondences.

Par cette correspondance d'une chose créée à une autre, et de chacune à toutes, on conçoit qu'il y a dans chaque substance simple des rapports, d'après lesquels, avec une intelligence proportionnée au tout, une monade étant donnée, l'univers entier le serait. Une monade est donc une espèce de miroir représentatif de tous les êtres et de tous les phénomènes...

La monade est limitée, non dans ses rapports, mais dans sa connaissance. Toutes tendent à un même but infini. Toutes ont en elles des raisons suffisantes de cet infini; mais avec des bornes et des degrés différents de perceptions...

Tout étant plein, tous les êtres liés, ... tout être reçoit en lui l'impression de ce qui se passe partout ... et Dieu, qui voit tout, peut lire en un seul être ce qui arrive en tous, ce qui y est arrivé, et ce qui y arrivera; et il en serait de même de la monade, si le loin des distances, des affaiblissements ne s'exécutait sur elle; et d'ailleurs elle est finie.

L'âme ne peut voir en elle que ce qui y est distinct; elle ne peut donc être à toutes les perfections, parce qu'elles sont diverses et infinies.[28]

There could be no clearer exposition of the nature of the Leibnizian monad. But what interests us is the use that Diderot makes of this conception in defining the nature and principle of human consciousness. Like the monad, the latter is a 'miroir représentatif' of the whole universe by virtue of the law of continuity. Like it too, it is 'limited not in its relations, but in its knowledge': it receives the impression of everything, directly or indirectly; the whole world is gathered up within the field of its perceptions; but it is not conscious of them all, for, if consciousness is the focal point wherein all are mirrored, it is a narrow focal point that brings only some to the clear light of consciousness, while the others remain at varying degrees of potentiality.[29]

The idea of consciousness as a 'miroir représentatif' is so important for Diderot that he returns to it frequently, employing it to justify not only presentiments but telepathy and other paranormal phenomena involving the transcending of ordinary spatio-temporal experience.[30] What, however, is of greater significance for the philosophy of consciousness is the conception according to which the universe as a whole is gathered up within the unity of apperception of the self, so that to know the universe is to know ourselves.

Tout se passe en nous. Nous sommes où nous pensons être. Ni le temps ni les distances n'y font rien ... c'est toujours nous que nous apercevons, et nous n'apercevons jamais que nous. Nous sommes l'univers entier.[31]

Let us not forget, however, that there is involved an act of mind which interiorizes and unifies the objective data. The whole universe may be latent in the self's memory: 'nous sommes l'univers entier'; it is present, nevertheless, in the form of states of consciousness, of objective data, until the act takes place whereby the self refers them to its synthetic unity of apperception by a process of selection which gives each its place in the field of consciousness with its varied levels of perception.

> ... La mémoire immense, c'est la liaison de tout ce qu'on a été dans un instant à tout ce qu'on a été dans le moment suivant; états qui, *liés par l'acte,* rappelleront à un homme tout ce qu'il a senti toute sa vie.[32]

By this act the whole world is comprehended, in both senses of the term. The absolute is concentrated in a point. For Diderot, as for Whitehead and Gabriel Marcel, the experience of the absolute is measured not by its extension but by its intensity. Consciousness is a narrow point, infinite in depth, and the experience of the absolute within this point is an experience of depth.

> Qu'est-ce qui circonscrit votre étendue réelle... la nuit, dans les ténèbres, lorsque vous rêvez surtout à quelque chose d'abstrait, le jour même, lorsque votre esprit est occupé?
> Rien. J'existe comme en un point; je cesse presque d'être matière, je ne sens que ma pensée; il n'y a plus ni lieu, ni mouvement, ni corps, ni distance, ni espace pour moi: l'univers est anéanti pour moi, et je suis nulle pour lui.[33]

To understand this final conception, an analysis of Diderot's ideas on time and space is necessary. The essential statement is to be found in the *Eléments de physiologie.*

> *En nature:* Durée, succession d'actions.
> Etendue, coexistence d'actions simultanées.
> *Dans l'entendement,* la durée se résout en mouvement; par abstraction, l'étendue en repos.
> Mais le repos et le mouvement sont d'un corps.[34].

We have here a highly original, indeed modern conception of space and time. First of all, Diderot affirms that space and time are relative to the activity of entities: 'le repos et le mouvement sont d'un corps'. 'Je ne puis séparer, même par abstraction, la localité et la durée, de l'existence.'[35] Remembering this, we can distinguish between time and space as abstract notions and as they exist in the real world of active entities. As abstractions, time is pure movement, change, succession, pure heterogeneity; space is pure immobility, identity, pure homogeneity. But such absolutes have no existence. Real time is succession of actions; real space is simultaneity of actions.

Now what does this assertion imply? It is that real space and time do not exist in separation. What reality (constituted by constantly active entities) offers us is a space-time. More explicitly, time or succession includes the spatial element of simultaneity; space or simultaneity includes the element of succession. We have one space-time that includes both difference and identity, hetero-geneity and homogeneity, multiplicity and unity. But we can take the argument a stage further. In this amalgamation, the temporal element is the objective element, for brute existence is primarily the world of flow and change, while the spatial element is the subjective element, for it is consciousness which unifies, concentrates and transforms multiplicity into unity. If this is so, all life is spatio-temporal, involves a basic element of pure existence and pure change and, on the other hand, an element of consciousness represented by the effort towards unity. These elements will be varied according to the place of the entity in the scale of being. At the summit is man, endowed with self-consciousness, whose whole being consists in the power to grasp the world (the objective data of his own existence as well as the universe perceived) and to comprehend it within the unity of his apperception.

Finally, the space-time of consciousness has for its unit what philosophers of organism such as Whitehead or existentialists such as Kierkegaard, or those who are both, such as Marcel, call the 'instant'. It is both spatial and temporal; it is not a 'mere' present, for it contains both past and anticipated future and therefore multiplicity; nor is it mere objective dispersion, for it is a whole wherein all these elements are concentrated, fused into one. That this unit, exhibiting multiplicity within unity, is the real mode of human existence is so because mind is not set against the world but is part of the world, mirroring it within its depths.

Diderot has described the 'instant' particularly in those passages where he deals with his favourite art of painting, preferred by him because of its concentration.[36] But, he is careful to note, this concentration does not mean that it is a 'mere' present, for it contains past and future elements. 'J'ai dit que l'artiste n'avait qu'un instant; mais cet instant peut subsister avec des traces de l'instant qui a précédé, et des annonces de celui qui suivra.'[37]

The essential task of man is therefore, by his vigorous activity, in his meditation, his artistic creation or his life itself, to 'étendre son existence' by infusing into the instant all the force of past and future purpose.

> ...ce présent est un point indivisible et fluant, sur lequel l'homme ne peut non plus se tenir que sur la pointe d'une aiguille. Sa nature est d'osciller sans cesse sur ce *fulcrum* de son existence. Il se balance sur ce petit point d'appui, se ramenant en arrière ou se portant en avant à des distances proportionnées à l'énergie de son âme.[38]

It is by this power to "extend his existence" that man differs from the animal, limited to the narrow moment of sensation.

> L'animal n'existe que dans le moment, il ne voit rien au delà: l'homme vit dans le passé, le présent et l'avenir ... Il est de sa nature d'étendre son existence par des vues, des projets, des attentes de toute espèce.[39]

The notion of 'extending one's existence' requires careful handling. Diderot is not urging a dispersion of effort. The greatness and happiness of man of which he speaks do certainly not come from losing oneself in the objective world, but from holding concentrated within consciousness the widest range of experience, from grasping in the nutshell of mind the universe at large. The law of life is the movement of expiration and inspiration: both are necessary, but it is the latter that fills the lungs and infuses the glow of life.

Thus the activity of consciousness is essentially one of concentration within the space-time unit of reflection, the creation of a sort of *totum simul*. To speak of a *totum simul* in Diderot is by no means absurd. Saunderson in the *Lettre sur les Aveugles* sketched the idea in a famous passage with its magnificent conclusion: 'Le temps, la matière et l'espace ne sont peut-être qu'un point.'[40] Far from being a speculative jest, the passage represents Diderot's inmost thought, inspired by Leibniz and Aristotle. For, if space and time relate to active beings, and if beings by the law of continuity are part of one nature, then the ultimate view of nature (if such could be gained) would be of one single Being accomplishing one single act in an eternal present where past, present and future are merged. What then is the 'instant' of human consciousness but the image of such an eternity? Its value is measured according to the degree in which, by its concentration, it approximates to this simultaneity; and this in turn depends ultimately upon the energy with which the

conscious self accomplishes its act of unification and interioriza-
tion.

V

We are now able to understand Diderot's views on the nature and
conditions of self-consciousness. The consciousness of the self, as
Diderot explains in the *Rêve*, is dependent on the domination of the
sense-organs by the 'central organ' and is the greater as the latter's
mastery is more complete.[41] It results from that exercise of the
mind's activity whereby it absorbs the world into itself so that the
latter ceases to be foreign to the self and becomes one with the self's
contents; the mind possesses the being of the world mirrored within
its own being, for 'la conscience n'est qu'en un endroit... C'est
qu'elle ne peut être que dans un endroit, au centre commun de
toutes les sensations, là où est la mémoire, là où se font les
comparaisons.'[42]

Diderot, however, distinguishes another experience of the self
which he calls consciousness of the self's existence (as opposed to
consciousness of the self). This is the experience we have in *rêverie*,
which Diderot describes as follows:

> ...Il ne lui restait dans ce moment d'enchantement et de faiblesse,
> ni mémoire du passé, ni désir de l'avenir, ni inquiétude sur le présent.
> Le temps avait cessé de couler pour lui, parce qu'il existait tout en
> lui-même... mais il en jouissait [de son existence] d'une jouissance
> tout à fait passive, sans y être attaché, sans y réfléchir, sans s'en
> réjouir, sans s'en féliciter.[43]

This is certainly no mere merging in nature, for it is the experience
of the individual and self-sufficient self: 'parce qu'il existait tout en
lui-même'. Nature simply provides the condition for the enjoyment
of the inner riches of one's being. Nevertheless, the consciousness of
one's existence differs from the consciousness of self; first, because it
is an experience beyond space and time, secondly, because it is a
passive experience: 'il en jouissait d'une jouissance tout à fait
passive'; 'le temps avait cessé de couler pour lui'.

Consciousness of the self, on the other hand, involves an activity
within a spatio-temporal framework: it is procured in and through
the active process of unifying and concentrating the objective data
(largely through the activity of memory) within the space-time unit

of reflection. It is precisely thus that Diderot distinguishes between the two types of consciousness.

> La conscience du soi et la conscience de son existence sont différentes.
> Des sensations continues sans mémoire donneraient la conscience interrompue de son existence; elles ne produiraient nulle conscience du soi.[44]

The consciousness of the self depends upon the activity of mind; it is given in all moments of concentrated meditation. We must therefore distinguish between passages such as the above, which involve a total transcending of time, and passages such as the following:

> Voilà un des grands bonheurs de l'homme occupé: l'espérance le leurre moins, le présent l'occupe trop pour qu'il se fatigue les yeux à regarder à perte de vue dans l'avenir. Il n'y a ni lieu, ni temps, ni espace pour celui qui médite profondément.[45]

Here it is not space and time themselves that are transcended, but what is objective in them; the world is interiorized and concentrated by the power of meditation within the inner, mental, spatio-temporal field.

What then is the place of this 'consciousness of the self's existence' as opposed to the consciousness of the self? It is a resultant; it follows upon the latter, that is upon the act of comprehending the world. This latter process is both active and spatio-temporal, but its achievement is followed by an 'enjoyment' or sentiment of completion identical with the pure sentiment of existence: released from activity and from space and time, the mind feeds upon its inner riches, upon the world which, by its previous effort, it has absorbed and comprehended. Yet this enjoyment could never be without the previous moment of self-consciousness proper. This latter is inseparable from the self's activity. In the last analysis, self-consciousness is the experience of the self as cause, as wholly responsible for the world which it has remade 'for itself', which it has mastered and comprehended. Its victory is celebrated in the subsequent ecstasy where the self 'exists wholly in itself', enjoying a 'pure sentiment of existence'.

Diderot as a philosopher leaves us with a final vision of a universe infused in all its parts with energy, a universe where all is effort, not consciously directed in its lower levels, but in man achieving that self-consciousness which enables it to be comprehended. Thereby Diderot's determinism meets with its limits.

In this universe all is organic relation, each level rises above its determining conditions and itself becomes a cause: philosophy of organism rather than mere transformism: most of all, a philosophy of consciousness which transcends materialism and idealism both, for consciousness is seen as always consciousness of the world from which it springs and which in part conditions it, and as the means whereby this world gains an inwardness and is vested with a new dimension of subjectivity that at one and the same time reveal and add to its value, transform yet do not distort it. By comprehending it, the mind achieves a victory over the world, but this victory of the mind is also a victory for the world.

[*Studies in Romance Philology and French Literature presented to John Orr* (Manchester University Press, 1953), pp. 1-21.]

---

[1] Cf. J. Thomas, *L'Humanisme de Diderot* (2ᵉ éd., Paris, 1938), p. 69, and P. Janet, 'La Philosophie de Diderot. Le Dernier mot d'un matérialiste', *Nineteenth Century* (1881).

[2] *Pensées sur l'interprétation de la nature, Œuvres complètes* (ed. Assézat, 1875), II, 14.

[3] The expression is borrowed from A. O. Lovejoy, *The Great Chain of Being: A Study of the History of an Idea* (Oxford, 1936).

[4] *Œuvres*, XV, 457.

[5] This will not occasion surprise when it is recalled that the Leibnizian influence, by way of the Academy of Berlin, is a main factor in the development of the 'philosophie de la conscience', Maine de Biran being of course the particular case in point.

[6] *Pensées sur l'interpr.*, § LVIII, *Œuvres*, II, 56.

[7] *Eléments de physiologie, Œuvres*, IX, 268-9.

[8] Ibid., p. 253.

[9] *Rêve de D'Alembert, Œuvres*, II, 127.

[10] Ibid., p. 132.

[11] *Œuvres*, II, 49. In reality, Diderot is unjust to Maupertuis, as a reading of the *Système* shows and as the latter's *Réponse aux Objections* indicates. By his 'principe d'intelligence' attributed to molecules he means no more than the capacity for 'elementary perceptions' as distinct from the "clear perception" of reflective thought. Cf. Maupertuis, *Œuvres* (Lyon, 1756), II, 146-7, 167.

[12] *Principes philosophiques sur la matière et le mouvement, Œuvres*, II, 66-7.

[13] Diderot, as does Leibniz, refutes Descartes's view that the quantity of movement is constant and affirms that what is constant is the quantity of energy. Philosophically, Descartes's view implies that a molecule can change without affecting the system as a whole. For Leibniz and Diderot, such a local change changes the system; the law of continuity and harmony reigns throughout. Cf. H. Poincaré, 'Note sur les principes de la mécanique dans Descartes et dans Leibnitz', in Leibniz, *La Monadologie* (ed. Boutroux, Delagrave, 1930).

[14] *Réfutation de l'Homme, Œuvres*, II, 279. Cf. pp. 276, 292.

[15] Ibid., p. 301.

[16] Ibid., p. 302.

[17] Ibid., p. 300.

[18] Ibid., p. 302.

[19] Ibid., p. 303.

[20] Ibid., pp. 378-9. Cf. p. 349.

[21] Ibid., p. 318.

[22] Ibid., p. 337.

[23] Cf. Maine de Biran: 'Le sens interne, que nous appelons sens de l'effort, s'étend à toutes les parties du système musculaire ou locomobile soumises à l'action de la volonté. Tout ce qui est compris dans la sphère d'activité de ce sens, ou qui se rattache, soit directement, soit par association, à son exercice, rentre dans le fait de conscience, et devient objet propre, immédiat ou médiat, de l'aperception interne.'—*Œuvres inédites* (ed. Naville), I, 233.

[24] *Réfut. de l'Homme, Œuvres*, II, 351.

[25] *Lettres à Falconet, Œuvres*, XVIII, 125.

[26] *Œuvres*, XI, 133-4.

[27] *Pensées sur l'interpr., Œuvres*, II, 24.

[28] *Leibnitzianisme, Œuvres*, XV, 461-2.

[29] Cf. *Monadology*, § 14.

[30] *Rêve, Œuvres*, II, 142-3.

[31] *Lettres à Falconet, Œuvres*, XVIII, 224.

[32] *Physiol., Œuvres*, IX, 370 (my italics).

[33] *Rêve, Œuvres*, II, 154.

[34] *Œuvres*, IX, 254.

[35] Ibid.

[36] *Pensées détachées sur la peinture, Œuvres*, XII, 89.

[37] Ibid., p. 90.

[38] *Lettres à Falconet, Œuvres*, XVIII, 115. Cf. p. 112.

[39] Ibid., p. 179. Cf. *Réfut. de l'Homme, Œuvres*, II, 306.

[40] *Œuvres*, I, 311.

[41] Ibid., II, 156.

[42] Ibid., p. 168.

[43] Article *Délicieux, Œuvres*, XIV, 277.

[44] *Physiol., Œuvres*, IX, 362.

[45] *Lettres à Mlle Volland, Œuvres*, XIX, 101.

La Morale « ouverte » de Benjamin Constant

> Reviens donc, confiance que je m'applaudissais de ne pas avoir, revenez donc passions que j'ai amorties, plaisirs simples et doux que j'ai repoussés, vertus obscures et journalières que je me suis fait un mérite de mépriser; sentiments d'amour, d'amitié, de bienveillance, heureuse crédulité qu'on m'a arrachée pour de précoces et fastueuses leçons, revenez![1]

Ces quelques lignes, où se résument ses regrets et ses aspirations, donnent la clef de l'expérience et de la pensée morales de Benjamin Constant. Car c'est bien dans les défauts de son caractère qu'il faut chercher le ressort de sa réflexion de moraliste. Si, en effet, c'est dans les 'liaisons du cœur' que Constant a surtout ressenti les effets de ses vices de tempérament, comme il le fait remarquer dans la Préface d'*Adolphe*, « tout se tient dans la nature. La fidélité en amour est une force comme la croyance religieuse, comme l'enthousiasme de la liberté. Or nous n'avons plus aucune force. Nous ne savons plus aimer, ni croire, ni vouloir »; [2] et c'est un même 'affaiblissement moral' qui est à la racine de toutes les formes de désordre, à la fois sentimental et intellectuel, moral et religieux, social et politique.

> ...blasé sur tout, ennuyé de tout, amer, égoïste, avec une sorte de sensibilité qui ne sert qu'à me tourmenter, mobile au point d'en passer pour sot, sujet à des accès de mélancolie qui interrompent tous mes plans et me font agir, pendant qu'ils durent, comme si j'avais renoncé à tout...[3]

Tel est le portrait qu'il nous peint de lui-même, où ne manque aucun trait de cette sensibilité désordonnée qu'il a si cruellement analysée dans le personnage d'Adolphe et qui porte la marque de cette fin de XVIIIᵉ siècle sensualiste et suraffinée. Les causes psychologiques de ce désordre sentimental sont complexes, mais elles se ramènent à deux principales, et tout d'abord à une confusion de la sensation avec le sentiment, involontaire sans doute mais encouragée par cette philosophie sensationniste mise à la mode par Helvétius et qui fait de la recherche de sensations agréables et fortes l'unique but de l'action humaine. C'est ainsi qu'Adolphe cherche à satisfaire son 'besoin de sensibilité' en se livrant « à ces impressions primitives et fougueuses qui jettent l'âme hors de la sphère commune »,[4] trouvant dans l'obstacle le stimulant qui excite la sensation « parce que l'obstacle est une sorte de galvanisme qui rend à la mort un moment de vie ».[5] Sa passion naît justement de l'incertitude qu'il éprouve quant au succès de sa tentative de séduction et grâce à laquelle il ressent à travers les coups portés à sa vanité « une agitation qui ressemblait fort à l'amour »,[6] et elle ne se maintient que moyennant les résistances que lui oppose la société et qui seules sont capables, en provoquant quelque brève réaction de vanité blessée, de « rendre à la mort un moment de vie ».

Rivé à la sensation du moment et à la merci des circonstances, Constant, comme son Adolphe, paraît incapable d'éprouver des sentiments durables: la puissance même des sensations les empêche de se mêler, de s'emboîter les unes dans les autres et de prendre racine; l'harmonie intérieure propre à l'être qui dure fait place à « la fatigue d'une agitation sans but ».[7]

Cette fausse sensibilité est pourtant aggravée par les excès de l'esprit critique, par « cette analyse perpétuelle, qui place une arrière-pensée à côté de tous les sentiments, et qui par là les corrompt dès leur naissance ».[8] Rien de spontané chez Adolphe. C'est en réponse à une *idée* qu'il part à la conquête d'Ellénore, ne voyant en elle qu'un « but que je m'étais proposé ».[9] Et l'histoire de ses rapports avec celle-ci est marquée d'un bout à l'autre par la présence d'un esprit critique qui intervient à chaque instant pour tuer l'émotion à sa naissance et pour lui refuser le temps qu'il lui faut pour se développer en profondeur.

Ces deux facteurs ensemble, l'asservissement à la sensation fugitive et la domination de l'esprit analytique, rendent impossible le travail souterrain de la conscience par lequel les éléments de l'expérience se fondent et se soudent pour constituer la trame des sentiments profonds et durables. Or de cette sensibilité déréglée découle toute une série d'effets. Tout d'abord, la fragmentation et la discontinuité de la personnalité et la destruction de son unité intérieure. En proie à une 'agitation sans but', livré à des exaltations fiévreuses, à la merci de sensations éphémères et d'émotions étranglées à leur naissance par un esprit critique toujours en éveil, Constant vit dans un temps discontinu où les courts moments d'excitation se détachent sur un fond de néant et de mort. Ce qui domine chez lui c'est le sentiment angoissant de la fuite du temps, fait d'instants isolés qui n'accumulent rien et qui, au lieu de s'associer en profondeur à l'intérieur d'une conscience prospective, ouverte à l'avenir, qui les incorporerait dans sa substance pour en faire l'instrument et la matière de ses projets, surgissent brusquement puis s'évanouissent sans laisser aucune trace de leur passage. « Il n'y a pas de raison, si je ne prends pas un parti décisif, pour que ma vie ne se passe pas comme cette journée, comme cette semaine, comme ce mois ».[10] Sensibilité 'galvanique', sans mémoire, sans passé, conscience et personnalité 'atomisées' qui tout au plus, dans les moments de passion forte, se donnent l'illusion d'un passé qu'elles n'ont pas. « L'amour supplée aux longs souvenirs, par une sorte de magie. Toutes les autres affections ont besoin du passé. L'amour crée, comme par enchantement, un passé dont il nous entoure ».[11] 'Magie', le mot est bien dit, car l'attitude 'magique', comme Constant ne cessera pas de le souligner, est la plus grande ennemie de la morale, puisqu'elle signifie le mépris du devenir et de la durée.

La discontinuité temporelle entraîne la rupture des liens entre le moi et autrui. Car le moi communique avec les autres dans la mesure où les éléments affectifs de son expérience se fondent pour former une trame de sentiments dans les profondeurs de laquelle le moi rencontre à la fois son propre être et celui d'autrui, à la jonction de deux consciences engagées dans une rêverie commune. Mais, borné à cette expérience atomisée qui ne dépasse guère le stade de la sensation, Constant n'arrive à faire la jonction ni avec son propre être — « tout en ne m'intéressant qu'à moi, je m'intéressais faiblement à moi-même »[12] — ni avec autrui. L'image de 'l'arbre déraciné' est au centre de son histoire personnelle. Sa sensibilité est toujours en désaccord avec celle de l'autre: « jamais celle des autres ne lui convient parfaitement: elle me paraît toujours trop lourde ou trop légère: elle me heurte ».[13] D'où parfois la conviction qu' « il y a entre les autres et soi une barrière invincible ».[14]

Reste finalement un troisième effet, non moins désastreux que les deux premiers, de la sensibilité désorganisée: la séparation et le déséquilibre des facultés. Certes, ni Constant ni son Adolphe ne sont dépourvus de sentiments vrais et authentiques. Quoi qu'ils en aient, à leur insu et comme en marge de leur vie sensuelle et intellectuelle, la 'mémoire du cœur' a déposé dans leur âme une couche de sentiments profonds. Mais cette sensibilité profonde, trop forte pour ne pas troubler, trop faible pour s'imposer, reste sans influence réelle. En sorte que les trois facultés, les sens, l'intelligence et le sentiment fonctionnent séparément et, disloquées, entrent en conflit.

> Chaque individu a au dedans de soi une coalition, c'est-à-dire une guerre civile.[15]
>
> J'ai des qualités excellentes, de la fierté, de la générosité, du dévouement: mais je ne suis pas tout à fait un être réel. Il y a en moi deux personnes, dont une, observatrice de l'autre, et sachant bien que ses mouvements convulsifs doivent passer. Je suis très triste: si je voulais, je serais, non pas consolé, mais tellement distrait de ma peine qu'elle serait comme nulle.[16]

Pourtant, si Adolphe ne réussit pas à jouer à fond son rôle de roué, c'est que, tout comme Constant lui-même, il ne peut rester sourd au sentiment intérieur. Et c'est bien là, dans les sentiments profonds, qu'il faut chercher le principe de la vie morale, car eux seuls constituent les éléments durables et consistants de l'être, permettent au moi de sortir de son isolement et fournissent aux facultés leur principe d'unité.

> Il y a dans les liaisons qui se prolongent quelque chose de si profond! Elles deviennent à notre insu une partie si intime de notre existence.[17]
>
> La longue habitude que nous avions l'un de l'autre, les circonstances variées que nous avions parcourues ensemble, avaient attaché à chaque parole, presqu'à chaque geste, des souvenirs qui nous replaçaient tout-à-coup dans le passé... Nous vivions, pour ainsi dire, d'une espèce de mémoire du cœur...[18]

Ensemble d' 'habitudes' affectives, créant grâce à la 'mémoire du cœur' 'un passé commun', tel est le sentiment moral dont la voix s'impose avec l'autorité d'un devoir inéluctable. On les méprise, mais au risque de détruire la racine même de son être moral.

> Ils sentent que dans leur cœur même qu'ils ne croyaient pas avoir mis de la partie, se sont enfoncées les racines du sentiment qu'ils ont inspiré, et s'ils veulent dompter ce que par habitude ils nomment faiblesse, il faut qu'ils descendent dans ce cœur misérable, qu'ils y froissent ce qu'il y a de généreux, qu'ils y brisent ce qu'il y a de fidèle, qu'ils y tuent ce qu'il y a de bon. Ils réussissent, mais en frappant de mort une portion de leur âme.[19]

Le problème moral sera donc avant tout, pour Constant, le problème de la durée et de la transcendance. « Si je pouvais avoir la confiance de la durée, je serais parfaitement content de mon sort ».[20] La solution qu'il apporte à ce problème — solution dont *Adolphe* donne l'esquisse — fera la matière de ses nombreux ouvrages de morale et de philosophie politique.

Constant moraliste tourne résolument le dos à la morale de l'intérêt. « Il faut aux hommes, pour qu'ils s'associent réciproquement à leurs destinées, autre chose que l'intérêt. Il leur faut une opinion; il leur faut de la morale ».[21] Aussi dans le débat entre eudémonisme et morale kantienne opte-t-il pour la seconde. « Si le bonheur général ou particulier est la pierre de touche du devoir », celui-ci devient « un être moulé au gré de chaque tête individuelle ». D'ailleurs, la morale du bonheur, entendue comme la recherche de sensations agréables, tourne vite à la morale du calcul, car elle finit par substituer aux élans du cœur les calculs artificiels d'un moi pour qui l'autre n'est qu'un 'but'. Or « le devoir ou le bien moral doit être absolument étranger aux circonstances et aux calculs ».[22]

En cherchant toutefois à sauvegarder le caractère absolu du devoir, Constant ne plaide nullement la cause d'une morale abstraite. Personne n'a été d'ailleurs plus ennemi des abstractions, qu'il « regarde comme la cause de la plus grande partie de nos erreurs, tant religieuses que politiques ».[23] Mais ce qu'il s'agit de trouver comme base de la morale, c'est quelque chose qui, tout en étant de l'ordre affectif, ait la permanence et la consistance de l'idée; et ce quelque chose, intermédiaire entre l'affectivité pure et la pensée abstraite, émotion devenue principe et, partant, susceptible d'engendrer une règle à la fois intérieure et, ainsi que la notion du devoir le requiert, transcendante, Constant croit le trouver dans le 'sentiment'.

Sa morale sera une morale du sentiment, faisant appel à la fidélité, à la foi et à l'enthousiasme. Ce sont ces sentiments qui animent toutes les vertus et qu'il faut défendre contre les dangers implicites dans la civilisation même qui, en tendant à la stabilité, peut amener les hommes à y sacrifier « les sentiments nobles et désintéressés » et les arrêter dans « une espèce de résignation fondée sur le calcul ».[24] C'est pour cette raison que Constant défend la notion de droit naturel contre Bentham et son disciple Dunoyer. L'erreur de l'utilitarisme consiste à confondre cause et effet. « Le droit est un principe, l'utilité n'est qu'un effet ».[25] A ceux qui disent « Quoi de plus absurde ... que des droits imprescriptibles qui ont toujours été prescrits! »,[26] Constant répond que c'est précisément parce qu'il en est ainsi que le droit est un principe ou cause morale. Le droit ne décrit pas un état de fait, il prescrit un idéal: « on parle de ce qui doit être, non de ce qui est ». Il a son fondement dans le besoin de transcendance propre à l'être humain, qui cherche une ouverture sur l'avenir. La morale de l'intérêt, au contraire, en se fondant sur l'utilité, ne peut être qu'un calcul d'effets de type rétrospectif. Elle enferme l'homme dans la prison de son être actuel et le condamne au cercle de la répétition.

> Repoussons ces systèmes étroits qui n'offrent pour but à l'espèce humaine que le bien-être physique. Ne nous renfermons pas dans cette vie si courte et si imparfaite, monotone à la fois et agitée, et qui, circonscrite dans ses bornes matérielles, n'a rien qui la distingue de celle des animaux.[27]

Cette morale est basée sur une analyse de l'esprit humain dont les conclusions sont nettement opposées à celles des métaphysiciens du XVIIIe siècle qui « dépouillent l'homme de toute force intérieure, le représentent comme le jouet passif des impressions du dehors, et méconnaissent la réaction qu'il exerce sur ses impressions ».[28] Constant part d'une distinction entre deux sortes d'impressions.

> Les unes, qui sont les sensations proprement dites, sont passagères, isolées, et ne laissent d'autre trace de leur existence que la modification physique qu'elles ont produite sur nos organes. Les autres, qui se forment du souvenir d'une sensation ou de la combinaison de plusieurs, sont susceptibles de liaison et de durée; nous les appellerons *idées*. Ces dernières se placent dans la partie pensante de notre être, s'y conservent, s'y enchaînent l'une à l'autre, se reproduisent, et se multiplient l'une par l'autre, en formant de la sorte une espèce de monde au dedans de nous, monde qu'il est possible, par la pensée, de concevoir tout-à-fait indépendant du monde extérieur.[29]

Tandis que celles-là « fuient tout entières » et « ne constituent point à l'homme une sorte de propriété », les idées, au contraire, « s'associant, se reproduisant, constituent à l'homme une propriété véritable ».[30] Grâce donc à la mémoire et à la comparaison, facultés actives qu'il ne faut pas confondre avec la capacité passive de sentir, les expériences discontinues du moi s'unissent pour former une trame durable qui met l'être sentant à l'abri des secousses temporelles et lui procure l'unité nécessaire à sa vie morale. Le monde des idées constitue « un monde au dedans de nous » et les faits d'expérience externe, devenus, grâce au pouvoir réflexif de la conscience, phénomènes internes, s'organisent tout naturellement, s'emboîtant les uns dans les autres et laissant derrière eux comme une couche de souvenirs. Il y a plus, les idées « portent en elles un germe de combinaisons toujours nouvelles, de vérifications plus ou moins promptes, mais infaillibles, et de progression non interrompue ». Alors que les sensations enferment l'homme dans l'instant et dans la répétition, les idées constituent une trame ouverte à l'avenir, la comparaison s'ajoutant à la mémoire pour lui faire envisager toujours de nouvelles combinaisons et pour lui faire transcender l'actualité de l'expérience immédiate. A la fois rétrospectives et prospectives, les idées sont donc l'instrument du perfectionnement moral: « l'homme se gouverne entièrement et exclusivement par les idées ... il sacrifie toujours la sensation présente aux souvenirs de la sensation passée ou à l'espoir de la sensation future, c'est-à-dire à une idée ».[31]

Or, il est evident que par 'idée' dans ce contexte Constant n'entend nullement l'idée abstraite ni même, en ce qui concerne la morale, l'idée intellectuelle pure et simple, mais plutôt ce qu'il appelle ailleurs le 'sentiment'.

> Le perfectionnement qui s'opère de la sorte dans l'individu se communique à l'espèce, parce que de certaines vérités, répétées d'une manière constante et universelle, sont à la longue entourées par l'habitude d'une évidence entière et rapide; car une vérité évidente n'est autre chose qu'une vérité dont le signe nous est tellement familier, qu'il nous retrace à l'instant même l'opération intellectuelle par laquelle cette vérité a obtenu notre assentiment.[32]

> De la réunion de ces vérités, adoptées par tous les individus, et de l'habitude des sacrifices que ces vérités leur imposent, se forme une raison, s'établit une morale commune à tous, dont les principes, reçus sans discussion, ne se mettent plus en doute. Alors l'individu n'est plus obligé de recommencer une tâche remplie avant lui; il part, non du point où le placerait son inexpérience individuelle, mais du point où l'a porté l'expérience de l'association.[33]

C'est dans les termes mêmes de Pascal et de Hume que Constant explique l'origine et la nature des 'vérités' morales, c'est-à-dire des sentiments. Ce qu'il appelle 'idées', ce sont les relations établies entre les sensations grâce à la mémoire et qui deviennent, par l'habitude de leur répétition, des évidences du cœur, tellement ancrées dans la conscience qu'elles *agissent* plutôt qu'elles n'éclairent, ne demandant plus aucune intervention de l'intelligence.

En même temps, leur nature est telle qu'ils dépassent l'individu, constituant « une morale commune à tous », ensemble de dispositions et d'affections morales spontanément reconnues, fruit d'une habitude des choses et des êtres que le travail profond, imperceptible de la 'mémoire du cœur' crée et développe. C'est ainsi que dans la vie personnelle « les liaisons qui se prolongent » deviennent « une partie intime de notre existence » et que la vie en commun, de par sa durée même, enracine le moi dans l'être grâce à la tendance qu'ont les parties de l'expérience à se fondre, à s'accumuler et à se projeter, « s'élaborant dans le silence » et « se rencontrant et s'électrisant par le commerce des individus ».[34] Cette espèce de tissu moral, pareil aux tissus vivants du corps, est l'étoffe même des sentiments et le principe actif de la vie morale, à la fois de l'individu et de la société.

> La société ne nous paraît qu'un grossier mécanisme: nous prenons le pouvoir pour une cause, tandis que ce n'est qu'un effet ... Ce sont les opinions qui créent la force, en donnant des sentiments, ou des passions ou des enthousiasmes. Elles se forment et s'élaborent dans le silence; elles se rencontrent et s'électrisent par le commerce des individus. Ainsi, soutenues, complétées l'une par l'autre, elles se précipitent bientôt avec une impétuosité irrésistible.[35]

La vie de l'esprit, loin de ressembler à un mécanisme, ressemble à la vie d'un organisme: tout y est en relation, en fusion, en devenir. Les sentiments sont bien des idées, mais des idées *en acte*, mobilisées pour l'action, encore toutes chargées d'émotion, de mémoire et de dynamisme. « Les idées seules sont actives; elles sont les souveraines du monde ».[36] Idées-forces, les sentiments sont les éléments permanents de l'être, mais des éléments permanents en évolution constante, incorporant en eux-mêmes tout le passé mais le transformant sans cesse, le creusant en profondeur et le projetant vers l'avenir et vers des expériences nouvelles qui seront à leur tour incorporées dans la substance interne du moi et renforceront l'habitude des choses et des êtres qui naît de l'acte même de durer.

Toute la morale, individuelle et politique, de Constant réside dans l'appel fait aux sentiments durables, considérés comme seuls capables d'assurer l'unité du moi et sa participation à l'être. Porteurs de la durée et créateurs d'un passé commun, leur voix se fait entendre comme un impératif aux moments critiques de la vie.

> Nos âmes ne sont-elles pas enchaînées l'une à l'autre par mille liens que rien ne peut rompre? Tout le passé ne nous est-il pas commun?

Pouvons-nous jeter un regard sur les trois années qui viennent de finir, sans nous retracer des impressions que nous avons partagées, des plaisirs que nous avons goûtés, des peines que nous avons supportées ensemble. Ellénore, commençons en ce jour une nouvelle époque, rappelons les heures du bonheur et de l'amour.[37]

Respect de la durée, telle est la grande règle de la morale. Là où la conscience de la durée manque, il n'y a pas de moralité, car rien alors ne s'interpose entre le moi et la satisfaction de ses désirs éphémères. C'est ainsi que le mercenaire, à la différence de celui qui combat pour sa patrie, reste fermé à tout sentiment d'humanité et à la merci de ses plus cruels instincts.

> Or, la morale a besoin du temps. C'est là qu'elle place ses dédommagements et ses récompenses. Pour celui qui vit de minute en minute, ou de bataille en bataille, le temps n'existe pas. Les dédommagements de l'avenir deviennent chimériques. Le plaisir du moment a seul quelque certitude ... Le soldat qui combat pour sa patrie ne fait que traverser le danger. Il a pour perspective ultérieure le repos, la liberté, la gloire. Il a donc un avenir: et sa moralité, loin de se dépraver, s'ennoblit et s'exalte.[38]

Respect de la durée, telle est aussi la grande règle du libéralisme politique.

> La révolution a toujours été malgré les hommes, elle ira encore et nous conduira à la véritable liberté et au repos qui en est inséparable. Le grand point est de concevoir que la liberté est une chose présente et non à venir, que c'est une chose de tous les moments et non une époque particulière à laquelle on puisse parvenir par des secousses, que c'est enfin une route avec un but.[39]

Dans la vie de l'esprit tout est relation organique, tous les éléments s'appellent les uns les autres, 's'électrisant' sans cesse et incorporant dans leur flux continu les expériences nouvelles pour les ajouter à leur somme qualitative. L'esprit est un foyer mouvant qui ne connaît ni bornes ni divisions. « Le propre des esprits supérieurs, c'est de ne pouvoir considérer les détails, sans qu'une foule d'idées ne se présente à eux sur l'ensemble auquel ces détails appartiennent ».[40] Ce qui fait que, réfractaire à l'analyse, le sentiment est souvent insaisissable par le langage. « Tous nos sentiments intimes semblent se jouer des efforts du langage: la parole rebelle, par cela seul qu'elle généralise ce qu'elle exprime, sert à désigner, à distinguer plutôt qu'à définir ».[41] Ce qui fait aussi que dans la vie sociale et politique des hommes tout ce qui violente les sentiments-habitudes est à éviter. « La série d'idées dont leur être moral s'est formé graduellement, et dès leur naissance, ne peut être modifiée par un arrangement purement nominal, purement extérieur, indépendant de leur volonté ».[42] Aussi Constant est-il l'ennemi de toute politique qui veut reconstruire la société selon quelque théorie abstraite. « La vie n'est pas une chose qu'on ôte et qu'on rende tour à tour ».[43] Ainsi il condamne les Révolutionnaires, pour qui « la loi étant l'expression de la volonté générale, devait ... l'emporter sur toute autre puissance, même sur celle de la mémoire et du temps »[44] Condamnation qui s'étend à ces nouveaux amateurs de systèmes, De Maistre et Lamennais, qui se croient « appelés par un privilège spécial à fixer dès à présent la régénération du monde ».[45]

Les conceptions mécanistes font l'objet de critiques non moins sévères. Elles sont en effet les corollaires de l'atomisme psychologique et moral. Envisager la vie de l'esprit comme une série d'états discontinus, c'est le vider de son contenu temporel et qualitatif et le condamner à la répétition et à l'uniformité, c'est en faire au lieu d'une histoire une collection où les différences individuelles sont escamotées au profit d'une identité numérique et où la progression, excluant tout changement qualitatif des parties comme de l'ensemble, n'est qu'une addition du même au même. Atomisme et mécanisme, c'est tout un. « La variété, c'est de l'organisation; l'uniformité, c'est du mécanisme. La variété, c'est la vie; l'uniformité, c'est la mort ».[46] Ceci se voit lorsqu'on considère les effets de la centralisation, qui fait que « les individus, perdus dans un isolement contre nature, étrangers au lieu de leur naissance, sans contact avec le passé, ne vivant que dans un présent rapide, et jetés comme des atomes sur une plaine immense et nivelée, se détachent d'une patrie qu'ils n'aperçoivent nulle part ... ».[47] Dans un autre passage intéressant Constant fait remarquer que sous les régimes de tyrannie la dislocation et la mécanisation n'affectent pas seulement les rapports sociaux et politiques mais aussi les rapports des facultés entre elles. Alors que sous les régimes libres on trouve que celles-ci tendent à collaborer, sous le despotisme « chaque faculté, restreinte et mutilée, est attachée à une opération mécanique, comme ces animaux condamnés pour toujours à un travail circulaire ».[48]

De ces vues sur les relations entre l'atomisme et le mécanisme Constant tire d'ailleurs toute une esthétique. Il condamne l'introduction dans les œuvres d'art de toute morale explicite. Sa moralité doit naître seulement « de l'impression que son ensemble laisse dans l'âme ».[49] Et s'il en est ainsi, c'est qu'une telle morale qui « naît de l'enthousiasme » est plus puissante que les « axiomes directs », parce qu'elle se mêle à l'âme et influe sur l'être entier, au lieu que ces derniers, restant isolés et 'compacts' et comme étrangers à la vie de l'esprit, ne se prêtent qu'à une répétition mécanique. « Serait-ce qu'on n'aimerait pas pour soi la morale qui naît de l'attendrissement et de l'enthousiasme, parce que cette morale force en quelque sorte l'action, au lieu que les maximes précises n'obligent les hommes qu'à les répéter? ».[50] Tout comme les 'mots isolés' que certains jettent dans la conversation, oubliant que celle-ci est un dialogue qui se construit dans la durée. « Les mots de ce genre, frappants en eux-mêmes, ont l'inconvénient de tuer la conversation; ce sont, pour ainsi dire, des coups de fusil qu'on tire sur les idées des autres, et qui les abattent ».[51]

Enfin, c'est par les sentiments profonds que l'homme participe à l'être, et chose étrange, ainsi que Constant s'en rend compte, cette participation est la condition même de la conscience de l'identité personnelle. Adolphe n'est jamais si conscient de lui-même que dans ces moments où, cédant au pouvoir des souvenirs, il transcende les bornes étroites de son moi, soit quand par intervalles il se rencontre avec Ellénore dans leur 'passé commun', soit quand il reprend contact avec son enfance par la rêverie.[52] Et la mort d'Ellénore signifie pour lui non seulement la solitude, mais la perte définitive de tout ce qui fait son moi. « Je ne vivais plus dans cette atmosphère d'amour qu'elle répandait autour de moi ».[53] Le moi ne se connaît comme une personne que dans une 'atmosphère' créée par une intimité où l'individu se rencontre avec l'autre. L'horreur qu'Adolphe ressent vient de la certitude qu'il va « à jamais cesser d'être aimé ». N'être plus l'objet de l'affection d'un autre, c'est n'être plus rien, car c'est la présence de l'autre qui seule permet au moi de se construire en durée et en profondeur et de se réaliser effectivement. Pour Constant, la réalité de la personne ne se trouve point dans le moi isolé, mais dans le moi-en-relation; et le propre de l'acte volontaire authentique n'est pas d'affirmer l'indépendance du moi, mais d'être l'expression de la personne entière, considérée comme un foyer de rapports qui unissent le moi à son passé, à son avenir et à autrui. Le vrai moi ne se découvre que dans sa transcendance, au centre d'une durée et d'une mémoire communes et de tout un contexte de relations concrètes et invisibles.

C'est de cette constatation que les vues de Constant sur le patriotisme local, se nourrisant de « tout ce qui frappe l'imagination et de tout ce qui parle à la mémoire »,[54] tirent leur force. Elle est le fondement aussi du sentiment de la nature chez lui. « Une grande correspondance existe entre tous les êtres moraux et physiques ».[55] Au fond de l'âme, par l'habitude et le souvenir des lieux, se tissent des rapports avec la nature, qui eux aussi sont la condition de la réalisation du moi. La nature parle à l'homme, sa voix plus ou moins insistante selon la santé de l'âme, selon l'âge et même selon le régime politique.

> L'air que je respirais me paraissait plus rude... Toute la nature semblait me dire que j'allais cesser d'être aimé.[56]

> Je me souviens du temps où j'entendais une sorte de bruit qu'on aurait dit sortir des plantes et de tout ce qui m'entourait. C'était comme la vie de la nature que j'entendais. Aujourd'hui, j'ai trouvé cette espèce de bruit bien diminué.[57]

> Les hommes qui ont vécu sous la tyrannie ... savent que l'existence physique elle-même y devient pénible. L'air qu'on y respire y paraît lourd; la poitrine se soulève avec effort; je ne sais quelle montagne pèse sur le cœur.[58]

La morale de Constant comporte un élément de ce qu'on oserait appeler quiétisme. On se rappelle d'ailleurs que le héros de *Cécile* tombe à un moment donné sous l'influence des piétistes de Lausanne, disciples de Fénelon et de Mme Guyon et, appliquant leurs préceptes, s'en remet à la Providence, faisant « abnégation complète de toute faculté, de toute connaissance, de toute raison, de tout jugement » et acquérant ainsi « un sentiment profond de confiance, une conviction intime que j'étais protégé et que je n'avais aucun besoin de me mêler de mon sort ».[59] Mais sans aller jusque-là Constant ne cesse pas d'affirmer la nécessité de faire confiance au temps qui, tout naturellement et sans le concours de la volonté consciente, tisse les relations complexes de la durée. Aussi faut-il en matière politique ne rien faire plutôt que faire, laissant « notre mécanisme constitutionnel s'établir et se simplifier par l'usage et l'habitude ».[60] Soumission donc à la marche lente du temps et confiance dans sa vertu propre, qui fait que les institutions, comme les personnes, rien qu'en durant, prennent leur pli et leur moule.

> L'on a peur des bouleversements et l'on a raison; mais on provoque les bouleversements par un attachement aveugle et opiniâtre à des

idées de stabilité exagérées, comme par des innovations imprudentes. L'unique moyen de les éviter, c'est de se prêter aux changements insensibles qui s'opèrent dans la nature morale comme dans la nature physique... Obéissez au temps; faites chaque jour ce que chaque jour appelle; ne soyez ni obstinés dans le maintien de ce qui s'écroule, ni trop pressés dans l'établissement de ce qui semble s'annoncer... consentez à ce que beaucoup de choses se développent sans vous, et confiez au passé sa propre défense, à l'avenir son propre accomplissement.[61]

Le grand danger vient du côté de l'esprit critique qui interrompt le travail insensible de la durée en proposant à la volonté quelque but conscient. Car le travail bienfaisant du temps s'accomplit en marge de la conscience claire. C'est 'à notre insu' que les liaisons qui se prolongent deviennent une partie intime de l'existence. Le but voulu est ennemi de la morale. N'est-ce pas précisément parce qu'Ellénore était d'abord un 'but' qu'elle devint un 'lien'? D'ailleurs, toute passion qui n'est que passion, en cessant de voir dans l'autre un but, finit par y voir un lien; d'où la valeur du mariage, « parce qu'au lieu d'un but qui n'existe plus, il introduit des intérêts communs qui existent toujours »[62] et qui sont l'effet du temps seul. N'est-ce pas le fait que les parents ne choisissent pas leurs enfants qui explique la force de l'amour paternel et maternel?[63] Et n'est-ce pas aussi le fait que l'œuvre d'art ne se propose pas de but moral explicite qu'elle exerce son effet moral propre qui est d'éveiller dans l'âme une sympathie illimitée?

> Un ouvrage d'imagination ne doit pas avoir un but moral, mais un résultat moral. Il doit ressembler, à cet égard, à la vie humaine qui n'a pas un but, mais qui toujours a un résultat dans lequel la morale trouve nécessairement sa place.[64]

Une des clefs de la morale de Constant se trouve certes dans cet élément de 'quiétisme'. La fin morale de l'homme c'est le repos de l'âme. Ce qui fait la valeur des institutions stables c'est qu'à la fois le pouvoir et les citoyens y trouvent un 'appui'.[65] Dans un passage intéressant Constant prend la défense du sentiment intime contre le raisonnement. Certaines idées, dit-il, sont justes lorsqu'elles « restent dans la sphère qui leur est propre », par exemple celles de cause et d'effet. Appliquées pourtant au sentiment intime, elles sont en opposition avec ce sentiment, puisqu'elles impliquent la négation du libre-arbitre. Et il conclut par deux phrases révélatrices:

> Le caractère distinctif d'un raisonnement juste, c'est de donner à l'homme le repos qui accompagne la conviction. Quand il ne lui procure pas ce repos, ce n'est pas toujours que le raisonnement soit faux en lui-même: ce peut être aussi qu'il est appliqué à des objets auxquels il ne doit pas être appliqué.[66]

La connaissance intime, qui est celle de la vie morale, est un repos de l'esprit; de même que l'acte moral ce n'est pas se tendre, mais se détendre, c'est s'ouvrir à l'action bienfaisante de la durée, c'est se découvrir au milieu d'une transcendance réconfortante. La clef de la vie morale c'est le contraire de l'agitation et de la crispation, c'est le recueillement.

Or la morale 'ouverte' réclame un dogme, celui de la perfectibilité humaine. Que l'histoire révèle un perfectionnement progressif de l'homme, Constant n'en doute point, ni que la foi au progrès ne soit nécessaire à la vie morale, car « le système de perfectibilité nous garantit seul de la perspective infaillible d'une destruction complète ».[67] Le fondement de cette croyance se trouve pourtant dans la nature même de l'esprit. Si l'homme était borné aux sensations, il n'y aurait pas pour lui de devenir, encore moins de perfectionnement. Mais il existe dans la durée. Les sensations en s'unissant les unes aux autres se transforment en idées-sentiments qui, se renforçant par l'habitude, servent de tremplin à de nouvelles combinaisons, créant « une morale commune à tous, dont les principes, reçus sans discussion, ne se mettent plus en doute ». « Alors l'individu n'est plus obligé de recommencer une tâche remplie avant lui; il part, non du point où le placerait son inexpérience individuelle, mais du point où l'a porté l'expérience de l'association ».[68]

Evolution donc, et possibilité de perfectionnement, mais perfectionnement de fait? Oui, répond Constant. Parce que l'idée-sentiment nous renvoie au principe animateur de l'esprit, celui du 'sacrifice'. Il n'y a aucune raison pourquoi l'homme se sent obligé de dépasser la sensation actuelle et de faire de son existence un projet dans la durée sinon la tendance invincible qu'il a en lui à sacrifier le présent à l'avenir, à 'se désintéresser' de l'état actuel en faveur d'un état futur qu'il juge meilleur. « Dans la seule faculté du sacrifice est le germe indestructible de la perfectibilité ».[69]

Qu'on appelle ce principe du sacrifice comparaison en parlant du raisonnement,[70] ou désintéressement, générosité, en parlant des sentiments, c'est un même principe d'ouverture et transcendance;

un principe, en un mot, qui ne peut être que d'ordre religieux.
« Mais la morale est un sentiment. Elle s'associe au sentiment
religieux, parce que tous les sentiments se tiennent ».[71]

C'est qu'en parlant de la religion, comme de la société, le XVIIIe
siècle a commis une erreur grave.

> On a commencé par supposer que l'homme avait existé sans
> société, sans langage, sans religion. Mais cette supposition impliquait
> qu'il pourrait se passer de toutes ces choses, puisqu'il avait pu exister
> sans elles. En partant de ce principe on devait s'égarer. La société, le
> langage, la religion sont inhérents à l'homme: les formes varient.[72]

Il y a au fond de l'âme « un besoin de vague que la religion seule
satisfait ».[73] Ce besoin s'incarne selon l'état des lumières dans des
formes changeantes et variables, mais les transcende toutes, étant
lui-même le principe qui préside à tout changement, l'élan vers
l'avenir qui est l'essence même de l'esprit.

> Il est dans son essence d'essayer, pour se satisfaire, de chaque
> forme religieuse qui se crée ou qu'on lui présente; mais il est aussi
> dans son essence, lorsque ces formes religieuses ne le satisfont plus,
> de les modifier... Le borner au présent, qui ne lui suffit jamais, lui
> interdire cet élan vers l'avenir, auquel l'insuffisance du présent
> l'excite, c'est le frapper de mort.[74]

La morale ouverte exige pour fondement une religion ouverte,
car le sentiment religieux n'est autre que le principe de transcendance qui anime la vie morale et qui « nous pousse... hors de nous,
nous imprime un mouvement qui n'a point notre utilité pour but, et
semble nous porter vers un centre inconnu, invisible, sans nulle
analogie avec la vie habituelle et les intérêts journaliers ».[75] Pareil
en cela à l'amour, il va vers un but infini qui transcende tout but
spécifique et tout objet particulier. Voilà d'ailleurs ce qui rend le
théisme supérieur au polythéisme.

> Le théisme a enfin sur le polythéisme cette incontestable supériori-
> té, qu'il jette dans l'esprit de l'homme je ne sais quelle idée, ou plutôt
> quelle sensation de l'infini. Cette idée, cette sensation est plus
> favorable à la morale que toute doctrine fixe, dogmatique et positive.
> L'absence de bornes appliquées à nos sentiments et à nos pensées est
> ce qui tend le plus à épurer les uns et à élever les autres.[76]

Voilà pourquoi, comme le dit Constant à propos d'une phrase de
Schleiermacher (« Une religion sans Dieu peut être meilleure
qu'une religion avec un Dieu »), « le sentiment religieux est très

compatible avec le doute... il est même plus compatible avec le doute qu'avec telle ou telle religion ».[77] Car Dieu échappe à toute formule et à toute catégorie positives. Il est la fin transcendante ultime, « centre inconnu, invisible », et le sentiment religieux qui est au cœur du sentiment moral n'est autre que l'élan vers l'infini qui jette l'homme hors du présent, hors de la sensation, hors du moi, et le fait participer au courant ouvert de la vie universelle et le projette sans fin vers l'avenir, vers le monde et vers autrui.

Si les formes — institutions, formules, conventions — risquent d'arrêter et de figer la durée, elles n'en sont pas moins utiles, voire essentielles. Les convenances, rappelons-nous, quoique 'factices', sont 'nécessaires'.[78] Ainsi, les institutions, facteurs de stabilité politique et sociale, permettent aux sentiments, aux habitudes et aux intérêts communs de croître et de se développer à l'abri des secousses.

> Il y a des avantages que la durée seule d'une institution développe. Le besoin de l'habitude est naturel à l'homme comme celui de la liberté... Une nation peut et doit s'abonner avec ses institutions pour un espace de temps, durant lequel elle puisse se créer des habitudes, jouir du repos, et ne pas consumer perpétuellement toutes ses forces dans des tentatives d'améliorations politiques, qui ne sont que le moyen; ce qui lui ferait négliger les améliorations morales, l'acquisition des lumières, le perfectionnement des arts, la rectification des idées, choses qui sont le but.[79]

Elles sont les supports dont les sentiments ont besoin, si bien qu'elles en sont à la longue inséparables, un mouvement continu allant des sentiments aux formes qui les expriment et des formes aux sentiments qui les animent.

> L'homme se plie aux institutions qu'il trouve établies, comme à des règles de la nature physique. Il arrange, d'après les défauts mêmes de ces institutions, ses intérêts, ses spéculations, tout son plan de vie. Ces défauts s'adoucissent, parce que toutes les fois qu'une institution dure longtemps, il y a transaction entre elle et les intérêts de l'homme. Ses relations, ses espérances se groupent autour de ce qui existe. Changer tout cela, même pour le mieux, c'est lui faire mal.[80]

Les formes sont donc « les divinités tutélaires des associations humaines ». Et elles le sont parce qu'elles sont l'incarnation visible des sentiments. « Les formes sont les seules relations des hommes entre eux. Tout est obscur d'ailleurs: tout est livré à la conscience solitaire, à l'opinion vacillante. Les formes seules sont en évidence... ».[81]

Leur rôle et fonction deviennent plus clairs pourtant lorsqu'on considère les éléments formels de la religion.

> Le sentiment religieux naît du besoin que l'homme éprouve de se mettre en communication avec les puissances invisibles.
>
> La forme naît du besoin qu'il éprouve également de rendre réguliers et permanents les moyens de communication qu'il croit avoir découverts.[82]

La forme a donc deux fonctions. Premièrement, celle d'incarner sous une forme visible la croyance du sentiment: « il faut qu'il la retrouve aujourd'hui ce qu'elle était hier ». Deuxièmement, celle de l'universaliser afin de la communiquer. « Il faut, de plus, qu'il la voie appuyée du suffrage de ceux avec lesquels il est en rapport d'intérêt, d'habitude et d'affection: destiné qu'il est à exister avec ses semblables, et à communiquer avec eux, il ne jouit de son propre sentiment que lorsqu'il le rattache au sentiment universel ».[83]

L'erreur en morale ne vient donc pas de la forme en elle-même mais du déséquilibre entre la forme et le sentiment.

> Elle contracte, par l'effet même de sa durée, un caractère dogmatique et stationnaire qui refuse de suivre l'intelligence dans ses découvertes, et l'âme dans ses émotions que chaque jour rend plus épurées et plus délicates.[84]

Ce déséquilibre, notons-le bien, peut se manifester de deux façons. D'une part, il se peut que la forme ne corresponde plus à l'état des sentiments. De l'autre, il se peut qu'elle ne soit plus en rapport avec l'état des connaissances et ne se conforme plus aux exigences de l'esprit critique: « les idées qu'elle suggère deviennent de plus en plus étroites ». Dans les deux cas « le sentiment religieux se sépare alors de cette forme pour ainsi dire pétrifiée » et présente « des images presque matérielles ».[85] Ces vues, soit dit en passant, et leur expression même, ont une ressemblance frappante avec celles de Bergson: pour lui, comme pour Constant, la forme, nécessaire pour la communication, se matérialise et se pétrifie lorsqu'elle est séparée de l'élan qui l'anime.

Aussi faut-il à tout moment soumettre les formes à une double critique, l'une devant les exigences du sentiment et portant sur le contenu de la forme, l'autre devant les exigences de l'esprit critique, portant sur les formules et les institutions où le sentiment s'incarne. Grâce à ce travail, la forme devient *structure*, c'est-à-dire un intermédiaire dynamique entre le purement formel et le sentiment, véritable incarnation concrète du courant de vie, élan qui se projette vers le monde et dans le monde et, ce faisant, se communique et s'universalise.

Ces conclusions éclairent le problème posé à l'origine par Constant, celui de l'équilibre des facultés. L'erreur de l'intelligence et de l'esprit critique, c'est de vouloir fonctionner indépendamment du sentiment, se perdant soit dans des abstractions, soit dans des analyses infructueuses. Ils retrouvent leur vraie fonction en devenant le support des sentiments et en fournissant les structures idéologiques où les sentiments trouvent leur expression dynamique et le moyen de se communiquer et de s'universaliser. Ainsi le pouvoir de transcendance inhérent au sentiment se transmet à l'intelligence elle-même; et les deux facultés collaborent comme une seule et même faculté ou puissance d'ouverture.

Le dernier mot de Constant est un idéalisme moral qui se situe dans la grande tradition idéaliste française qui va de Rousseau à Bergson en passant par Maine de Biran et qui affirme la transcendance de l'être. Il est moins un système qu'un appel à la confiance. Confiance dans la vie comme la source transcendante et universelle des sentiments profonds et des élans généreux de l'âme. « La vie n'est pas une chose qu'on ôte et qu'on rende tour à tour ».[86] Elle n'est pas une chose qu'on se donne ni qu'on possède, mais qu'on reçoit et à laquelle on participe. Confiance donc dans le temps, dans la vertu inhérente à l'acte même de durer. Condamnation des 'systèmes étroits' qui veulent enfermer ou arrêter le courant ouvert de la vie universelle. Méfiance à l'égard des buts spécifiques que l'homme se propose. La vie n'a pas un 'but' mais un 'résultat'. En cela pareille à l'ouvrage d'imagination dont la morale « ressemble à l'effet de la musique » et, « nous inspirant un désintéressement momentané, réveille en nous la puissance du sacrifice, puissance mère de toute vertu ».[87] La vie est musique et amour, transcendance infinie vers un « centre inconnu, invisible ».

Mais cette transcendance est en même temps une transcendance incarnée, qui s'accomplit dans la durée et à l'intérieur des 'associations humaines'. Ainsi faut-il rejeter la notion godwinienne d'une justice abstraite en tout ce qui concerne la vie personnelle.

> Il ne faut point que l'homme soit toujours impartial et juste; il faut au contraire, et c'est le plus beau privilège de son indépendance individuelle, qu'il soit partial par goût, par pitié, par entraînement. Magistrat, juge, homme public, son devoir, sans doute, est la justice;

mais la plus précieuse partie de son existence privée, sur laquelle la société ne doit avoir nul empire, c'est de s'entourer d'êtres à part, d'êtres chéris, ses semblables par excellence, distincts de tous les êtres de son espèce. Quand il s'agit des autres, il lui suffit de ne jamais leur nuire et quelquefois de les servir; mais à ce cercle favorisé, à ce cercle d'amour, d'émotions, de souvenirs, appartiennent son dévouement, son occupation constante, et tous les genres de partialité.[88]

La morale ouverte ne peut guère être en même temps qu'une morale 'partiale'. Car l'univers moral est un univers de personnes liées par des rapports concrets et organiques, et l'universel ne s'y manifeste pas comme un être général et abstrait, mais comme une puissance incarnée dans un « cercle d'amour, d'émotions, de souvenirs ».

[*Studi in onore di Carlo Pellegrini* (Biblioteca di *Studi Francesi* II) (Turin, Società Editrice Internazionale, 1963), pp. 395-410.]

[1] A Mme de Nassau, 24 mai 1794, *Lettres* (éd. Melegari, Albin Michel, 1928), p. 248.

[2] Préface de la 2e édition.

[3] A Mme de Charrière, 17 sept. 1792, *Lettres*, p. 454.

[4] *Adolphe*, chap. I.

[5] Ibid., Préface de la 2e édition.

[6] Ibid., chap. II.

[7] Ibid., chap. I.

[8] Ibid., Préface de la 2e édition.

[9] Ibid., chap. II.

[10] *Journaux intimes, Œuvres* (Pléiade, 1957), p. 300.

[11] *Adolphe*, chap. III.

[12] Ibid., chap. I.

[13] *Journaux intimes* (Pléiade), p. 315.

[14] Ibid., p. 319.

[15] A Mme de Nassau, 1er févr. 1796, *Lettres*, p. 287.

[16] *Journaux intimes* (Pléiade), pp. 290-1.

[17] *Adolphe*, chap. V.

[18] Ibid., chap. VI.

[19] Ibid., Préface de la 2e édition.

[20] A Mme de Nassau, 1796, *Lettres*, p. 288.

[21] *Esprit de conquête* (Pléiade), p. 998.

[22] A Mme de Charrière, déc. 1793, *Lettres*, p. 489.

[23] A la même, 12 oct. 1793, Ibid., p. 471.

[24] *Mélanges de littérature et de politique*, 1829, p. 135.

[25] Ibid., p. 145.

[26] Ibid., pp. 146-7. L'allusion est au collaborateur de Bentham, le genevois Dumont.

[27] Ibid., pp. 140-1.

[28] Ibid., p. 213.

[29] Ibid., pp. 390-1.

[30] *Mélanges*, pp. 391-2. Inutile de dire que cette distinction entre la sensation et le sentiment n'est nullement particulière à Constant. Elle a sans doute son origine dans les *Leçons de philosophie* de Laromiguière professées en 1811-12 et elle devient un lieu commun chez les philosophes de la conscience et chez les eclectiques.

[31] Ibid., pp. 393-4.

[32] Ibid., p. 399.

[33] Ibid., pp. 399-400.

[34] *Mélanges*, p. 443.

[35] Ibid., pp. 442-3.

[36] Ibid., p. 408.

[37] *Adolphe*, chap. X.

[38] *Esprit de conquête* (Pléiade), pp. 999-1000.

[39] A Mme de Nassau, 10 déc. 1795, *Lettres*, p. 284.

[40] *Mélanges*, p. 189.

[41] *De la Religion* (Pléiade), p. 1415.

[42] *Esprit de conquête* (Pléiade), p. 1017.

[43] Ibid., p. 1070.

[44] Ibid., p. 1052.

[45] *Mélanges*, p. 161.

[46] *Esprit de conquête* (Pléiade), p. 1018.

[47] Ibid.

[48] *Mélanges*, pp. 470-1.

[49] Ibid., p. 176.

[50] Ibid., p. 178.

[51] *Lettre sur Julie*, Ibid., p. 62.

[52] *Adolphe*, chap. VII.

[53] Ibid., chap. X.

[54] *Esprit de conquête* (Pléiade), p. 1015.

[55] *Mélanges*, p. 265.

[56] *Adolphe*, chap. X.

[57] *Journaux intimes* (Pléiade), p. 314.

[58] *Mélanges*, p. 238.

[59] *Cécile* (Pléiade), p. 209.

[60] *Principes de politique* (Pléiade), p. 1159.

[61] *Esprit de conquête*, *Œuvres*, (éd. Laboulaye, 1861), Tome II, pp. 272-3.

[62] Mélanges, p. 65.

[63] A Mme de Nassau, 27 avril 1803, *Lettres*, p. 366.

[64] *Mélanges*, p. 178.

[65] *Esprit de conquête* (Pléiade), p. 1079.

[66] *De la Religion* (2ᵉ éd., 1826), Tome I, p. 287.

[67] *Mélanges*, p. 387.

[68] Ibid., p. 400.

[69] Ibid., p. 398.

[70] Ibid., p. 396.

[71] *De la Religion*, 1824, Tome I, p. 228.

[72] *De la Religion* (Pléiade), p. 1410.

[73] *Mélanges*, p. 69.

[74] Ibid., p. 102.

[75] *De la Religion* (Pléiade), p. 1414.

[76] *Du Polythéisme romain*, 1833, Tome II, p. 311.

[77] *Journaux intimes* (Pléiade), p. 412.

[78] *Adolphe*, chap. I.

[79] *Réflexions sur les Constitutions, Œuvres*, Collection Plancher, 1818-20, Tome I, p. 167, note 1.

[80] *Esprit de conquête* (Pléiade), pp. 1016-7.

[81] *Principes de Politique* (Pléiade), p. 1235.

[82] *De la Religion* (Pléiade), p. 1418.

[83] Ibid.

[84] *De la Religion* (Pléiade), p. 1419.

[85] Ibid.

[86] *Esprit de conquête* (Pléiade), p. 1070.

[87] *Mélanges*, pp. 176-7.

[88] Ibid., pp. 214-15.

The Consciousness of Time
in Baudelaire

'Ame curieuse qui souffres et vas cherchant ton paradis', this apostrophe epitomizes Baudelaire's fundamental experience of inner duality: on the one hand, an aspiration towards God and the spiritual life, on the other an enslavement to the Devil, the flesh and the senses. These two 'invocations' war for mastery of his will. The former is like the theologians' 'sanctifying grace' or Pascal's 'idée de Dieu', which preserves intact the aspiration to perfection. But, by virtue of original sin, for Baudelaire as for Pascal the key to the human condition, it lacks efficacy and man falls a prey to the more powerful attraction of evil working through the temptations of the flesh. Baudelaire pictures this delectation as itself a diabolic 'grace'; it is it that, given man's first choice of sin and his ensuing corruption, becomes the 'actual' grace and appears fated to master his will.

Yet the knowledge of, and aspiration towards, God remain. Baudelaire has been called 'le poète du péché', but he would be more accurately described as 'le poète de la conscience du péché'. At the centre of his experience is the sense of man's double condition as both spirit and sense, mind and nature. Hence he is the irreconcilable enemy of all paganism and 'naturisme'. For these, by envisaging man as a creature purely of the senses, misconstrue his nature and diminish his moral status. Duality, indeed, is the very principle and condition of self-consciousness, in so far as the finite human creature is concerned at least. Inanimate nature is unconscious; the animal possesses consciousness, but, being limited to physical sensation, is wholly identified with the object of its enjoyment. Man alone, conscious alike of a spiritual essence instinct with purposes and values transcending the actuality of experience and of a bodily nature which limits him to the immediacy of physical sensation, can know a distinction between self and non-self and thereby possess self-consciousness. Baudelaire's condemnation of drugs and sensual lust derives from the conviction that they abolish this distinction. The self loses the consciousness of its identity and of its specific ends by surrendering to sense and thereby merging without residue in the anonymity of brute existence and pure objectivity. It is the same 'spiritualist' philosophy that underlies his dismissal of pantheism as a mere 'tourbillon'.[1]

There is here an interesting parallel with Maine de Biran's philosophy of consciousness, where the latter is transferred from a psychological and moral plane to a specifically religious one. For Baudelaire equates self-consciousness with consciousness of sin. To be self-conscious is to be conscious of the distinction between a spiritual essence and a bodily nature at war, the one aspiring to realize transcendent purposes, the other finding its enjoyment in the immediate satisfactions of physical possession to the exclusion of all spiritual ends. It is the awareness of an irrevocable discrepancy between man's spiritual aspiration and his enslavement to sense. The animal kingdom knows no such inner division and can know no sense of sin. Man alone is ever conscious of his self and necessarily conscious of his self as imperfect and degraded. Self-consciousness is identical with the consciousness of the self as *déchu*. One has here only to recall those remarkable symbols evocative of man's sense of sin in *L'Irrémédiable*, symbols that equate this sense with self-consciousness itself by the images of the *miroir* and the *Puits de Vérité* and by the appositions *sombre—limpide, clair—noir*.

> Tête-à-tête sombre et limpide
> Qu'un cœur devenu son miroir!
> Puits de Vérité, clair et noir
> Où tremble une étoile livide,
>
> Un phare ironique, infernal,
> Flambeau de grâces sataniques,
> Soulagement et gloire uniques,
> —La conscience dans le Mal!

The identification of self-consciousenss with the sense of sin implies too the identification of both with *dégoût de soi*. Like the existentialists, Baudelaire sees dread as constitutive of self-consciousness. It is the state of one who, by the very fact of his self-consciousness, experiences torment and self-torment. Man is not so much a being tortured as a being who, by virtue of the ironic structure of his consciousness, tortures himself, for it is the nature of consciousness to reflect, to turn incessantly back upon its operations and so, as Baudelaire sees it, be made constantly aware of the will's failure to achieve its ends. Baudelaire is himself the great 'Héautontimorouménos'.

Yet this sense of sin, the source of his torment, is also man's glory and ultimate hope, for it alone keeps the way open for spiritual progress and spiritual redemption, 'Soulagement et gloire uniques, La conscience dans le Mal!' As for Kierkegaard, the sense of sin and dread are man's 'possibility', the condition of his free activity, providing the constant stimulus to further strivings. Hence the necessity constantly stressed of preserving and cultivating them against the day when they may open the gateway to the victorious life of the spirit.

In Baudelaire *dégoût de soi* is experienced in the form of *ennui* or spleen. The Baudelairian 'spleen' is in nature and function akin to Kierkegaardian dread. It is the form in which he experiences immediately what, by a more conscious reflection, is known as sinfulness. And, since *dégoût de soi* is constitutive of consciousness, this is another way of saying that Baudelaire is conscious of his being in and through the feeling of *ennui*. It is in *ennui* that he experiences his existence directly or what Gabriel Marcel calls 'the ontological weight of existence'.

It is then the experience of *ennui* which is the core of Baudelaire's *prise de conscience*. And this experience is through and through temporal. Baudelaire is certainly not original in making this relation. Saint Augustine is no doubt the first to stress the temporal structure of the sinful consciousness, since when all who adopt the Augustinian, experiential approach to man have embroidered on the theme. It is not for nothing that Baudelaire is steeped in the religious attitudes of the seventeenth century, that most Augustinian of centuries. But in Baudelaire's poetry we find to a degree not found elsewhere the subtle annotation of all the shades and elements that go to make up this temporal experience of *ennui*. It is evoked by a whole complex of symbols and images, all closely related to each other, but each bearing a particular weight of meaning.

Baudelaire's *ennui* derives primarily from his incapacity to enjoy or exploit the present. What dominates in him is remorse, the remembrance of sins committed, that is the sense of the past, but of the past as a dead weight without efficacy in present action — what, indeed, remorse as distinct from repentance signifies theologically. The past lives as something rotting whose sole effect is to contaminate the present, as when upon the present 'se déploie le nuage affreux du passé'. But so also does it contaminate the future, robbing it of any operative power. The future becomes merely the prospect of an endless recurrence of past sins. The result is that the present, isolated from past and future, is experienced as a mere point in an infinite succession of monotonously recurring and discontinuous instants. Time is not so much the passage as the substitution of identical and isolated moments, precluding both continuity and progress: behind, a load of sin, before, an endless recurrence of sin, and in the present, vain gnawing remorse, with at the end death as the final term.

This experience of time is very much the 'temps clos' of Bergson. It is the sense of time as a slow, monotonous recurrence. The feeling can reach a point where time seems to become motionless. At that point it is linked with the sensation of stifling, for, instead of its being an instrument at the service of man's will, time takes on a life of its own and becomes a vast cloud or blanket weighing upon the self and suffocating it. The self is then divorced from the temporal flow of life and becomes a stranger to the world of living creatures; the flux of effort dried up, it is petrified into an object, lost in a desert among unfamiliar, silent things (the contrary of those 'vivants piliers' which emit 'de confuses paroles' and those 'forêts de symboles' that observe man 'avec des regards familiers'). In this state all hope is lost, the will paralysed.

These various elements find perhaps their most complete poetic expression in *Spleen* (LXXVI). The first section of the poem renders the experience of remorse, of the past as a dead weight, clogging the mind's activity. The images and symbols in the first part of the section are designed, as are the sound values, to suggest weight and lifelessness. The mind is compared to a 'gros meuble à tiroirs encombré de bilans', 'avec de lourds cheveux roulés dans des quittances', to a 'pyramide, un immense caveau, Qui contient plus de morts que la fosse commune', to a 'cimetière...Où, comme des remords, se traînent de longs vers'. With the reference to remorse the allusions become more distinctly temporal, the emphasis being on 'pastness', on what is no longer serviceable, 'un vieux boudoir plein de roses fanées, Où gît tout un fouillis de modes surannées'.

A second short section conveys the sense of monotonous recurrence and of discontinuity resulting from the indifference of the past to the present, which leaves the latter in isolation and transforms time into a series of disconnected and identical moments. Vowels and rhythm collaborate with the images to render the feeling: 'Rien n'égale en longueur les boiteuses journées'. 'Boiteuses' is particularly interesting. It is one of a series of images by which Baudelaire evokes the double notion of, first, discontinuity, and, secondly, monotony and sameness. For what characterizes the halting gait is both the sense of disjointed activity and that of automatic repetition of a single movement.

At this point, deprived of its essential elements of continuity and novelty, time seems to slow up (a sensation rendered by the picture of the 'lourds flocons des neigeuses années'), then to solidify and take on a life independent of man's activity: 'L'ennui, fruit de la morne incuriosité, Prend les proportions de l'immortalité'. The sensation of being 'blanketed', which has been built up throughout the poem by virtue of the secondary associations involved in the images of pyramid, vault, cemetery and falling snow, now becomes oppressive. We see the result in the paralysis of the self's will become a prey to 'la morne incuriosité'. The final section then develops the idea of lifelessness and petrification. The self is transformed into a 'matière vivante', 'un granit', 'un vieux sphinx'. With this sensation of petrifaction goes that of alienation, for the self, divorced from temporal activity, finds itself a stranger in an alien world ('Un vieux sphinx ignoré du monde insoucieux, Oublié sur la carte...'), which it experiences only as a 'vague épouvante'.

A similar group of images is found in *La Cloche Fêlée*, where the poet compares his soul to a cracked bell. The second verse of the poem evokes the life of spiritual endeavour in the purposive present with its description of the sound bell as 'alerte et bien portante' and the comparison with the soldier 'qui veille sous la tente'. Equally forceful is the reference to the bell 'qui...jette fidèlement son cri religieux', because fidelity, the capacity of the will to maintain a continuity of purpose through the medium of the present, is the essential factor in the spiritual life, and it is not surprising that fidelity is here associated, although at a secondary level, with faith. In contrast, the soul of the poet is pictured as a bell whose voice is enfeebled, and this state is rendered by a series of temporal images: images suggestive of monotony, recurrence and discontinuity (conveyed forcibly, if macabrely, by 'le râle épais d'un blessé'); of stifling, as the self slowly dies beneath a weight of remorse ('d'un blessé qu'on oublie... sous un grand tas de morts'); of estrangement ('d'un blessé qu'on oublie').

The poems of *ennui* are all built around this basic series of images and symbols. Images of monotony and recurrence, auditive, visual, tactile, such as the group in *Chant d'Automne*, where the sense of monotonous repetition is conveyed by the evocation of hammer blows, as a scaffold is erected or a coffin nailed up, and of the blows of a battering ram:

> J'écoute en frémissant chaque bûche qui tombe;
> L'échafaud qu'on bâtit n'a pas d'écho plus sourd.
> Mon esprit est pareil à la tour qui succombe
> Sous les coups du bélier infatigable et lourd.

This is a group that may be compared with the image of the hearses in *Spleen*, LXXVIII ('Et de longs corbillards, sans tambours ni musique, Défilent lentement dans mon âme'), where the very absence of music underlines the slow, disjointed, shuffling pace of the procession. Images, too, of stifling, equally varied: the pyramid, the cavern, the tomb, the avalanche (*Le Goût du Néant*), the 'couvercle'. Images, finally, of lifelessness and immobility and images suggestive of the indifference of man and nature and of the self's exclusion from the joyful creativity of things. And, crowning them all, the central symbol of death, of death not as a self-completion or an entry into a new birth, but as a mere end of time, that death whose grimacing figure in *Danse Macabre* reflects the irony of man's seemingly irrevocable condition.

Now, paradoxically, as it might seem, Baudelaire's temporal experience has also a spatial mode of expression. For what this particular form of temporal consciousness tends to, and ultimately does, omit is the very essence of time, namely duration. Time is experienced as discontinuity, as a juxtaposition of parts external to one another, that is, not as time, but as pure space. This may explain the fascination that images of rain and snow have for Baudelaire, where the sensation of discontinuity and monotonous succession is conveyed by the evocation of long parallel lines of rain upon the window-pane or of drifting lines of falling snow. A particularly good example is to be found in *Spleen* (LXXVIII) because of the association with the bars of a prison window: 'Quand la pluie étalant ses immenses traînées, D'une vaste prison imite les barreaux'.

Corresponding, therefore, to the temporal sense of discontinuity there is the spatial sense of dissociation and fragmentation. Here lies the root of Baudelaire's preoccupation with 'l'appareil sanglant de la Destruction', as in his description of *ennui* itself in the poem *Au Lecteur*: 'Il ferait volontiers de la terre un débris, Et dans un bâillement avalerait le monde'. It is closely linked with his deep, obsessive experience of inner fragmentation and disintegration and its projection in hallucinatory forms, for example, in *Les Sept Vieillards,* where his fragmented self finds a series of doubles in the seven old men, or in *Obsession,* where he discovers in the very void into which he seeks to escape 'jaillissant de mon œil par milliers, Des êtres disparus aux regards familiers', the multiple projections of his dissociated self. At the limit there is complete disintegration and the sensation of falling into a bottomless abyss, chaos or nothingness itself, 'le gouffre', sometimes pictured as a 'sea', more often as a 'pit':

> Vainement ma raison voulait prendre la barre;
> La tempête en jouant déroutait ses efforts,
> Et mon âme dansait, dansait, vieille gabarre
> Sans mâts, sur une mer monstrueuse et sans bords!

At a deeper level still, the sense of total disintegration is expressed in terms of the 'vaporization' of the self. Completely pulverized, lacking any continuity and any centre, the self evaporates into the amorphous region of pure, undifferentiated spatiality and pure objectivity, 'entouré d'une vague épouvante, Assoupi dans le fond d'un Saharah brumeux', vanishing into the 'plaines de l'Ennui, profondes et désertes'. This limitary experience of vaporization is the spatial expression of the limitary temporal experience of stifling and of being stifled, for in fact the time emptied of movement which gives rise to the latter sensation is simply pure, objective space.

In moral terms Baudelaire's experience is summarized in the consciousness of time's irreparability. *L'Irréparable* and *L'Horloge* stress the inexorable, devouring power of time. The clock reminds us: 'Les minutes, mortel folâtre, sont des gangues, Qu'il ne faut pas lâcher sans en extraire l'or'. In those poems, as in *L'Ennemi,* we see how Baudelaire is alive to the moral problem confronting him. It is a question of shaking off the subjection to the past, the weight of remorse, on the part of a self hypnotized by the load of sin and powerless to act, 'croyant par de vils pleurs laver toutes nos taches', as he puts it in *Au Lecteur,* while 'le riche métal de notre volonté est tout vaporisé'. Baudelaire poses the problem squarely in *Le Mauvais*

Moine: 'quand saurai-je donc faire, Du spectacle vivant de ma triste misère, Le travail de mes mains et l'amour de mes yeux?' When, in other words discover a new attitude to time, particularly to the past? When find, in place of remorse, some means of incorporating the past in present action and rendering it spiritually fruitful?

It is upon this problem that Baudelaire's thoughts centre and towards its solution that they converge. There is, of course, no question of a spiritual conversion, at the most spasmodic efforts to renew his life, efforts too weak and too belated to stave off the final *échec*. On the other hand, there is no reason to accept Sartre's conclusion, when he writes: 'Il a refusé l'expérience, rien n'est venu du dehors le changer et il n'a rien appris... Tel il était à vingt ans, tel nous le retrouvons à la veille de sa mort'.[2] What cannot be denied is that Baudelaire became progressively aware of the nature of the spiritual and moral life and of the conditions necessary for its growth. Even if the knowledge secured was not made effective in his own life, the *Écrits intimes* are there to testify to this growing awareness, and the great spiritual poems to testify to a new hope. Nor is this all, for, ineffective in his life, it is the same knowledge and awareness which became effective in his art.

At the root of this awareness is the acceptance of suffering and the realization of its meaning. Baudelaire comes to believe that the suffering induced by the consciousness of sinfulness, bearing witness, as it does, to man's spiritual aspirations, must have a sense and providential purpose. It is that suffering, freely accepted and lived, by breaking down the barriers of egoism and by detaching the will from the senses, has a purificatory effect: it is 'la fertilisante, l'indispensable douleur'. Baudelaire proposes, then, to accept and incorporate his sufferings and to utilize them as a means of spiritual purification. He seeks 'l'abnégation de soi'. '*Avant tout,* être un *grand homme* et *un saint* pour soi-même.'[3] The aim of this acceptance of suffering is to free him from the shackles of sense or from 'nature': '*Self-purification and anti-humanity*'.[4] The detachment through utilization of suffering is, however, a means to an end. Its result is to liberate and render effective the will for good which hitherto through sin has fallen necessarily a prey to sense, but which now acquires power. And we see Baudelaire making plans to exercise with new hope his will for good, recognizing that salvation resides in 'la maîtrise de soi' and 'l'exercice assidu de la volonté'.

He envisages a 'dynamique morale' modelled on the 'dynamique morale de Jésus'.[5] First, the exercise of charity: 'Sans la charité, je ne suis qu'une cymbale retentissante'. Secondly, work:'Travailler de 6 heures du matin, à midi, à jeun. Travailler en aveugle, sans but, comme un fou...Travail immédiat, même mauvais, vaut mieux que la rêverie'.[6] At the same time he turns to God, 'le complice et l'ami qui manquent toujours', convinced that faith in providence and prayer are necessary for the exercise of the will: 'Il y a dans la prière une opération magique. La prière est une des grandes forces de la dynamique intellectuelle'.[7] The last paragraph of *Mon Cœur mis à nu* summarizes these various resolutions:

> Faire tous les matins ma *prière à Dieu, réservoir de toute force et de toute justice, à mon père, à Mariette et à Poe*, comme intercesseurs; les prier de me communiquer *la force nécessaire* pour accomplir tous mes devoirs, et d'octroyer à ma mère *une vie assez longue* pour jouir de ma transformation; travailler toute la journée, ou du moins *tant que mes forces me le permettront* ; me fier à Dieu, c'est-à-dire à la Justice même, pour la réussite de mes projets...[8]

What Baudelaire discovers is the virtue of the present, of the Kierkegaardian 'instant', the *présent vécu* of self-realization. He seeks to transcend the experience of temporal discontinuity and recurrence:

> Que de pressentiments et de signes envoyés déjà par Dieu, qu'il est *grandement temps* d'agir, de considérer la minute présente comme la plus importante des minutes, et de faire ma *perpétuelle volupté* de mon tourment ordinaire, c'est-à-dire du Travail![9]

Self-realization is accomplished only by the will acting in a full, rich present, where past and future are operative and no longer isolated from it. As regards the past, Baudelaire aspires to more than remorse and the sense of the past as a dead weight, to something akin to repentance. He seeks to assume responsibility for the past, to extract the lesson from it and so incorporate and utilize it in present action. It is this new comprehension of the past that explains his renewed and persistent preoccupation with Jeanne Duval and gives significance to that remarkable entry in *Fusées:*

> A travers la noirceur de la nuit, il avait regardé derrière lui dans les années profondes, puis il s'était jeté dans les bras de sa coupable amie, pour y retrouver le pardon qu'il lui accordait.[10]

On the other hand, the future ceases to be a mere end of time and point of annihilation and becomes the aim to be realized through the medium of the present. 'Le goût du plaisir nous attache au présent [i.e. the discontinuous moment]. Le soin de notre salut nous suspend à l'avenir'.[11]

In this wise the present of purposive action may become the instrument of spiritual realization. Infused with purpose, it links what we have been to what we shall be and will to be. Discontinuity is replaced by continuity and self-continuation, recurrence by 'repetition'. For what redeems is 'l'exercice assidu de la volonté et la noblesse permanente de l'intention'. Time becomes 'open' and the image of eternity. 'L'Irréparable' may not then be the final word: 'Tout est réparable. Il est encore temps... Je n'ai pas encore connu le plaisir d'un plan réalisé. Puissance de l'idée fixe, puissance de l'espérance.'[12] The prospective consciousness sees the birth of hope: 'Parce que je comprends une existence glorieuse, je me crois capable de la réaliser. O Jean-Jacques!'[13] And death, no longer a mere end, becomes the prospect of a new beginning.

Many of these elements are immediately discernible in the 'spiritual' poems: the positive attitude to suffering, as expressed in *Les Phares* and, particularly, in *Bénédiction*; the no less positive attitude to death expressed in *Le Voyage*, where death appears in a new guise as not only a liberation but as instinct with spiritual significance. However we interpret the ambiguous ending — 'Plonger au fond du gouffre, Enfer ou Ciel, qu'importe? Au fond de l'Inconnu pour trouver du *nouveau!*' (and it is quite reconcilable with the unconditional nature of hope, which, as well understood by Baudelaire, is not a statement or a judgment, but an act of faith) — there is no doubt that death here figures as a new life to which man joyfully and hopefully aspires: 'Nos cœurs que tu connais sont remplis de rayons!' It is, however, *L'Imprévu* which contains perhaps the clearest expression of Baudelaire's spiritual awareness, with its evocation of human sinfulness culminating in the invocation to those who, accepting the sufferings induced by sin and the lessons derived from them, rise to a new sense of faith in God and Divine Providence and to the conviction of their ultimate redemption:

> Que béni soit ton fouet,
> Seigneur! que la douleur, ô Père, soit bénie!
> Mon âme dans tes mains n'est pas un vain jouet,
> Et ta prudence est infinie.

The moral problem for Baudelaire is that of assuring the unity of the self in face of time's dissolving effects. 'De la vaporisation et de la centralisation du *Moi*. Tout est là.'[14] 'Le goût de la concentration productive doit remplacer, chez un homme mûr, le goût de la déperdition.'[15] It is the problem of finding a centre and of being 'centred' by the infusion of will and purpose into action. 'L'homme de génie veut être *un*.'[16] 'Concentration. Puissance de l'idée fixe.'[17] 'AUTO-IDOLATRIE. Harmonie poétique du caractère.'[18] This concentration and unity are secured in and through the 'instant' of willed and purposive action serving as the focal point of past, present and future. 'Le Salut est dans la bonne minute.'[19] 'La faculté de répondre à la nécessité de chaque minute, l'exactitude, en un mot, doit trouver infailliblement sa récompense.'[20]

Now, according to Baudelaire, the characteristic of this *durée* is that it is not only more than a juxtaposition of parts but more also than the sum or the continuum of its moments. Duration involves the miracle of the constantly increasing more. It works by a sort of compound interest, every willed endeavour in the present increasing the return and every repetition multiplying a thousandfold.

> Le travail, force progressive et accumulative, portant intérêts comme le capital, dans les facultés comme dans les résultats.[21]

> Un peu de travail, répété trois cent soixante-cinq fois, donne trois cent soixante-cinq fois un peu d'argent, c'est-à-dire une somme énorme. En même temps, *la gloire est faite*. De même, une foule de petites jouissances composent le bonheur.[22]

> ....Plus on veut, mieux on veut. Plus on travaille, mieux on travaille et plus on veut travailler. Plus on produit, plus on devient fécond.[23]

> Etudier dans tous ses modes, dans les œuvres de la nature et dans les œuvres de l'homme, l'universelle et éternelle loi de la gradation, des peu à peu, du *petit à petit*, avec les forces progressivement croissantes comme les intérêts composés, en matière de finances. Il en est de même dans *l'habileté artistique et littéraire*; il en est de même dans le trésor variable de la *volonté*.[24]

> Une suite de petites volontés fait un gros résultat.[25]

This time of purposive action has therefore another, a spatial dimension. It is, in short, 'number', where the term is used in the Pythagorean sense of musical harmony, the union of finite and infinite. '*Tout* est nombre. Le nombre est dans *tout*. Le nombre est dans l'individu.'[26] It is the region of 'l'existence profonde'. Lived time has an infinite richness of depth where being is possessed in all the fullness of its space-time dimensions. 'Il y a des moments de l'existence où le temps et l'étendue sont plus profonds, et le sentiment de l'existence immensément augmenté.'[27] 'Depth' is the category of true spirituality, which resides in this capacity of the creature to become in the 'instant' of willed effort, but at varying levels and in varying degrees according to the intensity and continuity of that effort, the centre and vehicle of a revelation of being in its spatio-temporal unity.

These views throw an interesting light on the nature of Baudelaire's experience and awareness of God. It is true that he seems to have no face-to-face or visionary experience of the Godhead and that the character of his belief is more negative than positive. In *Mon Cœur mis à nu* he develops a sort of Pascalian wager or 'calcul en faveur de Dieu'.[28] We read in another passage: 'Quand même Dieu n'existerait pas, la religion serait encore Sainte et *divine*.'[29] These entries, however, take on a new meaning when related to his views on 'profondeur'. We may then discern more clearly the nature of his experience of God, indirect and certainly not mystical, yet positive too. One of his most significant notes runs as follows:

> Dieu et sa profondeur.
> On peut ne pas manquer d'esprit et chercher dans Dieu le complice et l'ami qui manquent toujours.[30]

Here the 'negative' experience of God is directly linked with the conception of 'depth' and derives its meaning and significance from it. It would seem that Baudelaire experiences God precisely in this miracle of the 'more' which is implicit in purposive action. God is the mysterious grace that works within the will to provide rewards beyond what seem to be its just recompense. What could be more meaningful, when related to the passages quoted earlier on the accumulative power of will, than the terms of his definition: 'Dieu est un scandale, — un scandale qui *rapporte*.'[31] God is not an object to be 'found' or 'known', but a miraculous activity immanent in all purposive action, the power at the heart of 'l'existence profonde', coextensive with the infinity of being which is revealed therein. God is a 'réservoir de toute force', who gives himself in superabundance to those who, although they do not 'know' Him or know Him only in His 'absence', work, labour and exercise the power of creation, experiencing the Divine in the 'returns' which their creation bears and which emanate as from an endlessly extravagant source of spiritual wealth:

L'être le plus prostitué, c'est l'être par excellence, c'est Dieu, puisqu'il est l'ami suprême pour chaque individu, puisqu'il est le réservoir commun, inépuisable de l'amour.[32]

It was suggested that Baudelaire's awareness of the temporal conditions of the spiritual life, even if not carried into effect in his own existence, was made effective in his art. And, indeed, the views expounded above are closely relevant to his aesthetic. The conscious aim of Baudelaire's poetic, and of his aesthetic as a whole, is to transcend the disjointed spectacle offered by the detail of sense-experience or, more often, of memory, and to grasp, concentrated in the symbol, which is the focal point of analogies and correspondences, the essences of things and their relations. Moreover, this concentrated power of suggestion capable of evoking ideal relations and patterns, which is the symbol, depends for its effectiveness on the temporal concentration of the creative act, which achieves its purpose in so far as it projects itself in a simple and continuous movement:

> Ainsi, dans l'exécution de M.G. se montrent deux choses: l'une, une contention de mémoire résurrectionniste, évocatrice, une mémoire qui dit à chaque chose: 'Lazare, lève-toi!'; l'autre, un feu, une ivresse de crayon, de pinceau, ressemblant presque à une fureur. C'est la peur de n'aller pas assez vite, de laisser échapper le fantôme avant que la synthèse n'en soit extraite et saisie; c'est cette terrible peur qui possède tous les grands artistes et qui leur fait désirer si ardemment de s'approprier tous les moyens d'expression, pour que jamais les ordres de l'esprit ne soient altérés par les hésitations de la main; pour que finalement l'exécution, l'exécution idéale, devienne aussi inconsciente, aussi *coulante* que l'est la digestion pour le cerveau de l'homme bien portant qui a dîné.[33]

What the symbol reflects and mirrors in its miraculous moment is a unity or continuity that is both temporal and spatial—a continuity in depth. Baudelaire defines one of the two 'fundamental literary qualities' as being 'surnaturalisme' (the other being irony):

> Le surnaturel comprend la couleur générale et l'accent, c'est-à-dire intensité, sonorité, limpidité, vibrativité, profondeur et retentissement dans l'espace et dans le temps.[34]

And he adds:

> Dans certains états de l'âme presque surnaturels, la profondeur de la vie se révèle tout entière dans le spectacle, si ordinaire qu'il soit, qu'on a sous les yeux. Il en devient le symbole.[35]

The symbol, then, evokes and reflects a universe of relations and interrelations that constitute a continuum both in time and in space, the common dimension of which is depth or 'number':

> La musique donne l'idée de l'espace.
> Tous les arts, plus ou moins; puisqu'ils sont *nombre* et que le nombre est une traduction de l'espace.[36]

Therein lies the importance which Baudelaire gives to the symbol of the ship:

> Je crois que le charme infini et mystérieux qui gît dans la contemplation d'un navire, et surtout d'un navire en mouvement, tient, dans le premier cas, à la régularité et à la symétrie, qui sont un des besoins primordiaux de l'esprit humain, au même degré que la complication et l'harmonie, — et, dans le second cas, à la multiplication successive et à la génération de toutes les courbes et figures imaginaires opérées dans l'espace par les éléments réels de l'objet.
> L'idée poétique qui se dégage de cette opération du mouvement dans les lignes est l'hypothèse d'un être vaste, immense, compliqué, mais eurythmique...[37]

Perhaps it explains, too, his description of the arabesque as 'le plus spiritualiste des dessins'.[38]

Symbolic concentration is, therefore, for Baudelaire the secret of art, for only by it can the fullness of being be expressed as in a microcosm that mirrors the complex of relations, both horizontal and vertical, which constitutes the real. But this means that at the heart of art lies the problem of time, as the symbolic concentration can be obtained only by a creative act which is itself concentrated through will-power in the 'instant', the image or microcosm of eternity:

> Ce qui marque le plus visiblement le style de Delacroix, c'est la concision et une espèce d'intensité sans ostentation, résultat habituel de la concentration de toutes les forces spirituelles vers un point donné. '*The hero is he who is immovably centred*', dit le moraliste d'outre-mer Emerson...[39]

Such is the art of Delacroix and such is the style of those writers like Montesquieu 'dont la prose peu chargée d'ornements a l'air d'imiter les mouvements rapides de la pensée, et dont la phrase ressemble à un geste'.[40] Artistic or poetic symbol and temporal instant are therefore correlative, the one being the projection, the other the medium, of the simple, purposive, concentrated creative act.

Baudelaire's aesthetic is based ultimately on an ethic which takes its force from the consciousness of time as a constructive power, both the instrument of self-unification and the medium for the revelation of spiritual unity:

> A mesure que l'homme avance dans la vie, et qu'il voit les choses de plus haut, ce que le monde est convenu d'appeler la beauté perd bien de son importance, et aussi la volupté, et bien d'autres balivernes... La beauté sera la forme qui garantit le plus de bonté, de fidélité au serment, de loyauté dans l'exécution du contrat, de finesse dans l'intelligence des rapports.[41]

Poet of the consciousness of time, Baudelaire is finally and above all the poet who preaches victory through time. For, in his moral, religious and aesthetic views Baudelaire has little or nothing of the pure mystic. He does not believe that man can transcend time wholly or enter directly into communion with the Absolute. In the endeavour to do so lies indeed the error and sin of 'les faux paradis': 'l'ivresse est la négation du temps'.[42] It is by utilizing time, by willed action in time and within the limits of his human condition, and there alone, that man can transcend its disastrous effects. 'On ne peut oublier le temps qu'en s'en servant.'[43] For all revelation of the eternal and the absolute is by way of symbol, not only the poetic symbol, but what lies at the root of the poetic symbol itself, the instant of purposive action, the very image and symbol of eternity, and the instrument of the poet and man who is 'immovably centred'.

[*Studies in Modern French Literature* presented to P. Mansell Jones, ed. L. J. Austin, G. Rees and E. Vinaver (Manchester University Press, 1961), pp. 1-17.]

[1] *Fusées, Œuvres* (Pléiade, 1954), p. 1190. All references are to this edition of the works.
[2] *Introduction, Ecrits intimes* (Ed. du Point du Jour, 1946), p. clxv.
[3] *Mon Cœur mis à nu*, p. 1219.
[4] *Fusées*, p. 1198.
[5] *Mon Cœur*, p. 1231.
[6] Ibid., pp. 1235, 6.
[7] *Fusées*, p. 1198.
[8] p. 1237.
[9] *Mon Cœur*, p. 1233.
[10] p. 1202.
[11] *Mon Cœur*, p. 1219.

[12] Ibid., p. 1236.
[13] Ibid.
[14] Ibid., p. 1206.
[15] *Fusées*, p. 1189.
[16] *Mon Cœur*, p. 1226.
[17] *Fusées*, p. 1191.
[18] Ibid., p. 1196.
[19] *Pages de Carnet*, p. 1239.
[20] *Mon Cœur*, p. 1235.
[21] *Fusées*, p. 1198.
[22] Ibid., p. 1200.
[23] *Mon Cœur*, p. 1233.
[24] Ibid., pp. 1226-7.
[25] Ibid., p. 1236.
[26] *Fusées*, p. 1189.
[27] Ibid., p. 1197.
[28] p.1207.
[29] *Fusées*, p. 1189.
[30] *Mon Cœur*, p. 1230.
[31] *Fusées*, p. 1199. My italics.
[32] *Mon Cœur*, p. 1220.
[33] *Le Peintre de la Vie Moderne*, pp. 896-7.
[34] *Fusées*, p. 1197.
[35] Ibid.
[36] *Mon Cœur*, p. 1228.
[37] *Fusées*, p. 1201.
[38] Ibid., p. 1192.
[39] *Curiosités esthétiques*, p. 865.
[40] Ibid., p. 866.
[41] *Notes*, p. 1277.
[42] *Projets de théâtre* p. 1259.
[43] *Mon Cœur*, p. 1234.

The Phenomenological Philosophy in France. An Analysis of its Themes, Significance and Implications

All familiar with the development of philosophy in France during the present century are aware of the dominant role of phenomenology in this development. Indeed, it would not be too much to say that the influence of Husserl in reorientating philosophical speculation in France has been as powerful as that of Wittgenstein in Britain during the same period, and that the result in both cases has been to revolutionize the philosophical perspective.

The year 1930 may be considered a starting-point, for that year saw the publication of Levinas's *La Théorie de l'intuition dans la phénoménologie de Husserl* and Gurvitch's *Les Tendances actuelles de la philosophie allemande*. The resultant interest in German phenomenology was canalized, and the first applications centred, in the journal *Recherches philosophiques*, five numbers of which appeared from 1931, although it must be noted that one French thinker antedates this period, namely Gabriel Marcel, France's first phenomenologist in his own right. His article, *Existence et Objectivité*, published in the *Revue de métaphysique et de morale* in 1925, might well be classed as the first application, quite independent of Husserlian influence, of that phenomenological method which he brought to perfection later.

It was, however, in the immediate post-war years that phenomenology invaded the whole field of philosophical thought, leaving not one of its disciplines untouched, permeating literature itself and moulding a certain *style* which we have come to recognize and even to take for granted as a mode of thinking characteristically French.

Any study of the later issues raised by phenomenology must of necessity go back to Edmund Husserl, the founder of the 'phenomenological philosophy'. The development of Husserl's thought is highly complex and critics are by no means unanimous in their interpretations of it[1]. The account of experience that he offers in his earlier period, from the *Logische Untersuchungen* (1900-1) to the *Ideen zu einer reiner Phänomenologie* (1913), would seem to preserve strong traces of both Cartesian and Kantian idealism, accounted for largely by the particular use made at that stage of the *epoche* or 'bracketing' of existence. The *epoche* or 'phenomenological reduction' is said to have for object to transcend all actual experience and to place us before the activity of a pure, transcendental ego. And there is a distinct reminiscence of the Cartesian *cogito* in that attention would seem to be concentrated on 'internal experience'. Much the same strain is continued in the middle period — the period of the 'constitutive' phenomenology — where, in Kantian manner, Husserl treats of phenomenology as a transcendental theory of knowledge, the object of which is said to be to bring to light the sense-giving operations of consciousness that lead to the constitution of a possible world and whose synthesis is the transcendental ego.

It would seem that we are still somewhat embedded in a cognitive idealism or a philosophy of pure consciousness.[2] The true, revolutionary nature of Husserl's thought becomes apparent, however, in the light of his later works. Already in the *Ideen* he made it clear (and decisively so in the *Méditations Cartésiennes* of 1931) that the bracketing of existence or 'suspension of the thesis' is a purely methodological device:

> Ce *que nous mettons hors de jeu, c'est la thèse générale qui tient à l'essence de l'attitude naturelle*; nous mettons entre parenthèses absolument tout ce qu'elle embrasse dans l'ordre ontique: *par conséquent tout ce monde naturel* qui est constamment 'là pour nous', '*présent*', et ne cesse de rester là à titre de 'réalité' pour la conscience, lors même qu'il nous plaît de le mettre entre parenthèses.
>
> Quand je procède ainsi, comme il est pleinement au pouvoir de ma liberté, je ne *nie* donc *pas* ce 'monde', comme si j'étais sophiste; *je ne mets pas son existence en doute*, comme si j'étais sceptique; mais j'opère l'ἐποχή 'phénoménologique' *qui m'interdit absolument tout jugement portant sur l'existence spatio-temporelle.*[3]

What Husserl indeed is seeking is an absolute foundation, which will 'make clear the presuppositions of experience', in short, reveal itself as both the logical ground of meaning and the ontic root of experience, to which all particular modes of experience and all particular meanings must be referred and which determines their sense radically and absolutely. Phenomenology is the science of meanings: it is not concerned with a mere realistic description of the world, but with making explicit the fundamental structures whereby the world is constituted as meaningful for consciousness.

The *epoche* and transcendental reduction do not deny the existence of the world. What they do is to suspend the 'natural' attitude with all particular modes of intentional experience so as to leave visible within the 'transcendental *cogito*' a residual *a priori* — the intentional relation between consciousness and the world *in se*, now revealed in its essentiality as a *vécu* of which the subjective and the objective poles are correlates:

> La suspension phénoménologique fait apparaître immédiatement la corrélation à priori de la constitution et du constitué, de la noèse et du noème, de la conscience et du monde. Elle manifeste immédiatement la bilatéralité de la recherche transcendantale. Il s'agit d'une bilatéralité *à l'intérieur* de la réduction transcendantale, car la recherche transcendantale est à la fois noématique et noétique.[4]

The transcendental reduction works *within* the *vécu*, and its purpose is not to retreat from the world into a pure consciousness but to exhibit the fundamental relation between consciousness and the world as the permanent, universal structure underlying all particular experiences actual or possible. It suspends all judgments about the world, or indeed about the self, so as to concentrate on the structure which makes any reference to a world or to a self possible at all, that is the intentional self-world relation of compresence itself.

Secondly, there comes to the fore the notion of *intersubjectivity*, according to which the self's experience involves an 'experience of others', who, although not presented directly to the self, are 'appresented'[5] by virtue of the intertwining of conscious activities or what Husserl calls 'intentional transgression'. That being so, I am, and know myself, as 'situated' and we are brought back to the concrete existent, and reflection on the plane of a universal thinker or absolute consciousness is excluded.

It is finally excluded with the clarification of the even more fundamental concept of the *Lebenswelt* in *Erfahrung und Urteil*, published in Prague in 1939. This concept places the self firmly 'in the world', the two constituting an indissoluble nexus and entertaining relations of complementarity rooted in 'la coexistence première avec les choses et avec autrui'.[6]

Here is the field of 'l'expérience originaire', now identified beyond doubt with the field of existence.[7] And it is the structure of this experiential, existential ground that phenomenology has to uncover and describe. The phenomenological reflection becomes a 'réflexion sur un irréfléchi':[8]

C'est une philosophie transcendantale qui met en suspens pour les comprendre les affirmations de l'attitude naturelle, mais c'est aussi une philosophie pour laquelle le monde est toujours 'déjà là' avant la réflexion, comme une présence inaliénable, et dont tout l'effort est de retrouver ce contact naïf avec le monde pour lui donner enfin un statut philosophique. C'est l'ambition d'une philosophie qui soit une 'science exacte', mais c'est aussi un compte rendu de l'espace, du temps, du monde 'vécus'.[9]

Husserl's philosophy may be viewed as an attack on two dominant currents of thought: the Kantian and the positivist. At the root of both of these is a similar dualistic fiction. Both ask us to picture a world on the one side duplicated by a mind on the other. The Kantian will explain their coming together in terms of synthetic acts of mind imposing its categories on sense-experience. The positivist will claim that external stimuli produce 'states' in the mind (psychological determinism); then, having got the object into the mind in the form of sense-data, will account for the complexity and structuring of experience in terms of their combination (psychological atomism and associationism).

None of this, however, argues Husserl, corresponds to the reality of experience. We are encouraged in this dualistic fallacy by scientific psychology, taking its abstract concepts—states, sense-data, etc.—for concrete fact, and confirmed therein by linguistic usage, notably the subject-predicate form of grammatical discourse. What Husserl does is to direct attention back to concrete, 'ante-predicative' experience and to attempt the faithful description of the phenomena of consciousness as these are displayed in its operations at the level prior to conceptual elaboration. Such is the force of Husserl's slogan: 'to the thing itself'.[10]

According to Husserl, consciousness, as so revealed in its fundamental structure, is *intentional*, directed towards the object as the *telos* of an inner impetus to self-transcendence. The *cogito* of Descartes must be replaced by a *cogito cogitatum*: 'consciousness is always consciousness of something'. The world is presented to it immediately by virtue of what Husserl calls the 'noematic' structure of experience. At the same time, the world is apprehended in and through the intentions of consciousness (by way of the 'noetic' structure of experience), which grasp it in a certain way, give it or rather allow it to appear with a certain pattern, a certain sense, meaning or value. These two structures (noematic and noetic) are correlated structures of a *same* intentional structure of experience, the one being its objective and the other its subjective side, the mode of 'being given' and the mode of 'sense-giving', the presentation and the presentative act.[11]

There are various types of the basic intentional structure — perceptual, imaginative, mnemonic, emotive, cognitive.[12] These types are the Husserlian 'essences' revealed by the 'eidetic reduction' or 'intuition of essences'. Phenomenology is concerned with the description and clarification of those essences, the various modes of intentional sense-giving which are also the modes in which the world (Being) is apprehended and reveals its meanings.

All these structures or essences, however, refer back to, and are determinations of, the primary and 'most general formal structure' of experience 'designated by the scheme *ego-cogito-cogitatum*',[13] that initial compresence of self and world which lies at the root of the 'objective sense', defined by Lauer as 'le mode de présence de l'objet dans la conscience'[14] and which guarantees that the intentional structures of consciousness embody revelations of Being and of its meanings.

It has to be noted that we are not here dealing with mere psychological phenomena, but with the permanent, universal structures of consciousness.[15] For that very reason they are grasped as such, not by process of abstraction or comparison of instances, but as concrete operations directly visible to intuition.[16] And this in turn because the 'reduction' is a 'radical reflection' within the framework of existence, the object of which is to return to the root of thinking and which 'découvre finalement derrière elle l'irréfléchi comme sa condition de possibilité, sans laquelle cette réflexion n'aurait aucun sens'.[17]

Any treatment of phenomenology with reference to its developments in France must begin by emphasizing those realist implications so strongly urged by Husserl in the later stages of his thought, for it is they, in a country where the dominant currents have been either idealist or positivist, which have revolutionized its philosophical 'style'. Phenomenology, indeed, cuts beneath the predicative subject-object dualism by designating an ante-predicative experience of the world as the ground and condition of the revelation and constitution of meaning:

> Sous toutes les acceptions du mot sens, nous retrouvons la même notion fondamentale d'un être orienté ou polarisé vers ce qu'il n'est pas, et nous sommes ainsi toujours amenés à une conception du sujet

comme ek-stase et à un rapport de transcendance active entre le sujet et le monde. Le monde est inséparable du sujet, mais d'un sujet qui n'est rien que projet du monde, et le sujet est inséparable du monde, mais d'un monde qu'il projette lui-même.[18]

This is Heidegger's 'ontic truth', described by Marcel as a 'confused and global experience of the world',[19] the field of compresence and intersubjectivity containing the self and, *in relation with it,* the world and other selves as, to quote Merleau-Ponty, 'l'horizon permanent de toutes mes *cogitationes* et comme une dimension par rapport à laquelle je ne cesse de me situer'.[20] Consciousness and the world are complementary, consciousness 'intending' the object, and the object being 'for' a consciousness. In experience, however, we may distinguish a subjective and an objective pole. Taking the first, phenomenology rejects the positivist, determinist explanation of conscious phenomena as the effects of external factors. These phenomena are less phenomena *in* consciousness than phenomena *of* consciousness. The subject is implicated therein since it is for and by my consciousness that the world appears in a certain perspective and with a certain sense, that from 'a' world it becomes 'the' world 'for me', 'my world'.

My consciousness is 'la source absolue', 'par laquelle d'abord un monde se dispose autour de moi et commence à exister pour moi'.[21] And this by virtue of my intention whereby I select certain rather than other possible senses that the world offers. A house in my immediate experience of it may be a fine piece of architecture, a subject of hope or fear: all these are one house, but its 'being' or 'meaning' is constituted on each occasion by the particular intention in which it is embodied. In visual perception itself the being or sense of the object is the result of an intention that makes *explicit* certain of its potential aspects. Similarly with emotional experience. If I am afraid to climb a precipice, it is not it that 'produces' my fear. It is I, says Sartre, who 'choose' to view it as terrifying, that is to make explicit that particular meaning: it is in that particular way that it comes to 'ex-sist' 'for me'. But not only does my intention determine the being of the precipice, it also determines the being of my self. I am 'choosing myself' as terrified. The precipice is the occasion for me to be 'for myself' in a particular mode.[22] Thus Sartre, like Heidegger, can assert that consciousness is 'nothing', being without content.[23] It is wholly definable in terms of the self's sense-giving relationship with the world. Emotion is such a 'total act' of consciousness. So too is imagination. Sartre's two works on imagination are designed to show that the image, far from being a content of consciousness, is the result of an act of the whole of consciousness whereby an absent reality is evoked as present. In Merleau-Ponty's words, 'imaginer, c'est former un certain mode de relation avec l'objet absent'.[24]

Turning to the objective pole, the phenomenologist rejects the idealist account. Consciousness is a 'project towards the world': the latter is immediately present; it is 'there', as the primary situation which determines all senses.[25] We do not rejoin the world in the Kantian manner by some express act of synthesis. The mind-world unity is given. Hence the rejection of the traditional French 'reflexive analysis' which claims, as does the Cartesian *cogito*, to provide awareness of the thinking self independently of the world.

Thus Sartre argues that 'toute conscience est positionnelle, en ce qu'elle se transcende pour atteindre un objet', and that 'toute conscience positionnelle d'objet est en même temps conscience non positionnelle d'elle même'. From which he infers that the reflective consciousness, far from being primary, has for condition a pre-reflexive *cogito*: 'il y a un cogito préréflexif qui est la condition du cogito cartésien'.[26] There is no consciousness of the self independent of the intentional consciousness directed towards the object. Not that Sartre denies 'self-consciousness'; what he argues is that there is no consciousness *of* the self (the 'of' is dictated by syntactical requirements and he proposes to bracket it). Self-consciousness is not another, additional consciousness, but one with the intentional consciousness, 'un avec la conscience dont elle est conscience'; 'cette conscience (de) soi, nous ne devons pas la considérer comme une nouvelle conscience, mais comme le seul mode d'existence qui soit possible pour une conscience de quelque chose'.[27]

Marcel equally strongly rejects the Cartesian *cogito* as secondary and refers it back to a pre-reflexive *ego sum* or *j'existe* expressive of the ante-predicative unity: 'une philosophie qui part du *cogito*, c'est-à-dire du non-inséré, ou même de la non-insertion en tant qu'acte, risque de ne pouvoir jamais rejoindre l'être'.[28] The subject is given 'in relation' as a self-transcending consciousness, intending a world which it renders meaningful by its presentative and constitutive acts, but never itself localizable, since it can never become a simple object of contemplation for itself.

Experience thus presents a nexus wherein consciousness and the world are mutually implicated, the latter as the 'permanent horizon of all my *cogitationes*'. In perception the conscious intention renders explicit some aspect or meaning of the object, so bringing it to be 'for' consciousness. But the other possible aspects remain implicitly as the 'horizon' and are an integral part of the perception.[29] In my perception of a chair, I 'intend' the chair and may secure an explicit vision of the front, but I also have an implicit vision of the back and sides. They are the implicit themes of my actual perception. And these in turn are fringed by other elements drawn from the object's wider environment:

> Ainsi chaque objet est le miroir de tous les autres. Quand je regarde la lampe posée sur ma table, je lui attribue non seulement les qualités visibles de ma place, mais encore celles que la cheminée, que les murs, que la table peuvent 'voir', le dos de ma lampe n'est rien d'autre que la face qu'elle 'montre' à la cheminée. Je peux donc voir un objet en tant que les objets forment un système ou un monde et que chacun d'eux dispose des autres autour de lui comme spectateurs de ses aspects cachés et garantie de leur permanence. Toute vision d'un objet par moi se réitère instantanément entre tous les objets du monde qui sont saisis comme coexistants parce que chacun d'eux est tout ce que les autres 'voient' de lui.[30]

Temporally, too, as well as spatially, the object of perception is seen in its relatedness and is bordered by a fringe of retrospection and prospection:

> ... Chaque présent fonde définitivement un point du temps qui sollicite la reconnaisance de tous les autres, l'objet est donc vu de tous temps comme il est vu de toutes parts et par le même moyen, qui est la structure d'horizon.[31]

The present contains the immediate past and the imminent future and, implicated and enveloped in them, their immediate past and future.

All experience exhibits this seemingly limitless spatial and temporal *emboîtement*. And, as there is in addition an intersubjectiv-ity of minds whereby my perceptual intentions are intertwined with those of others, my perceptual field takes in the whole world. My experience appears as a single field for the display and constitution of senses and values of the world, in which all possible senses and values are involved:

> Le réel est un tissu solide, il n'attend pas nos jugements pour s'annexer les phénomènes les plus surprenants ni pour rejeter nos imaginations les plus vraisemblables. La perception n'est pas une

science du monde, ce n'est pas même un acte, une prise de position délibérée, elle est le fond sur lequel tous les actes se détachent et elle est présupposée par eux.[32]

The real of my experience is not a mass of discrete parts, but an organized whole of which the parts are enveloped. We do not, as psychological atomism would have it, build up the world out of isolated sense-data, any more than, as Bergson says, in reading we pass from the letter to the word. Being itself is a whole already instinct with meanings, and consciousnesses are in the world as the *media* through which those meanings, by their embodiment in the intentional structures of consciousness, are actualized and made explicit against the background of the whole, from which they emerge but without ever losing their relatedness to it.

At the centre of the process is what Merleau-Ponty calls 'le perspectivisme de mon expérience'. What is given is a whole, but a whole seen in perspective, its parts 'enveloped' in such a way that the moment or object of experience contains, as it were telescoped within each other, a limitless series of implicit 'horizons'. Pure objectivity — which is a conceptualization of concrete experience — comes about precisely by an abstractive process whereby the enveloped, perspectival elements are disjoined and spread out as on a map. Such is the abstract, scientific notion of a 'universe', 'c'est-à-dire d'une totalité achevée, explicite, où les rapports soient de détermination réciproque', in place of what is given in experience, namely a 'world', 'c'est-à-dire d'une multiplicité ouverte et indéfinie où les rapports sont d'implication réciproque'.[33]

The relation then between self and world is one of compresence, as between a consciousness which 'pro-jects' towards the world and a world which seeks to become 'for' a consciousness. This being so, the phenomenologist argues, conscious phenomena are not susceptible of treatment by the scientific method of 'explanation'. Scientific or causal explanation works by way of analysis of a situation, which is resolved into its elements, one of the latter being then designated as cause of the event. The scientific investigator will analyse a conscious event, such as my fear, into elements (states of mind, bodily states, external conditions, etc.), and will then designate one or other of these elements, as required, as the cause of my fearing. But, it is argued, this is simply to do away with the phenomenon, to dissolve the bond between the subject and his world in terms of which alone his phenomena have meaning. The causal explanation will have told us nothing. At the most it will have correlated series of data, established a constant relation or law. That may well suffice for the sciences where, as causality is now used, all that is required is the establishing of a permanence or equivalence. But in studying conscious phenomena what is sought is meanings, not mere legal connections.

These phenomena do not offer material for problems, or are problems of a special sort, problems, as Marcel puts it, 'that encroach upon their own data'.[34] For the 'data' here are not objective in the sense of their being dissociable from the self-world intention. They are in fact incorporated in this intention as the embodiment of a meaning which the intention realizes, of a mode of being of the self and of the world which it constitutes. My fear is myself fearing, 'signifying' and constituting both the world and myself in a certain way; it is the revealing through the medium of my fearing intention of a particular meaning that Being offers.

My fear is therefore a single, total event in which situation, states, behaviour, image and act are indissoluble moments. All are part of one sense-revealing intention, one 'phenomenon', which simply vanishes when subjected to analysis. Phenomenology therefore proposes a method not of causal explanation but of description and clarification, what Husserl calls 'noematic reflection', as opposed to analysis, in that it works within the subject-object unity. Its task is to describe the meanings or senses of Being as they are revealed and actualized in intentional experience: as they represent modes of comprehending the world on the one hand, and modes of being of the world and modes of being of the self on the other. The phenomenologist describes the *total* event, both the sort of world that is so constituted, the way it 'appears' for a particular intention in terms of sensations and images, and the sort of intention that lies behind it in terms of the subject's particular situation. Marcel defines the method as 'the clarification of two unknowns',[35] thus emphasizing both the descriptive and clarificatory nature of the method and the fact that what is described takes place at the ante-predicative level of compresence, implication and obscure relatedness before conceptualization, where alone analysis functions legitimately. Phenomenology, declares Merleau-Ponty, 'c'est l'essai d'une description directe de notre expérience telle qu'elle est, et sans aucun égard à sa genèse psychologique et aux explications causales que le savant, l'historien ou le sociologue peuvent en fournir'.[36]

It is at this point that the phenomenological concept of 'negativity' emerges. In traditional logic negation at the predicative level is a function of exclusion purely and simply. It is Hegel who first considers negation in its relation to consciousness, and not merely with reference to negative propositions. For him negativity is what conditions the dialectical structure of consciousness, which advances by constant affirmations and negations, no sooner positing an idea than it posits its contrary.

Phenomenology develops this view and in particular the implication that negativity is constitutive of consciousness.[37] Conscious experience is both a way of being and of not-being, there is both identification with the object and differentiation from it, amounting to a negation of what is. Sartre points to emotional experience: when one is conscious of being sad, one *is* one's sadness, but at the same time one *is not* one's sadness (or, as he says, one is 'playing at being sad'). It is in this sense that it may be said that 'man is what he is not, and is not what he is'.[38]

All experience, however, exhibits this negativity within positivity characteristic of consciousness, whose 'structure d'être... consiste à être l'autre sur le mode du non-être'.[39] Involved in all conscious activities is a 'distancing' with respect to what is given immediately. Conscious appropriation of the object, it will be recalled, consists of endowing it with a certain sense by viewing it in a certain perspective. For the *en-soi* to become a *pour-soi* there must be selection and determination and therefore a transcending of the brute immediacy of fusion with the object, where all senses and all perspectives exist, but as mere possibilities because undetermined and undifferentiated:

> Nous n'avons pas d'autre manière de savoir ce que c'est qu'un tableau ou une chose que de les regarder et leur *signification* ne se révèle que si nous les regardons d'un certain point de vue, d'une certaine distance et dans un certain *sens*...
>
> Dans le monde, en soi, toutes les directions comme tous les mouvements sont relatifs, ce qui revient à dire qu'il n'y en a pas.[40]

Negativity has its place in Marcel's phenomenology too. His 'participation' is not identification, but a reciprocal determining and constituting of subject and world that allows the terms of the relation to participate and yet preserve their distinctiveness. Experience itself, says Marcel, is no mere passive 'reception', but has active and 'dialectical aspects', all the more so the 'ontological reflection' that rises upon it. And Marcel stresses the importance of 'distance':

> What we are concerned with is a kind of borderland which thought must keep in existence between itself and its object; or, to express this more dynamically, we are concerned with the act through which thought is stiffened to resist the temptation to engulf itself in its own object and become merged with that object.[41]

At no point, however, is there radical disjunction between subject and world. This distance is purely 'internal': it is a sort of room which consciousness makes for itself within the world in order to bring the meanings of the world to light. But these views are only understandable when related to the phenomenological theory of truth which underlies its claim to be an ontology. Phenomenology returns to Greek, and primarily pre-Socratic sources by defining truth as a 'revelation of Being'; as 'the revealedness and revelation of what is', according to Heidegger, or as the 'sudden access to some reality's revelation of itself to us' according to Marcel.[42] The basis of true assertions lies in an 'ante-predicative evidence' by virtue of the initial compresence. 'Nous sommes dans la vérité et l'évidence est "l'expérience de la vérité".'[43]

But this revelation of Being is possible only through the sense-determining intentions of consciousness. If truth is a property of Being (the property of revealing itself as it is), it is also a quality 'conferred on the object by the mind that grasps it'.[44] And this determining of a particular sense or truth (out of the infinity of potential senses or truths offered) is made possible only by the negative structure of consciousness, which allows it both to be and not to be the object presented to it, since consciousness both possesses the object and, by distancing itself from the object, constitutes it as other than it is, as an object 'for itself', in short, as a particular, limited determination of the object, corresponding to its own particular intention or project. So that Being reveals its truth because it is appropriated by a consciousness which, by an act of withdrawal and limitation, determines a 'being' of Being, that is, a manifestation of Being in one of its modes, in one of the *particular, limited* senses or values implicit within it.

This distance, which allows for the determination and limitation that are the condition for Being to reveal itself, Heidegger calls 'openness'. It is the light which allows us to see Being manifested, but always within the limits of its determination in consciousness.[45]

Moreover, paradoxically, it is this very distance, negativity and limitation which founds phenomenology as a positive ontology. For if I am, in so far as I intend it, one with Being, and at the same time distinct from it, since I grasp it as constituted by me, I hold it in its 'being-for-me', that is, I 'comprehend' it in the most fully positive mode of knowledge.[46] So that the negativity of consciousness that appeared to deny positive knowledge of Being is precisely what assures it:

> Car cette vie signifiante, cette certaine signification de la nature et de l'histoire que je suis, ne limite pas mon accès au monde, elle est au contraire mon moyen de communiquer avec lui.[47]

The notion of internal distance has other important implications. The self-world compresence is seen to possess a spatio-temporal volume. And the study of this qualitative structure leads to a reassessment of the classical concepts of space, time and the body.

Distinct from the *corps-objet*, the body as idea, is the body as experienced immediately at the ante-predicative level, the *corps-sujet*, 'ce corps que je suis sans pouvoir m'identifier logiquement à lui'.[48] 'Je ne suis pas devant mon corps, je suis dans mon corps, ou plutôt je suis mon corps.'[49] This experience of the body is a spatial experience. 'Le corps,' says Merleau-Ponty, 'est éminemment un espace expressif'. But this 'spatialité du corps propre' differs from the abstract space of the physicist composed of points external to one another, being structured not upon the point but upon 'le point horizon', that is the parts enveloped so as to form a perspective. It is a 'spatialité de situation' and not 'de position'.[50]

The particular perspectival system is constituted in terms of a particular sense-giving intention or way of acting in the world. 'Mon corps m'apparaît comme posture en vue d'une certaine tâche actuelle ou possible.' The *espace vécu* is an 'espace orienté'.[51] The body is at the centre as the organ whereby the subject constitutes a meaningful world for itself, giving it form in its dynamic schemas, which represent not so much objective spatial determinations as 'qualified situations', in that they are the qualitative expression of the subject's active relation to the world.[52]

Similarly, there is a temporal structure of the body, the *temps vécu* of concrete experience, it too characterized by the envelopment of its parts, as distinct from conceptual time with its past, present and future external to each other. The present of real time is a 'champ de présence' containing past and imminent future as indistinct horizons (Husserl's retentions and protentions), and exhibiting what Marcel calls a 'triangulation' or 'rapport entre l'immédiat, l'anticipé, et aussi le remémoré'.[53]

Together concrete space and time form what Marcel terms the category of 'depth',[54] the spatio-temporal dimension centred on the full, volume-laden spatio-temporal present of 'being-in-the world'—'l'épaisseur du présent pré-objectif, où nous trouvons notre corporéité, notre socialité, la préexistence du monde'.[55] For phenomenology space and time have to be understood neither as subjective categories nor as empirical features of the world, but in terms of the ontological relation between subject and world, that is of the world-directed projects of the self:

> ...Je ne suis pas dans l'espace et dans le temps, je ne pense pas l'espace et le temps; je suis à l'espace et au temps, mon corps s'applique à eux et les embrasse.[56]

In this sense, space and time are 'objective,' and are found 'in the world'.[57]

If this is so, it is by virtue of the self-body-world compresence, and this involves the attribution to the body of a new status. The body acts as what Marcel calls the 'médiateur absolu' and Merleau-Ponty the 'véhicule de l'être au monde'.[58] Experienced as 'une masse gestuelle disponible', 'mon corps est spatialisant et m'insère dans les choses'.[59] By it the self acts in the world and constitutes the spatio-temporal *ekstases* which give it shape and meaning. On the one hand, the body is continuous with the self, as the organ whereby the self selects its perspective and endows the world with a particular sense. On the other, the body is continuous with the world, and this in two ways: first, it is through the body and its situation that the world offers a particular possibility of sense to the presentative and constitutive act of the subject; secondly, it is through the body that the particular sense offered and absorbed into the intentional act is expressed in significant behaviour — action, gesture, language. There is not a self, plus a body, plus a world, but a single sense-formulating event with three moments: the taking up into consciousness of a sense from the world, its organization within the bodily mechanism, its projection back into the world in the form of behaviour — an event, in short, of which 'thinking' is the subjective and behaviour the objective side.[60]

Essential to this account is the view that bodily activity is already a form of reflection. 'Déjà la motricité, prise à l'état pur', writes

Grünbaum, 'possède le pouvoir élémentaire de donner un sens'.[61] There is a 'rationalité du corps propre' inasmuch as the latter in its dynamic schemas is a selective and organizing activity. The dualism established between 'thinking' and 'experience' is the corollary of the mind-body dualism and is refutable on similar grounds. Relations are not imposed by mind in the Kantian manner on an inert matter of experience, nor are they, in the empirical manner, derived inductively or inferentially from experience. They are given in experience and constitutive of it:

> La rationalité est exactement mesurée aux expériences dans lesquelles elle se révèle. Il y a de la rationalité, c'est-à-dire: les perspectives se recoupent, les perceptions se confirment, un sens apparaît. Mais il ne doit pas être posé à part, transformé en Esprit absolu ou en monde au sens réaliste...
> La rationalité n'est pas un problème, il n'y a pas derrière elle une inconnue que nous ayons à déterminer déductivement ou à prouver inductivement à partir d'elle: nous assistons à chaque instant à ce prodige de la connexion des expériences, et personne ne sait mieux que nous comment il se fait puisque nous sommes ce nœud de relations.[62]

The very generality that we associate with pattern, sense and meaning has its concrete source before ever conceptualization proper develops, in experience, in the acquisition, that is, of motor habits. It is the body, says Merleau-Ponty, 'qui donne à notre vie la forme de la généralité et qui prolonge en dispositions stables nos actes personnels'. Such stable dispositions or habits are a form of understanding: 'on dit que le corps a compris et l'habitude est acquise lorsqu'il s'est laissé pénétrer par une signification nouvelle, lorsqu'il s'est assimilé un nouveau noyau significatif'.[63] For Marcel too experience is no mere passivity, but made up of acts constitutive of senses which come into being in and through the network of reciprocal relations of self and world. It is not a subjective but an intramundane and intersubjective event and, as such, contains the grounds of universality and generality, a generality that has its primary location in the body as the agent of 'permanence ontologique'.[64]

In short, sensations, images, all that is so often considered mere material to be worked up into 'thought', are already thought, comprehension taken at their concrete cognitive root and 'in process'. But, if there is rationality at the ante-predicative level, it is one that bears the mark of ambiguity, for it is the product of a fluid and variable relation between the self and the world, and it expresses itself only partially in the explicit act, image or word, which trail behind them an indeterminate and shifting background of implicit meanings and overtones — Being itself as the inexhaustible reservoir of sense, transcending all particular determinations of sense as their ultimate and ultimately undefinable ground and source. 'Le monde et la raison,' declares Merleau-Ponty, 'sont mystérieux, mais ce mystère les définit ... la phénoménologie a pour tâche de révéler le mystère du monde et le mystère de la raison';[65] or, in short, to use Marcel's expression, 'le mystère de l'être'.

It would no doubt be hazardous to attempt any close parallel between contemporary French and British philosophical trends. Yet phenomenolopgy, as it has evolved in France, is not without its bearing upon the most recent developments in analytical philosophy.

One will recall how the starting-point in Britain was the logical positivism associated with Russell, Carnap and the early Wittgenstein of the *Tractatus Logico-Philosophicus* and developed by Ayer and others. It led to the assertion that all meaningful statements fall into either of two classes: logical propositions, analytic, formal, tautological and irrelevant to factual experience; empirical, descriptive statements about matters of fact, susceptible of objective verification and therefore of being designated true or false. The application of this 'Occam's razor' excluded from meaningful utterance all statements not falling into those categories, such as moral, metaphysical and theological statements.

Even at this stage it might be noted however that phenomenology and analysis met on one point: the clear cut distinction between logic and fact. Both reject the old-fashioned ontologizing which claims to account for the universe by *a priori* reasoning. Both assert the impossibility of proving assertions about existence from logical premises. Both agree that the real cannot be accounted for, only described. Hume's distinction between the 'is' and the 'ought', which looms so large in current ethical discussions in Britain — such as the distinction Nowell-Smith makes in his *Ethics* between the theoretical and the imperative — has its parallel in much phenomenological thinking.

Phenomenology, of course, particularly in its French enlargements, differed from the outset in envisaging a new type of ontology. It affirms that the world is given *as it is* and that the structures that 'appear' to consciousness are the very structures of Being. The Kantian distinction between phenomenon and noumenon and the conception of substance as a substratum underlying what appears fall to the ground.

> Relatif, le phénomène le demeure car le 'paraître' suppose par essence quelqu'un à qui paraître. Mais il n'a pas la double relativité de l'*Erscheinung* kantienne. Il n'indique pas, par-dessus son épaule, un être véritable qui serait, lui, l'absolu. Ce qu'il est, il l'est absolument, car il se dévoile *comme il est*. Le phénomène peut être étudié et décrit en tant que tel, car il est *absolument indicatif de lui-même*.[66]

Phenomenology thus envisages an experiential or positive ontology consisting of the description of the typical structures of Being (or patterns of meaning) as they appear directly to consciousness in its typical modes or structures of intentional experience — religious, moral, cognitive, emotive, etc.

Returning to later developments in analysis, one may recall that doubts arose about the first statement of its position — about the verification principle (is it not metaphysical?) — above all, about the reasonableness of classing moral, metaphysical or religious statements as simply 'meaningless'. The result is seen in the recent work of Wisdom, Ryle, Nowell-Smith and the Wittgenstein of the *Philosophical Investigations*. The upshot has been to add a new class of statements, whose meaning is understood by the way the statement is used (the 'use principle').[67] Thus, according to Braithwaite, the use (i.e. the meaning) of moral and religious assertions is to express an intention to act in a particular way.[68]

But this is to recognize that such statements are relative to some way of acting in the world, some mode of sense-giving and of evaluating. To say 'I ought to be (or must be) courageous' has meaning only for one who seeks to 'choose himself' as courageous and to 'choose' the world as a place where courage may exist.[69] And it has meaning because he intends the world in this way and constitutes this particular sense which it contains.[70] Both phenomenology and recent analysis call back from abstract, generalized thinking to doing, and ultimately locate the source of thinking in 'being-in-the-world'.[71]

These new conceptions, moreover, have raised doubts about empirical statements themselves. A scientific theory does certainly more than translate a state of affairs: it is operational in intent, a policy for action, originating from activity in the world and implying an evaluation of the world.[72] The phenomenologist would go further and assert that even a simple empirical statement such as 'the table is round' is the expression of a particular sense-giving intention.[73]

Both phenomenology and analysis indeed represent a reaction against abstraction and a recall to the concrete, to the subject acting in the world and expressing itself in meaningful behaviour. If the phenomenologist might not accept all the implications of Ryle's definition of the self as 'the sum of its acts', he would agree that it is only in its acts and its behaviour policies and patterns, linguistic included, that the self can be studied, since for him consciousness is nothing but this sense-giving and expressive activity. And both currents belong to their age of philosophical 'insecurity'. Both reject the complacency of the system builder, seeing the starting-point of philosophy in a state of 'unease' ('I don't know my way about,' as Wittgenstein puts it), its procedure as tentative and clarificatory, and its function as in large part therapeutic.

To trace the influence of phenomenology in literature would be a major task. Perhaps the nature of its impact is best seen in literary criticism, particularly in the works of Gaston Bachelard, Georges Poulet and Jean-Pierre Richard.

These writers are concerned with describing essences, structures, patterns of meaning. Underlying their descriptions is a phenomenological postulate: that literary creation is a sense-giving and sense-revealing activity whereby the writer constitutes his self and a world for himself. It is a world of sensation and image before conceptualization, what Bachelard calls 'la zone des rêveries matérielles qui précèdent la contemplation'.[74] But it is a meaningful world: indeed it is the world as the writer comprehends it directly in terms of his particular sense-giving intention.

To deal with it the critic must eschew analysis, disruptive of the texture of the whole, which *is* its meaning, and confine himself to description. He must submit himself to the text so as to allow the patterns of meaning embodied in its structure to disclose themselves. A sort of intuitive vision must come into play, if only because the meanings are not fully located in the express content, which carries overtones and undertones that constitute, as in perception, a carefully graduated implicit background. The critic's success will depend largely on his ability to bring to light relations and patterns not immediately discernible.

Above all, he must penetrate below the level of ideas to that pre-conceptual plane where the writer operates in his choice of image, symbol and sound, in Richard's words 'au cœur de la sensation, du désir ou de la rencontre'.[75] The critic will concern himself, says Bachelard, with the *'départ de l'image* dans une conscience individuelle', with the image as the union 'd'une subjectivité pure mais éphémère et d'une réalité qui ne va pas nécessairement jusqu'à sa complète constitution'.[76]. For it is not a fully objectified world that the phenomenologist studies, but concrete modes of being or meanings of the world grasped within the dynamic process of their revelation and organization, at the moment when the writer 'anticipe la représentation du réel' just because he still remains 'lié au réel par la présence selon le corps'.[77]

At this level the work is seen to exist in its own space and time, structured in depth and volume. This structure the critic has to bring to light. He cannot follow out the mere chronological order of image or sensation, for the development of a poem is no causal sequence: he must be sensitive to relations that lie below the surface. Such a criticism discards the traditional techniques of sociological, biographical and mere psychological criticism. It takes the work as a fact, an existent, a 'world', that has no condition other than itself. As such it cannot be accounted for nor explained, for its explanation is itself. It is the embodiment of a set of meanings, and the critic's sole task is to uncover and describe them.

The significance of phenomenology lies in the return to the 'expérience originaire du monde' as the root of thinking. In France this involves something of a revolution, signifying a rupture with the Cartesian tradition of dualism on the one hand, of analysis on the other. It is not, however, unrelated to French tradition — the tradition of Diderot and Rousseau, of Maine de Biran and Valéry. Maine de Biran is particularly significant, as witnessed by the renewed interest in his thought since the thirties. Beneath his at first sight dualistic psychology lies a subtle appreciation of the organic link between consciousness and the body, and his *Anthropologie* anticipates the method and views of phenomenology in a remarkable way.[78]

Of French phenomenologists Marcel and Merleau-Ponty come closest to its essential aim. Sartre, while asserting that the self exists only in its relation to the world, is led into a position which seems to empty the assertion of its fundamental import. His statement that 'je suis celui que je serai sur le mode de ne l'être pas' is phenomenologically valid in so far as it formulates the negative structure of consciousness as described above. But he goes on to hypostatize this negative factor: there is for him an actual entity — 'le néant' — introduced by consciousness between itself and the given. Thus he argues that 'il n'y a jamais de motif *dans* la conscience: il n'en est que *pour* la conscience', and all phenomenologists would agree, since consciousness, taking the motive up into its intention, makes it other than it is. But Sartre goes on to assert that 'du fait même que le motif ne peut surgir que comme apparition, il se constitute lui-même comme inefficace' and that there is a '*rien* qui sépare le motif de la conscience', this *rien* being precisely man's freedom.[79]

Now Sartre can only make this inference because of his initial premise, namely that there is an absolute opposition between the *en-soi* and the *pour-soi*, as between what by definition is fully positive and fully coincident with itself, without any inherent possibility of discrimination, and what is characterized by negativity, relation and difference.[80] From the very outset, in fact, Sartre places a sense-originating self *over against* a world which is devoid of meaning and incapable of any effective contribution to the emergence of meaning. The world, other selves, the self's own past, are a wholly indeterminate and passive ground for the projects of the self's unconditioned freedom and for its choice of values '*ex nihilo*.'[81]

For Marcel and and Merleau-Ponty on the other hand the self is truly 'in the world'. The latter is already a reservoir of potential values and meanings: it is therefore already structured, although its structures are potentialities and await the sense-giving intention to be actualized.[82] Included in those potential values is all that is significant in the self's past; and although they do not determine, they constrain and solicit the self. So that its sense-giving activity is no mere unconditioned choice or negating of the past or of the world as given, but the product of 'call' and 'response', to employ Marcel's phrase. Self and world entertain a relation of complementarity and meanings emerge within this relation as between a sense-giving and a sense-revealing term. This is the process of *recueillement* described by Marcel whereby 'the reality, confronting which one ingathers oneself, itself becomes a factor in the ingathering' and where 'a man's given circumstances, when he becomes inwardly aware of them ... become ... *constitutive* of his new self'.[83] And it is in this light that Merleau-Ponty criticizes Sartre in his *Les Aventures de la dialectique*, attributing his political errors and his rejection of the humanist tradition to the failure to recognize historicity or the organic structure of experience which links the self in a relation of reciprocity with the world, other selves and the past.

These criticisms are to the point. All that has been gained by phenomenology would be lost by the return to what might prove to be a subjectivism and dualism in a new guise. Phenomenology defines experience as a project towards the world, initiated from the world and emerging again into the world in the form of meaningful action, and so securing the persistence and renewal of pattern in time and history. If it puts the self at the centre as the agent of change, it recognizes that the self is at every moment actively informed by the world on the one hand and actively committed to it on the other. The subjective is the pole of a relation, in itself nothing:

> Le pôle subjectif n'est *rien*: c'est-à-dire qu'il n'"est' pas à la manière d'une chose, il n'est pas localisable, il n'est pas un être du monde. Il n'"est' que dans la mesure où il *existe*, et il n'existe ('ek-siste') qu'en se projetant vers: il n'est qu'en étant ailleurs, *hors-de-soi-dans-le-monde*; il est, si l'on veut, cette impossibilité d'être soi.[84]

Experience is no mere subjectivity. The phenomenon of consciousness is the embodiment of a sense which comes from the world, is actualized in the sense-giving intention and is projected back into the world as action. Everything significant takes place 'out of' the self, in a closely woven nexus of space and time which commits the self directly to the world and to other selves. Participation, intersubjectivity, organism, these are the key words of phenomenology. If the self can be defined, it is as a 'relation agissante'.[85] It can, says Marcel, be assigned no precise frontiers. It is the focal point of a transcendence, the unlocalizable medium for the revelation of meaning:

> L'univers est un ensemble de significations que tisse et retisse incessamment l'expérience humaine. Ce ne sont pas des significations que nous créerions en constituant le monde; le monde est avant nous. Quand notre conscience s'éveille, il est déjà là et nous sommes en lui. Mais il est inachevé et ambigu: et dans une interaction réciproque nous constituons avec lui un ensemble de significations, qui est la réalité et la rationalité mêmes.[86]

This is the key discovery of phenomenology. It requires us to go beyond the psychologism of traditional philosophy and to view the human product not as the product of the individual, solipsistic mind, but as an 'intramundane phenomenon', a 'manière d'être du monde', a mode of Being itself, brought into 'ex-sistence' through the self-world project.[87] It also asks us to view the product as a trans-subjective, preconceptual but already rational system of meanings which, by virtue of the play of intertwining intentions, the intersubjectivity of selves and the unitary ground, which is Being itself, contains generality and universality sufficient to establish valid and significant discourse. For the integration and embodiment of meanings offered by the world in the sense-giving intention is not only the typifying structure of all creative activity, it is the foundation of all comprehension or understanding, grasped at their cognitive root.[88]

Finally, phenomenology recognizes the fact of 'mystery'. Meanings and values are known only as embodied in the mediating intentions of selves and as modes of Being. Being itself, the source and ground, remains hidden. Yet this Being is present as the ultimate reference, the ultimate horizon of experience. Herein lies what Marcel calls 'the ontological mystery of knowledge'. Being is the 'opaque datum', what resists, in that it transcends all determinations of value and sense as their hidden but implicated source and ground. This is what renders the philosophy of values 'susceptible de se transcender elle-même et de pointer vers ce qui la dépasse infiniment' — towards the realm of 'silence' which lies beyond language in that 'la parole est issue de la plénitude du silence, et que celui-ci lui confère sa légitimation'.[89]

Hence phenomenology as ontology assumes the ambiguous form of both a descriptive science and a mystical search. A science in so far as it describes, without seeking to explain or justify, the structures of experience and the modes of Being therein embodied. A mystical search in that this science is never complete but points to an ultimate transcendence never possessed:

> Il s'agit de reconnaître la conscience elle-même comme projet du monde, destinée à un monde qu'elle n'embrasse ni ne possède, mais vers lequel elle ne cesse de se diriger.

> Que l'être soit toujours ce qui n'apparaît que par un étant et que nous ne puissions nous fixer directement sur lui, rend cet être exprimable seulement par un acte de visée capable lui-même de porter au-delà de ce qu'il désigne.[90]

There lie the limits of ontology as of language itself.[91]

Here again perhaps phenomenology comes close to certain contemporary analytical views inspired by Wittgenstein in recognizing that language comes up against certain opaque data.[92] Of such ultimates are values, inseparable from our experience of things. They are neither entities existing in an autonomous realm and open to some special intuition, nor observable properties of things, nor arbitrary creations of the subject. In a sense they seem to be all these — both in fact and independent of fact, as E. W. Hall has said.[93] All that we can truthfully assert is that they are a function of the structures incorporating subject and object in experience where — in the modes in which they appear — they are open to description. In themselves they remain ultimates.

This recognition of the 'unsayable' coupled with the assertion that philosophy is concerned with what can be said defines the ambiguous status of reflection as understood by phenomenology. It inspires the tension which underlies philosophical writing in France, torn between the description of existence or 'being-for-me' and the 'nostalgie de l'être,' of Being as ultimate ground, that inhabits all thinking.[94] Nor may it be too much to attribute in part to the pervasive influence of phenomenology a similar tension apparent in contemporary French literature, the *nouveau roman* and drama being cases in point. At the centre of both philosophy and literature is the awareness of the self's ante-predicative relationship with the world and of consciousness as an unending process of constituting meanings against a background from which they emerge and into which they retreat—like so many shifting presences, testifying to a reality that transcends language and discourse and yet legitimates them.

[*Currents of Thought in French Literature: Essays in Memory of G. T. Clapton*, ed. J. C. Ireson (Oxford, Basil Blackwell, 1965), pp. 325-51.]

[1] For two interesting treatments of this problem see A. de Waelhens, *De la phénoménologie à l'existentialisme*, in *Le Choix, le Monde, l'Existence* (Arthaud, 1947); M. Farber, *The Foundation of Phenomenology* (Harvard, 1943), pp. 15 ff.

[2] Farber notes the 'pitfalls' involved in Husserl's use of the phenomenological method: 'Husserl's very language betrays his predisposition to treat the transcendent realm of existence, in which belief was suspended as a matter of method, as something reducible to pure consciousness'(op. cit., p. 520). But he claims, we believe rightly, that Husserl overcame this leaning and that a proper understanding of the nature and function of the phenomenological reduction, as

Husserl came to see it, exculpates him on this score. Jean Wahl does, however, suggest that the resemblances between Husserl and both Descartes and Kant are greater than the former imagined (*L'Ouvrage posthume de Husserl: La Krisis*, Cours de Sorbonne, 1957, p. 123). There is, indeed, a latent ambiguity in Husserl's thought as a whole that lays it open to both an 'idealist' and a 'realist' interpretation according to the emphasis of the interpreter. Cf. H. Kuhn, *The Phenomenological Concept of 'Horizon'*, in *Philosophical Essays in Memory of Edmund Husserl* (Harvard, 1940); R. Ingarden, *L'Idéalisme transcendantal de Husserl*, in *Husserl et la pensée moderne* (The Hague, Martinus Nijhoff, 1959).

³ *Idées directrices pour une phénoménologie* (Gallimard, 1950), p. 102. Cf. Farber: 'It is essential that the phenomenological reduction be viewed as a purely methodological device ... It is radical in the sense of helping us to make clear the ultimate presuppositions of experience ... But it must never forget its own 'mother-earth', its own actual ('naturalistic') genetic foundation, if it is to constitute a world which will satisfy experience. To do so, and to go the way of cognitive idealism, would mean that the phenomenological quest would have to rest content with the pale shadow of reality, depending upon a hypostatized *logos* in an ethereal absolute consciousness' (op. cit., p. 536).

⁴ A. de Muralt, *L'Idée de la phénoménologie: l'Exemplarisme husserlien* (Presses Univ., 1958), p. 251. Cf. A. de Waelhens, *Existence et Signification* (Louvain and Paris, Nauwelaerts, 1958), p. 107; G. Berger, *Le Cogito dans la philosophie de Husserl* (Aubier, 1941), pp. 49-50.

⁵ *Méditations cartésiennes* (Vrin, 1947), pp. 126-7.

⁶ A. de Waelhens, *L'Idée phénoménologique d'intentionnalité*, in *Husserl et la pensée moderne*, p. 128.

⁷ 'Der Rückgang auf die Welt der Erfahrung ist Rückgang auf die "Lebenswelt", d.i. die Welt, in der wir immer schon leben, und die den Boden für alle Erkenntnisleistung abgibt und für alle wissenschaftliche Bestimmung' (*Erfahrung und Urteil*, Hamburg, Claassen u. Goverts, 1948, p. 38).

⁸ M. Merleau-Ponty, *Phénoménologie de la perception* (Gallimard, 1945), p. iv.

⁹ Ibid, p. i.

¹⁰ The appeal from constructions to what is directly given is the emphasis in the second volume of the *Logische Untersuchungen*.

¹¹ '....Ces concepts de noèse et de noème ne renvoient pas à des *composantes* du vécu, mais à deux structures corrélatives du même vécu. La noèse est le vécu comme intentionnel, l'accent portant sur ses composantes subjectives (noétiques). Le noème est la structure intentionelle du vécu, regardé du côté objectif ...' (Q. Lauer, *Phénoménologie de Husserl: Essai sur la genèse de l'intentionnalité*, Presses Univ., 1955, p. 200).

¹² *Méditations cartésiennes*, p. 43.

¹³ 'La structure la plus générale qui, en tant que forme, embrasse tous les cas particuliers, est désignée par notre schéma général *ego-cogito-cogitatum*' (ibid.).

¹⁴ Lauer, op cit., p. 217.

¹⁵ 'Car la Wesenschau, en tant qu'elle est expérience, en tant que l'essence est à saisir à travers l'expérience vécue, sera une expérience concrète; mais d'un autre côté, en tant qu'à travers mes expériences concrètes je saisis plus qu'un fait contingent, une structure intelligible qui s'impose à moi chaque fois que je pense à l'objet intentionnel dont il s'agit, j'obtiens par elle une connaissance, je ne suis pas enfermé dans quelque particularité de ma vie individuelle, j'accède à un savoir qui

100   *French Literature and the Philosophy of Consciousness*

est valable pour tous.' (Merleau-Ponty, *Les Sciences de l'homme et la phénoménologie*, Introd. et 1ᵉ partie, *Le Problème des sciences de l'homme selon Husserl*, Cours de Sorbonne, n.d., p. 14.)

[16] Berger, op. cit., p. 51
[17] Merleau-Ponty, op. cit., p. 53. Cf. *Phénoménologie de la perception*, p. ix.
[18] Idem, *Phénoménologie de la perception*, p. 491.
[19] See *The Mystery of Being, I: Reflection and Mystery* (Harvill Press, 1950), pp. 51-2.
[20] Op. cit., pp. vii-viii.
[21] Ibid., p. iii.
[22] F. Jeanson defines consciousness as 'un être dont l'être est en question pour lui-même, un être dont l'être n'est pas fait mais qui a à faire son être; un être, enfin, qui dépend de lui-même dans sa manière d'être. (*La Phénoménologie*, Téqui, 1951, p. 70.)
[23] Sartre, *L'Etre et le néant* (Gallimard, 1943), pp. 71-2.
[24] Merleau-Ponty, *Sciences de l'homme*, p. 20.
[25] 'Cette certitude du monde général est toujours opération (ou accomplissement, *Verzug*) et elle précède tout, non pas comme énonciation et prémisse au sens propre, elle détermine le sens, elle fonctionne comme sol de dévaluation: étant signifie étant dans le monde.' (Husserl, quoted by Wahl, *La Krisis*, p. 123.)
[26] Op. cit., pp. 18-20.
[27] Ibid., p. 20. Cf. A. de Waelhens: 'La présence de soi à soi n'est pas une possession de soi significative en elle-même, mais une évidence *récupérée sur l'évidence de la présence à l'autre*.' (*Existence et Signification*, p. 114.)
[28] *Du Refus à l'invocation* (Gallimard, 1940), p. 90. Cf. *Etre et Avoir* (Aubier, 1935), p. 249.
[29] See Husserl, *Méditations cartésiennes*, pp. 38-9.
[30] Merleau-Ponty, *Phénoménologie de la perception*, pp. 82-3. Cf. Kuhn, *Concept of Horizon*, loc. cit.
[31] Merleau-Ponty, ibid., p. 83. Cf. Kuhn: 'The present perception of the object before me is a link in a chain of successive perceptions each of which either had or will have a presence of its own.' (Op. cit., p. 113.)
[32] Merleau-Ponty, ibid., p. v.
[33] Ibid., p. 85.
[34] *The Philosophy of Existence* (Harvill Press, 1948), p. 8. Cf. *Etre et Avoir*, p. 145.
[35] *The Mystery of Being*, I, 13.
[36] Merleau-Ponty, op. cit., p. i.
[37] Cf. J. Hyppolite, *Genèse et Structure de la Phénoménologie de l'Esprit de Hegel* (Aubier, 1946), p. 184; J. Wahl, *Le Malheur de la conscience dans la philosophie de Hegel*, (Presses Univ., 1951), p. 2.
[38] Sartre goes on to an arbitrary hypostatization of 'le néant' and argues that, since 'la conscience ne peut produire une négation sinon sous forme de conscience de négation, ... la condition nécessaire pour qu'il soit possible de dire *non*, c'est que le non-être soit une présence perpétuelle, en nous et en dehors de nous, c'est que le néant *hante* l'être'. (Op. cit., pp. 46-7.) In short, in all experience giving rise to negative judgments there is an intentional relationship with a 'néant' as an entity. The assertion 'Pierre is not in the café' is grounded in the *vision* of 'Pierre s'enlevant comme néant sur le fond de néantisation du café'. (Ibid., p. 45) For an interesting critique of the 'négativisme philosophique' of Sartre and Heidegger, see E. Morot-Sir, *La Pensée négative* (Aubier, 1947), pp. 294 ff.

[39] A. de Waelhens, op. cit., p. 117.

[40] Merleau-Ponty, op. cit., p. 491.

[41] Op. cit., p. 147.

[42] Heidegger, *On the Essence of Truth*, in *Existence and Being* (Vision Press, 1949), p. 334; Cf. *Being and Time* (SCM Press, 1926), p. 263; Marcel, op. cit., p. 53.

[43] Merleau-Ponty, op. cit., p. xi.

[44] Marcel, op. cit., p. 64. Cf. Merleau-Ponty: 'Un rocher infranchissable, un rocher grand ou petit, vertical ou oblique, cela n'a de sens que pour quelqu'un qui se propose de le franchir, pour un sujet dont les projets découpent ces déterminations dans la masse uniforme de l'en-soi et font surgir un monde orienté, un sens des choses.' (Op. cit., p. 498.)

[45] 'L'Ouverture, lorsque nous y accédons (et nous y accédons par cela même que nous sommes homme) ne nous dissout donc pas dans une totalité sans limites: elle établit, au contraire, comme une sorte de champ clos, de lice, où l'étant selon *ses* limites, va se manifester pour que nous le dévoilions, pour que, selon ses diverses dimensions, nous le *disions*.' (A. de Waelhens, *Phénoménologie et Vérité*, Presses Univ., 1953, pp. 79-80). Cf. Marcel, op. cit., pp. 63-5.

[46] 'En effet, que je puisse être (pour les viser) les choses que je connais ou que je fais sans les être (puisque je ne me confonds pas effectivement avec elles), cela revient à admettre que je les saisis dans ce qu'elles sont sans pourtant m'identifier à elles comme étants, c'est-à-dire que je comprends leur être.' (A. de Waelhens, *Existence et Signification*, p. 117).

[47] Merleau-Ponty, op. cit., p. 519.

[48] Marcel, *Du Refus à l'invocation*, p. 39. Cf. *Journal métaphysique* (Gallimard, 1935), p. 323.

[49] Merleau-Ponty, op. cit., p. 175.

[50] Ibid., pp. 171, 116-19.

[51] Ibid., pp. 116, 118.

[52] 'C'est seulement au prix d'une abstraction vicieuse que nous dissocions ce vivant, le fait qu'il vit, et les schèmes dynamiques par lesquels s'exprime sa situation.' (Marcel, *Du Refus à l'invocation*, p. 115. Cf. p. 117.)

[53] Marcel, *Homo Viator* (Aubier, 1944), p. 58. Cf. Merleau-Ponty, op. cit., pp. 475-6.

[54] Marcel, *The Mystery of Being*, I, 192, 194.

[55] Merleau-Ponty, op. cit., p. 495.

[56] Ibid., p. 164.

[57] 'Le temps universel vient au monde par le Pour-soi. L'En-soi ne dispose pas de temporalité précisément parce qu'il est en-soi et que la temporalité est le mode d'être d'un être qui est perpétuellement à distance de soi pour soi. Le Pour-soi, au contraire, est temporalité, mais il n'est pas conscience *de* temporalité, sauf lorsqu'il se produit lui-même dans le rapport "réflexif-réfléchi". Sur le mode irréfléchi il découvre la temporalité *sur* l'être, c'est-à-dire dehors. La temporalité universelle est *objective*.' (Sartre, op. cit., p. 255)

[58] Merleau-Ponty, op. cit., p. 97.

[59] G. Madinier, *Conscience et mouvement* (Alcan, 1938), p. 448.

[60] One may note the close similarity between these views and those developed by Bergson in *Matière et Mémoire*. For a full analysis of the latter's theory of perception and its relationship with phenomenology, see my *Bergson, Philosopher of Reflection* (Bowes and Bowes, 1957), in particular chap. IV, *Mind as Act*, and chap.

VI, *Meanings and Intentions.* Cf. also Merleau-Ponty, *Éloge de la philosophie* (Gallimard, 1953).

[61] Grünbaum, *Aphasie und Motorik,* Zeitschrift f. d. ges. Neurologie und Psychiatrie, 1930, quoted by Merleau-Ponty, *Phénoménologie de la perception,* p. 166.

[62] Merleau-Ponty, ibid., pp. xv-xvi.

[63] Ibid, p. 171.

[64] Marcel, op. cit., p. 83; *Etre et Avoir,* p. 138. One may compare Bergson's theory of the origin of the concept in action. Cf. my *Bergson,* pp. 79-80.

[65] Merleau-Ponty, op. cit., p. xvi.

[66] Sartre, op. cit., p. 12

[67] Cf. J. O. Urmson, *Philosophical Analysis* (Clarendon Press, 1956), p. 179; G. J. Warnock, *Analysis and Imagination,* in *The Revolution in Philosophy* (Macmillan, 1956), pp. 112-15; Wittgenstein, *Philosophical Investigations* (Blackwell, 1953), §109, 117, 340; cf. G. Ryle, *The Theory of Meaning,* in *British Philosophy in the Mid-Century* (Allen and Unwin, 1957), pp. 239 ff.

[68] 'Just as the meaning of a moral assertion is given by its use in expressing the asserter's intention to act, so far as in him lies, in accordance with the moral principle involved, so the meaning of a religious assertion is given by its use in expressing the asserter's intention to follow a specified policy of behaviour.' (R. B. Braithwaite, *An Empiricist's View of the Nature of Religious Belief,* Cambridge Univ. Press, pp. 15-16.)

[69] P. H. Nowell-Smith argues that 'I ought' is merely a special case of 'I shall' and expresses a decision purely and simply (*Ethics,* Penguin Books, 1954, pp. 267-8). Cf. Braithwaite: 'To say that it is belief in the dogmas of religion which is the cause of the believer's intending to behave as he does is to put the cart before the horse: it is the intention to behave which constitutes what is known as religious conviction.' (Op. cit., p. 16).

[70] Wittgenstein comes near to recognizing this in passages such as the following: 'You say to me: "You understand this expression, don't you? Well then—I am using it in the sense you are familiar with."—As if the sense were an atmosphere accompanying the word, which it carried with it into every kind of application. If, for example, someone says that the sentence "This is here" (saying which he points to an object in front of him) makes sense to him, then he should ask himself in what special circumstances this sentence is actually used. There it does make sense.' 'A main source of our failure to understand is that we do not *command a clear view* of the use of our words—our grammar is lacking in this sort of perspicuity. A perspicuous representation produces just that understanding which consists in "seeing connexions"... The concept of a perspicuous representation is of fundamental significance for us. It earmarks the form of account we give, the way we look at things. (Is this a "Weltanschauung"?).' (Op. cit., §117, 122.)

[71] Cf. H. H. Price's account of concepts as dispositions rather than entities (*Thinking and Experience,* Hutchinson, 1953, pp. 314-15); G. Ryle, *The Concept of Mind* (Hutchinson, 1949), chap. II, and my *Bergson,* chap. VI.

[72] For F. Waismann a scientific theory is a construction that reflects our own activity. (*Verifiability,* in *Essays on Logic and Language,* Blackwell, 1951, First Series, p. 140.)

[73] Waismann describes a fact as 'What we notice ... it is our work ... something that emerges out from and takes shape against a background.' (Ibid.)

[74] *L'Eau et les rêves* (Corti, 1947), p. 6.

[75] *Littérature et sensation* (Seuil, 1954), p. 14.
[76] *La Poétique de l'espace* (Presses Univ., 1957), pp. 3, 4.
[77] M. Dufrenne, *Phénoménologie de l'expérience esthétique* (Presses Univ., 1953), II, 658.
[78] What Maine de Biran's reflexive analysis distinguishes as 'le fait intime' of consciousness is causal effort experienced concretely as a relation between two terms, one the determination of the will, the other the bodily movement effected. These two terms are given together and simultaneously as 'un seul rapport à deux termes, dont l'un ne peut être isolé de l'autre sans changer de nature ou sans passer du concret à l'abstrait, du relatif á l'absolu'. (*Réponses à Stapfer, in Œuvres choisies*, Aubier, 1942, p. 236. Cf. p. 239) It is this immediate relation, which through the body secures the insertion of the self in the world, that is the source of positive knowledge and the concrete origin of the concepts such as cause, self and time. Each of the two terms of the relation 'entre comme principe élémentaire dans toute connaissance réelle ou de fait, sans constituer par lui-même cette connaissance'. (*Rapports des sciences naturelles avec la psychologie*, ibid., p. 188) For it is only by their embodiment in the relation as inseparable and complementary terms that they together provide knowledge. Abstracted from it and considered as absolutes they are not the objects of positive knowledge but of 'indeterminate belief' (ibid.). Failure to see this leads to the rationalist and to the empiricist error respectively, the one starting from the subject, the other from the object as absolutes. And Biran observes in a manner that would be acceptable to any phenomenologist: 'Toutes les difficultés de la science viennent de ce que nous voulons toujours concevoir dans l'abstrait ce qui nous est donné primitivement et nécessairement en relation.' (Quoted by J. Wahl, *Tableau de la philosophie française*, Ed. Fontaine, 1946, p. 102)
[79] Op. cit., pp. 69, 71, 72.
[80] Sartre argues that the *Néant* being nothing cannot produce itself, nor can it come from the *en-soi*, which is wholly positive; it can therefore only come from consciousness (ibid., p. 129). But, if this is so, it is difficult to see how the *en-soi* can be even potentially structured or contain even a possibility of meaning.
[81] Op. cit., p. 70. Cf. p. 76.
[82] 'Le *Dasein* est lui-même spatial ou, plus exactement, spatialisant, mais il n'exerce spatialisation que parce que lui-même lié à un monde qui implique l'espace, non point l'espace organisé et structuré de notre vie courante, mais la possibilité d'une telle organisation.' (A. de Waelhens, *La Philosophie de Martin Heidegger*, Louvain, Ed. de l'Instit. Sup. de Phil., 1947, p. 63.)
[83] *The Mystery of Being*, I, 126, 134. For Marcel's detailed criticism of Sartre's views, see *Homo Viator*, pp. 233 ff. Cf. also M. Farber, *Aspects of Phenomenology and Existentialism from 1945-1948*, in *Philosophie, XIV, Psychologie, Phénoménologie et Existentialisme* (Hermann, 1950), pp. 145-8. It may be added that Sartre's recent *Critique de la raison dialectique* (Gallimard, 1960) would appear to mark an effort to resolve his dilemma. 'Le lieu de notre expérience critique n'est pas autre chose que l'identité fondamentale d'une vie singulière et de l'histoire humaine:' '...ma vie... doit se découvrir elle-même au fond de son libre développement comme rigoureuse nécessité du processus historique pour se retrouver plus profondément encore comme la liberté de cette nécessité et enfin comme nécessité de la liberté.' (Ibid., pp. 156, 157.) But the development of the *Critique*, which takes the form of a marxist logic of history—'une totalisation mouvante et dialectique qui n'est autre

que l'histoire ou.... que le "devenir-monde-de-la-philosophie" ' (pp. 29-30)—seems to bear little relation to the phenomenologically inspired content of *L'Etre et le néant*.

[84] Jeanson, *La Phénoménologie*, p. 75. Cf. G. Gusdorf, *La Découverte de soi* (Presses Univ., 1948), p. 503.

[85] J. Wahl, *Traité de métaphysique* (Payot, 1953), p. 256.

[86] G. Madinier, *Conscience et signification*, (Presses Univ., 1953), p. 34.

[87] Cf. A. de Waelhens, *La Philosophie de Martin Heidegger*, p. 50.

[88] 'On comprend l'être des choses lorsque celles-ci sont intégrées et pro-jetées à l'intérieur de nos possibilités propres. Les choses acquièrent un sens—le seul dont elles soient capables—en tant que matière de nos possibilités.' (Ibid., p. 269.)

[89] Marcel, *Les Hommes contre l'humain*, (La Colombe, 1951), pp. 129-30; Idem, Preface to M. Picard, *Le Monde du silence* (Presses Univ., 1954), p. xii.

[90] Merleau-Ponty, op. cit., xii-xiii; A. de Waelhens, *Existence et Signification*, p. 120.

[91] Cf. J. Wahl, *Vers la fin de l'ontologie: étude sur l'Introduction dans la métaphysique par Heidegger* (S.E.D.E.S., 1956), p. 257. Cf. also G. Madinier, *Vers une philosophie réflexive* (La Baconnière, 1960), pp. 65 ff.; E. Lévinas, *De l'existence à l'existant*, (Ed. Fontaine, 1947), pp. 170-2.

[92] M. B. Foster notes that the initial cause of collision between religious philosophy and earlier analysis lay in 'the assumption that all thinking is an answer to our questions'. (*Mystery and Philosophy*, SCM Press, 1957, p. 27.)

[93] *What is Value?* (Routledge and Kegan Paul, 1952), pp. 247-9.

[94] 'Tout langage apparaît comme indépassable (et c'est en ce sens qu'il y a pour nous primat de la connaissance sur l'Etre) et pourtant comme, en soi, dépassé (et c'est en ce sens qu'il y a primat de l'Etre sur la connaissance).' (F. Alquié, *La Nostalgie de l'Etre*, Presses Univ., 1950, p. 136.)

Maine de Biran
and Phenomenology

One of the striking features in the development of philosophy in France in recent years has been the revival of interest in her late eighteenth and early nineteenth-century philosopher, Maine de Biran. This interest, dating from the thirties and culminating in the publication after the war of several key studies of his thought together with new editions of his works, is contemporaneous with the development of phenomenology and existentialism in France. Nor is it surprising that this should be so, since, as it is the aim of this paper to show, Maine de Biran may justifiably be claimed as an early promoter of a phenomenological type of thinking.

As a young man Biran belonged to the group of Idéologues, inheritors of eighteenth-century empiricism, and, on his emergence from *idéologie* as its principal critic, he became the leading figure in the 'Société Philosophique', the nucleus of the future 'Ecole spiritualiste', a somewhat localized group of philosophers, including Royer-Collard, Jouffroy and Victor Cousin, of now well-nigh only historical interest. His influence, however, was to be widespread as the founder of the 'philosophy of consciousness' which presents an uninterrupted line of development through Lachelier and Lagneau to Bergson and, indeed, to Lavelle and Le Senne in our own day. And, it is hoped to show, his philosophy, too often interpreted in idealistic or covertly idealistic terms, has legitimate claims to consideration as a realism of the phenomenological type. Although he published comparatively little during his life-time (his *Mémoire sur l'habitude* appeared in 1802, the *Examen des leçons de M. Laromiguière* in 1807, and the *Exposition de la doctrine philosophique de Leibniz* in the Biographie Universelle in 1819), he wrote a great deal, often in the form of Memoirs, several for submission to various European Academies. The total of his published works now numbers some fourteen volumes.

Biran has frequently been referred to as a precursor of existentialism. And certainly he is so by the fact that the philosophical problem is largely determined by the problems of his personal existence. The author of a remarkable Journal, he belongs to that category of thinkers, such as Pascal, Rousseau and Kierkegaard, who combine a capacity for systematic thought with a compelling introspective bent, who are distrustful of abstract speculation and *a priori* reasoning and whose demand is above all for concreteness. If all are in search of an absolute, it is an absolute which can be approached only through the person, by way of a personal reflection conducted by the existing subject upon the modes of his existence, a reflection moreover which takes the form of moral and intellectual confession as much as speculative inquiry.

No one is more sensitive than Biran to the fluctuations of conscious experience, of what he calls 'the inner man' or 'feeling of existence'. His Journal is a revealing document which records these variations from day to day. As it shows clearly, the mobile of all his thinking lies in an inner duality he experiences as between those rare moments when, master of his moods and in possession of his active powers, he enjoys a 'full existence', and those much more frequent moments when the unity of his selfhood dissolves and he falls a prey to 'affectivity', to those passive elements that flood his consciousness under the stimulation of his hypersensitive nervous system — sensations, moods, emotions, all that appertains to what he calls the 'organic life'. In those latter moments the will is in abeyance and the mind, reduced to the state of passive recipient of impressions, is at the mercy of external conditions acting upon the body. Particularly sensitive is Biran to climatic changes, and the Journal is full of references to their all-pervasive influence. As Sainte-Beuve wittily put it, 'he notes the atmospheric variations of his soul'.[1] In general, unable to concentrate his attention or exercise willed control, he responds passively to every fleeting and disruptive impression. 'Everything escapes my restless thought. I am a being changeable, variable and without consistency.'[2] 'I am as inconstant as time, but I have scarcely anything but short moments of serenity, of lucidity of ideas, of that moral force which constitutes *man*.'[3]

It is from this consciousness of inner duality, as between activity and passivity, will and affectivity, mind and body, that Biran derives the fundamental theme of his philosophical reflection.

Historically, Biran's philosophy has its starting-point in eighteenth-century thought and in its prolongation in the Ideological school, which represented the dominant philosophical current in France at the turn of the century. His first masters were Condillac and Locke together with the two major Ideologists, Cabanis and

Tracy. In a certain sense he carries on their study of the mind. His is a positive inquiry. Ravaisson was to call it a 'spiritualist realism or positivism', and Philip Hallie is not wrong in entitling his recent book 'Maine de Biran. Reformer of Empiricism'.[4] He subscribes indeed to the basic principle of empiricism according to which philosophy must be firmly grounded in the description of the facts or phenomena of consciousness. But the description he offers of these phenomena is such as completely to overturn its epistemology and to initiate a revolution in the science of mind as a whole.

As he comes to believe, the empiricists' description is ultimately distorting by reason of their false approach to the study of the mind and its operations. The eighteenth century lay under the spell of the physical sciences and their achievements and looked to them for their models. It is this that led the empiricists into methodological error, to treat the mind itself as if it were an object in the physical universe and to apply to its study the method of analysis appropriate to the study of the object. Not surprisingly, the sole positive content of mind was found to consist of sense data considered as so many discrete psychological atoms which, by simple combination and association, generate general and abstract ideas and thus, it was claimed, the entire complex range of knowledge.

On the contrary, Biran argues, the mind is not an object open to this sort of objective inspection and analysis. Its study therefore demands a method *sui generis*, appropriate to its own specific nature. The mind is essentially an activity or operational force, distinguishable from its objective, sensational or affective content, as that whereby this content is structured. To grasp this internal, structuring power of mind there is required a 'subjective' method which Biran terms reflection or 'reflexive analysis' and which is capable of grasping the mind as *process*, in its concrete acts and operations. Failure to see this has led empiricists and sensational-ists to exclude from their description what is most positive of all in the mind, namely the mind itself in its specific essence as a 'spiritual' activity or causal force, without which one may account for sensations and for the general and abstract ideas compounded therefrom but not, as Biran will argue, for the 'universal and necessary notions', which provide the 'inherent forms of the understanding'[5] that ground and validate knowledge.

Biran has sometimes been called the French Kant, and indeed he is confronted by the same problem of dealing with the legacy of empiricism. Both are concerned with grounding and justifying those universal and necessary factors in knowledge which empiricism, by reducing all knowledge to sensation, cannot adequately account for. Whereas Kant, however, has recourse to *a priori* forms and categories imposing themselves upon sense experience and as such logically prior to experience, Biran will seek their ground within experience itself. Moreover there is in Biran an ontological concern that is absent from Kant or, to say the least, takes a very different form. It will be one of the aims of this paper precisely to suggest that Biran is seeking a way to reconcile the phenomenological and the ontological.

However that may be, suffice to say at present that one must not be led astray by the terms 'spiritualiste' and 'spiritualisme' applied to his philosophy. Biran is concerned from the outset with 'being-in-the-world'. Consciousness is conceived by him as necessarily in relation with being and the 'phenomena' of consciousness as acts or projects directed towards the grasping of this being and of the various senses it discloses or manifests within the appropriate structures or modes of consciousness.

There are three distinct periods or stages in the development of Biran's philosophy. First, a preliminary stage where he develops *idéologie* and subjects it to a sustained critique; second, his central doctrine, the philosophy of consciousness or philosophy of effort, often referred to simply as 'le biranisme'; third and last, the philosophy of religious experience. But, however distinct these may be, they represent together stages in the development of one 'anthropology', as he will come to term it, aimed at describing the content of the self's experience as the centre of feeling, as cognizing and moral agent, and as religious subject.

It was not long before Biran had doubts about the adequacy of the ideological, and generally eighteenth-century, account of mental operations. In one of his earliest writings he criticizes the physiological explanation proposed by Cabanis which, he states, may account for 'the springs of the machine' but leaves out 'the motive power'.[6] More especially does Condillac's *Traité des sensations* come in for criticism. How, he asks in his first Journal or *Cahier-Journal*, can the higher faculties — those of the understanding (such as memory, judgment and reasoning) and those of the affective-volitional life (such as desire and passion) — be simply 'transformations' of sensation which, by Condillac's own definition, is a mere capacity to receive impressions? Surely, he declares, there is experienced in their exercise 'a true action of the mind'. 'Do I not feel, by the effort that it costs me, the lassitude that follows it? Here are two very different states of the mind; in the one it is merely a spectator, in the other it is active. We cannot in good faith confuse these two states. There appears therefore to be in us besides the faculty of sensing an active power which orders or can order our perception.'[7]

A similar objection is made apropos of Locke's and Condillac's theory of language. While accepting their thesis that sensations are transformed into ideas through signs, he finds it impossible to conceive how the complex analytical process involved in the attribution of linguistic signs can be understood unless there be, prior to language, an original activity of thought independent of sense. 'If there were nothing voluntary in the operations of the understanding before the institution of signs, how can they have been created? Does not the first invention suppose in the inventors the power to dispose of their imaginations?'[8]

These various criticisms come to a head in his first major work the Memoir on Habit, where he formulates a distinction between sensation and perception.[9] Condillac and the Ideologists had in some sort set the stage. Cabanis, for example, in his *Rapports du physique et du moral de l'homme* had called attention to a category of phenomena neglected or misunderstood by Condillac, namely those of the 'internal sensibility' as distinct from the 'external sensibility' or sense experience. There is, he pointed out, an organic, psychosomatic life (impressions associated, for example, with the digestive organs) which escapes control of the will and of which the subject is only occasionally conscious or fully conscious. This conception of an 'organic life' as one of the poles of experience will play a large part in Biran's later descriptions, but already it inclines him to the view that consciousness exhibits a dual structure as between its passively received content and its active, consciously directed powers, between affectivity and activity, the 'organic' and the 'hyperorganic'. This clear distinction Cabanis himself could not make by reason of his resolve, in conformity with his eighteenth-century bias, to derive all mental phenomena from one single principle designated 'sensibility'.[10]

At the same time Destutt de Tracy had been led to recognize an activity of mind, independent of sense, in the development of the passions, if only because passion, far from being a mere passive state of feeling, 'lives on preference'.[11] Most important of all, however was his treatment of the origin of the judgment of externality. Condillac had himself come up against this problem, formidable indeed for sensationalism, and by way of its solution had attributed the origin of the judgment to touch as being unique among the sense organs in procuring a double impression, one element of which, peculiar to touch and inseparable from it, is the sensation of resistance. Tracy pushed the analysis further by showing how, for this sensation of resistance to be possible, there is required the experience of voluntary effort.[12] To this distinctive factor in experience he gave the name 'motilité', but he continued most confusingly to equate it with sensibility, referring to it as a 'sixth sense'.

What Biran now proposes is a radical distinction between the impressions of sense and the internal experience of willed effort. In his Memoir on Habit he notes that sense data themselves vary in clarity, those of sight and hearing for example having greater clarity than those of taste and smell, and that their degree of clarity appears to depend on the degree in which the sense organs are active in their production. But when we consider perception proper, we have to go further than this and recognize that it involves a process of mental appropriation and structuring of sense impressions, which carries with it a sense of voluntary effort as of a causal activity of mind meeting with, appropriating and organizing into perceptual schemes, the passive elements of sense experienced as a term of resistance. But for this causal activity of mind applied to, and distinguishable from, the passive, resistant term, there could be no consciousness of self-hood, no distinction possible between self and non-self. Nor can there be perception proper without apperception.

It is therefore possible to classify perceptions according to the degree in which, by reason of the mental effort involved, they possess an 'apperceptive character'. Indeed, as he will argue more forcibly in a later work, only tactile and auditory perceptions have this apperceptive character, since only they bring fully into play the mind's appropriating activity and are 'duplicated in conscious-ness', whereas the other senses offer only 'heterogeneous passive impressions' and 'remain confused in sense as immediate affections'.[13]

It is from this activity of mind and its apperception that Biran derives the faculties. Judging and reasoning, for instance, far from being, as Condillac would have it, reducible to the mere observation and comparison of resemblances and differences between sense impressions, involve a complex process of organization and interpretation of sense data. Memory, far from being a simple reviviscence of impressions, involves their recognition, location and integration in a mental field.[14]

The study of habit is a counter-proof of this distinction between sensation and perception, affectivity and activity. For Biran goes on to demonstrate that habit enfeebles the passive, affective elements and fortifies the active ones endowed with apperceptive quality.

Maine de Biran's central doctrine — on which indeed the whole structure of his phenomenology depends — is represented by four major works: the two Memoirs, *De la Décomposition de la pensée* and *De l'Aperception immédiate*, the *Essai sur les fondements de la psychologie* and the essay *Des Rapports des sciences naturelles avec la psychologie*.

Biran's basic assertion is that philosophical inquiry must start from a 'fact'. He criticizes both rationalists such as Descartes and his followers and empiricists such as Locke, Hume and Condillac on the score that they start equally from an abstraction. The former — 'the point of view of pure reason' — start from an absolute, the *a priori* concept of a thought substance fully furnished with innate ideas. The latter, in spite of their empirical claim, fall into a similar abstractness. They proceed from a mind limited to sense impressions or 'adventitious modifications' induced by external causes. But this causality of theirs is itself a 'highly elaborated notion', indeed an abstract term designating a group of phenomena observable in the physical universe and unrelated to anything known to the actuality of the experiencing self.[15]

What is required is a 'primitive fact' of concrete, existential experience. And this fact can be revealed only to a reflective act of mind capable of grasping the mind in its inner structure. Such a reflexive analysis distinguishes two distinct but related terms, one passive and variable, the other active and constant, sensations and affectivity on the one hand, will and causal force on the other: the first 'organic', intimately connected with the bodily mechanism, the second 'hyperorganic' or 'spiritual'. All cognitive, perceptual and moral experience involves the apperception of the self in its essence as a causal force or voluntary effort meeting with, and acting upon, an organic resistance—a 'force' in conjunction with an 'inertia'.

One might say that Descartes and Leibniz meet and correct each other in Biran's starting-point, for it is a version of the *cogito* where a 'force' is substituted for a thought substance. 'If Descartes thought to posit the first principle of all knowledge, the first self-evident truth, in stating: *I think, therefore, I am a thinking thing or substance,*— we shall state rather, and in a more determined manner, with the irrecusable evidence of inner experience: *I act, I will, or I think in myself action, therefore I know myself as cause, therefore, I am or exist really as cause or force.*'[16] Against this 'subjective causality' Hume's criticisms are of no avail. When Hume reduces causality to the felt expectation that associations of phenomena will continue to repeat themselves, he confuses the law of succession of impressions with real, efficient causation such as we experience subjectively in every act of thought. This is to 'put the whole intellectual system into images and destroy the principal link that unites all the parts'.[17] And when he makes a main plank of his critique the argument that we do not know how a cause produces an effect, he fails to recognize that in the experience of subjective causality, although we may not know the how, we have a concrete instance of efficient causation as a fact, as certain and as immediately known to the reflecting self as his own existence.[18]

It is from the experience of subjective causality, Biran now goes on to argue, that are derived the 'universal notions' governing knowledge: causality, force, being, substance, space, time, identity.[19] It is important at this point to understand the nature of Biran's problem, which is that of grounding the universal notions. He has to answer two questions: how are they derived? and what is their logical status? The problem is acute for a phenomenologically based philosophy such as his. For how can such notions be derived from what is by definition an individual and relative experience? And, if derivable, what constitutes their validity as notions of universal applicability, giving them the right to play a commanding role in the production of knowledge? 'The great problem of philosophy', he declares, is the passage, 'from the primitive fact to the notion, from the relative to the absolute'.[20]

What is given in experience is the primitive fact, composed of two terms, a willed effort and an organic resistance: 'a single fact composed of two elements, a single relation between two terms, of which one cannot be isolated from the other without changing its nature or without passing from the concrete to the abstract, from the relative to the absolute'.[21] The primitive fact is relational: and only where there is relation can one speak of knowledge. The arbitrary separation of the two terms leads indeed to the abstractions of rationalism on the one hand and of materialism on the other. 'All the difficulties of science come from our desire to conceive in the abstract what is given primitively and necessarily in relation.'[22] This is the error of 'abstract metaphysics', whether of the *a priori* type or of the *a posteriori* type: 'the very problem disappears and in place of the required relation there remains only a unity, either material which eliminates or corporalizes the soul and self of man, or spiritual which eliminates or idealizes or phenomenalizes the living organic body'.[23]

Nevertheless, Biran does not deny the existence of absolutes or *noumena* as he sometimes calls them, using Kant's terminology.[24] The causal, spiritual force experienced, he states, has its 'necessary principle' in an 'absolute activity' (substance soul or spirit), the organic resistance in an 'absolute resistance or inertia' (substance body or matter), which we are convinced 'remain when all effort and resistance vanish with the self'[25] Elsewhere he speaks of the 'absolute force which *is* without manifesting itself'.[26] These absolutes are not, however, experienced *qua* absolutes. 'The absolute itself becomes relative as soon as it is felt or thought.'[27]

Biran is not denying that the absolutes are experienced, but asserting that they are experienced only as related and relative terms.[28] But, since knowledge is necessarily relational, *qua* absolutes they cannot be objects of knowledge nor in themselves generate positive knowledge or ideas. They are objects of 'belief'. The absolute, he states, is 'an object of belief indeterminate by its nature and which enters as an elementary principle into all knowledge, real or factual, without by itself constituting that knowledge'.[29] All knowledge has a 'character of relation' and there is in mind an invincible tendency 'to believe or suppose... some absolute which is the first term or necessary foundation of the relation', but this absolute as such is a 'belief without idea' and 'could not be the pure origin of any knowledge or idea'.[30]

Nevertheless, if their logical status is that of beliefs, not knowledge, the absolutes found the universal notions governing knowledge, into which the absolutes enter as 'elementary principles'. Both knowledge and belief have a common root in the primitive fact. 'I regard as a certain truth that both knowledge and belief have their necessary basis and *point d'appui* in the consciousness of self or of the causal activity that constitutes it'.[31] By entering into the primitive fact as related terms the absolutes, themselves beliefs, constitute the ground of knowledge and of its 'universal notions'. These find their type or model in the primitive fact and are derived therefrom by what Biran calls 'primary induction' or 'reflexive abstraction'.

Such universal notions, says Biran, must not be confused with general or abstract ideas, nor primary induction with ordinary induction. The distinction he makes here is similar to the one made by Berkeley.[32] Universal or necessary notions or 'reflexive abstractions' are grounded and, as he says, 'found' in experience or the primitive fact of subjective causality. We do not create them, for 'we make nothing out of what *is*, and what we make or create *is* not'.[33] They are moreover implicit in each and every such experience, being simple and irreducible in form. General and abstract ideas, on the contrary, are 'artificial', 'pure signs', obtained by comparison of instances.[34] They have their originals in sense impressions and are formed by comparison of sensed qualities, and ordinary induction is this process of generalization from secondary qualities.[35] Whereas therefore general ideas, being 'formed by the comparison of such sensible qualities or modifications', are necessarily collective and, 'founded in large part on linguistic conventions', are 'logical abstractions' with a 'purely nominal value', in that their validity depends on their satisfying the formal requirements of linguistic convention,[36] reflexive abstractions are 'universal and simple', grasped immediately as constants of experience. The primary induction or abstraction is a species of reflexive recuperation whereby they are grasped, not as objects nor as ideas nor as mere virtualities, but as fundamental structures of experience which, although in themselves 'independent of every application to external things',[37] furnish the understanding with its 'inherent forms' and are rendered capable of objective application.[38]

We have therefore to conclude that the absolutes or 'principles', objects of belief and not of knowledge, are embodied in experience, providing experience with its structures and the understanding with its forms and so furnishing knowledge with an absolute ground founded experientially.

One cannot but be struck by the similarity between Biran's procedure and that of contemporary phenomenology. The aim of both is to establish the ground of perception and cognition in concrete experience and to show how the principal notions governing knowledge, before becoming categories or laws of the understanding, are first 'lived' or 'acted' and have to be understood in terms of projects of the self directed towards the world as the *telos* of its inner drive to objectification. Biran's notions, like Husserl's 'ideas' or 'essences', are structures, embodying the fundamental intentional structure which relates the self to the non-self as the resistant term of its activity, these structures being the means whereby the world is constituted for consciousness, endowed with and brought to reveal its senses and meanings.[39] Further, Biran's notions, like the essences of phenomenology, are given to the awareness of the experiencing self in a reflexive mode not unlike Husserl's intuition or 'vision of essences', that is to say directly in each single instance, and not by comparison of, and generalization from, a number of instances.

Historically, of course, there is a link between Biran and Kant. The former's notions, described by him as 'inherent forms of the understanding', correspond to the latter's categories, while his designation of the absolutes which enter into experience in a 'phenomenological manner'[40] as objects of belief suggests a comparison with Kant's postulates of the practical reason. There is however a quite fundamental difference. Biran's notions are 'found' in experience and are not *a priori* concepts obtained by a transcendental deduction. Whereas for Kant the laws of thought are prior to thought and existence and provide thought with its *a priori* framework, for Biran existence is prior and the laws of thought are derived from the self's reflection on his existence. As Henri Gouhier puts it, 'the self of effort posits the forms and categories by reflection on what constitutes it a self; to analyse the laws of thought is to describe its existence'.[41] Thus the self knows itself directly as a cause projecting itself in time because it *is* a cause projecting itself in a temporal mode, and not because it experiences itself through categories of causality and time imposed by a transcendental subject. 'The primitive self must necessarily perceive itself without the interposition of the laws of cognition, since it is this immediate apperception which is the origin or the principle on which these laws depend and it depends on none of them...the self is neither in time, nor outside time; it is its first link.'[42]

The life of self-consciousness, based on the relation between the two terms will and affectivity, is the field of knowledge. It is also the field of moral activity. Influenced strongly by Stoicism in this middle period, Biran finds the mainspring of moral action in the

exercise of the will directed towards mastery over the 'organic'—
sensation and mood — and maintenance of the self in a 'state of
effort'. These considerations bring us back to Biran's personal
problems, for it is his reflections on his moral and spiritual anxieties
that force him to add a new dimension to his thought by the
discovery of a new 'fact', displayed in religious experience; and,
with that, to recast his phenomenology or, at least, to present it in a
new and fuller perspective, notably in his last work composed in
1823 and 1824, the *Nouveaux essais d'anthropologie*.

There are intimations of his new preoccupations in his Journal
from 1813, but more specifically from about 1817 he came to
recognize the inadequacy for him personally of a moral Stoicism.
Not only does he doubt the capacity of the will to dominate the
affections but also whether, even if achieved, such a tension of the
will secures happiness. This leads him to consider anew the modes
of consciousness. As he has described it, self-consciousness exhibits
a dual structure relating two terms, one active, spiritual and
hyperorganic, the other passive, physical and organic, the degree of
self-consciousness varying qualitatively according to the degree in
which the active, causal factor is dominant. Biran concentrates his
attention on one pole, where the will is virtually in abeyance and
the mind abandoned to affectivity, almost to the point of complete
loss of personal identity. He himself has known such coenesthetic
states where the mind, wholly passive, seems to be absorbed into
the flux of psychosomatic feeling. And he noted that, if such states
are sometimes melancholic and depressive, at other times they are
delicious, calm and exquisite. 'To procure these delicious feelings,
this peace of soul, this inner calm which I experience fitfully, I feel
that I can do nothing, my activity is nil, I am absolutely passive in
my feelings.'[43] May one not therefore conceive a similar state, he
now asks himself, but on a higher plane, at the other pole of
consciousness, the spiritual or hyperorganic one?

On this basis Biran develops the doctrine of the 'three lives'. To
understand its implications one must bear in mind what has been
asserted. In the life of effort and self-consciousness two terms are
presented to the mind, one a causal, spiritual force and the other a
passive matter of affectivity. These two terms are the modes in
which the absolutes (substance soul or spirit, substance body or
matter) manifest themselves 'in a phenomenological manner'.
They are given however only as related terms in experience and are
not therefore experienced or known *qua* absolutes. But Biran now

looks at the two poles of experience and he finds that there are in fact types of experience where we can claim to have something more than this relative acquaintance with substances, experiences where, one of the terms being virtually suppressed, participation in the absolute substances is immediate and direct. Hence the phenomenology of the 'three lives', in which the Platonic influence or what Gouhier calls 'the point of view of the separate soul'[44] replaces, or rather is added to, those of Descartes and Leibniz operative in the middle philosophy.

First, there is 'animal life'. This is coenesthetic experience, where the self 'is absorbed in the affections and organic movements' and, the active term in abeyance, consciousness is unaccompanied by self-consciousness or 'by any apperception or specific sensation to which one can attach any knowledge properly called, external or internal, subjective or objective.'[45] In such experience there is direct participation in the body. 'By virtue of its sensitive or animal nature, the soul tends by its appetites to merge and to identify itself with bodies, and with its own.'[46] And, at the limit, through absorption in its body, the self may participate directly in 'nature' or substance matter, for 'is not our body intimately linked with parts of the solar system other than the globe to which it is attached?'[47]

In his treatment of animal or organic life Biran not only describes what the Romantics call the 'cosmic sentiment' but anticipates contemporary phenomenology in its descriptions of bodily experience (the body-subject, '*my* body', or the *corps-propre*), of concrete or 'lived' space and of the 'ante-predicative'.[48] What he is describing is the *en-soi* of Sartre and, generally, the 'brute existence' of phenomenology, the experience of as yet undifferentiated being prior to the introduction of relation by the emergence of the active cognizing subject. This is particularly evident in his remarkable phenomenology of spatial experience where he describes the concrete origin of spatial relation. The latter, he writes, is 'already in the confused sentiment of existence before distinct personality. It is enclosed in the *intentions* and *affections* that are prior to the self. But this relation is known distinctly only after the birth of the self and consequently after the relation of causality. Hence at the moment when we exist *for ourselves*, as cause, the notion of extended substance presents itself to our mind, not as something new which begins to exist, but as some thing which *pre-exists* our knowledge and which was already there in the *confused intentions* of the sensibility and instinct itself.'[49]

This pre-cognitive and infra-relational sense of space is that of an 'organic' or 'uniform and continuous resistance' corresponding to 'a sort of vague and unlimited extension belonging to the body-subject *(le corps propre)*.'[50] An 'internal space', continuous with the sense of body or bodily identity, it is the locus of 'merely affective modifications', containing no more than vague senses of direction,—an undifferentiated and unlimited spatial continuum in short, with which the subject is merged and from which it cannot clearly distinguish itself. It is the intrusion of the self's causal activity, exercising itself through the separate organs and channels of the nervous system, that makes possible the perception of external space by introducing relation into the undifferentiated or vaguely differentiated resistant spatial continuum and, by marking the self off from the non-self, allows the self to constitute a world 'for itself' of externally related and juxtaposed points in the objective space. 'Each individual effort, or each particular act of the same will, will thus localize one of the immediate terms of its application, and mark a point of division in the resistant continuum...personal existence becomes stronger and develops, the motory subject individualizes itself more completely in the apperception of the relation of its own unity to the plurality of the mobile terms: by placing itself outside each, it can learn to place them externally to one another.'[51]

To sum up, 'animal life' may properly be described as infra-relational: the plane of the antepredicative as understood by the phenomenologists, the immediacy of sensation and feeling prior to perception and knowledge and, primarily, the immediate experience of body and substance matter.

The second life is 'la vie humaine', namely the life of self-consciousness as previously described, where mind and body are in conjunction and experienced together as related terms, one the causal force, the other the organic resistance to which it is applied and which it structures. This is the plane of perception, morality and knowledge, relation and predication. 'In the ordinary state of man, possessing the *conscium* and the *compos sui*, the impressions of the vital sense are necessarily conjoined with all the ideas, all the operations and all the active combinations of the thinking being.'[52]

The third life is 'the life of spirit', namely religious or spiritual experience. Here it is the bodily, organic term that is annulled, and the self participates directly in the soul's essence and through the soul in the absolute spirit, the will submitting to the Divine Will. The soul is 'united and as it were identified by love with the higher spirit from which it emanates', being 'no longer subject to the influence of the organism'.[53] Freed from the 'envelopes of matter', it 'exercises all its faculties without organic obstacle',[54] and by this liberation from the body, since the consciousness of self depends on the presence of a resistant term, it loses the 'very sense of the self together with its liberty',[55] and is united with its pure spiritual force, experiencing those 'feelings of sublimity' and that serenity which accompany the submission of its own power to that of grace. At this higher level of experience there appears then a new immediacy, one that may properly be termed supra-relational.

The terms 'infra-relational' and 'supra-relational' have indeed been used advisedly in order to emphasize the dialectic that seems to underlie Biran's conception of the three lives. They require, however, more precise definition, not least by reason of the often confused and confusing presentation of his argument in his later writings. Man, he states, stands midway between God and nature, spirit and matter. As a perceiving, cognizing and moral agent, he is at the junction of both. But he can move towards either of the two poles of being. 'Man is intermediary between God and nature. He is linked with God by his mind and to nature by his senses. He can identify himself with the latter, by allowing his *self*, his personality, his liberty to be absorbed therein, and by abandoning himself to all the appetites, to all the impulses of the flesh. He can also, up to a certain point, identify himself with God, by absorbing his *self* through exercise of a higher faculty which the school of Aristotle completely failed to recognize, which Platonism discerned and characterized, and which Christianity perfected by recalling it to its true type.'[56]

At the lowest level man enjoys the immediacy of sensation and feeling. As has been suggested, it is not simply relationless. Biran's descriptions tally with those of modern phenomenology in pointing to a subliminal region of consciousness, of shifting presences, indeterminate movements, tentative shapes and forms, constantly dissolving into an anonymous background. Although then this immediacy is more accurately described as infra-relational, it is certainly not yet knowledge or relation, which emerge only with the separation of mind from body and their recomposition as terms of the relation embodied in the dual structure of self-conscious experience.

At the highest level we have another immediacy but of a different type. The subject-object relation of self-conscious experience is undoubtedly transcended but, although Biran speaks of 'absorption' when describing the spiritual experience and even of loss of self, he does not mean a total merging in the spiritual absolute or Godhead. Indeed he rejects the 'mystical point of view' which denies activity to the experiencing subject or 'puts it all in God'.[57] For, whereas in the lower immediacy there is invasion of, and absorption in, the organic and matter substance, in this higher immediacy there is both identity and difference and therefore relation. It may be noted, for example, that, in the passage quoted on man's intermediate position between God and nature, while man identifies himself with nature, he identifies himself with God only 'up to a certain point'. What Biran indeed is seeking to describe is a new sort of relation or 'super-relation' similar to what phenomenologists and existentialists like Martin Buber and Gabriel Marcel term the 'I-Thou' relation of participation, characterized by complementarity and reprocity of the related terms.

The three lives or types of experience are then seen to compose a dialectic, not unlike that of the later Bradley: an infra-relational immediacy; relation; a supra-relational immediacy which combines and reconciles the first two modes, since it may be shown to involve a relation within immediacy itself and is both feeling and knowledge. This super-relation, defined by Biran in traditional theological terms as love or charity, presents the characteristics of immediacy or feeling. First, it is a participation in the absolute *qua* absolute, or as Gouhier well expresses it, 'a relation which introduces no relativity'.[58] Second, it is feeling and affectivity, which have for principal characteristic direct, immediate participation in the 'object' experienced. 'Our affective faculties proceed in an inverse manner to that of the cognitive faculties. As the *self* is the pivot and the pole of the latter, the *non-self* or absorption of the *self* in the pure objective is the first condition and the highest degree of the former.'[59] At the same time, the supra-relation has the essential characteristic of knowledge, precisely because it is a relation, although of a special sort. Although there is distinction, as required in a relation purposing to provide knowledge, there is complementarity and reciprocity of action as between the two terms, or what Marcel calls a relationship of 'call' and 'response'. For, while on the one hand the soul is in participation with the absolute and the recipient of its power, on the other it responds actively, absorbing and incorporating this power into its own existence and activity 'as an addition to its own life'.[60]

Appropriation of the absolute, affectivity and activity, feeling and knowledge, the supra-relation of religious experience constitutes a 'sort of intuitive knowledge' in which 'love and knowledge are identified'.[61]

It is important to note the difference between the status of the spiritual absolute on this higher plane and that given to it on the plane of cognition proper as described in the phase of *biranisme*. In cognition proper the absolute is present in experience only as a related and relative term. It is neither experienced nor known *qua* absolute and can therefore simply be posited as an object of belief. As such, it has no more than a logical status, very different from the existential role it is now given as a transcendent power actualized in experience and presented to the experiencing and reflecting subject as both fact and object of knowledge. This does not mean, however, that the doctrine of belief is discarded, but simply that it is now restricted in its relevance to the plane of cognition proper, where it remains valid, to what Biran calls the order of reason or *logos*,[62] which has its basis in self-conscious experience with its related and relative terms of a causal force acting upon an organic resistance for the production of perceptions and ideas.

By the discovery of this new type of relation or supra-relation Biran is able with considerable success to reconcile his phenomenological method with his ontological preoccupation. He does not renounce his earlier criticism of abstract, *a priori* metaphysics and remains faithful to his phenomenological approach. 'Metaphysics,' he asserts, 'must be founded on psychology.... on the facts of inner experience', 'without whose interpolation the mind of man loses itself in ontological excursions towards the absolute'.[63] Not that he rejects metaphysics or a properly conceived ontology, only the *a priori* type of metaphysics or ontologism which, like that of Leibniz, places itself *'ex abrupto* in the region of possibilities in order to derive therefrom actual existences'.[64] Metaphysics or ontology remains an 'abstract science, revolving necessarily on its own definitions or its conventional hypotheses... if, starting from general principles, it seeks to create or constitute itself as a science outside all given existence'. It can become a 'real and positive science' provided it bases itself on the facts of consciousness 'which it is a question of recording and not of explaining or analyzing'.[65]

Ontology (as opposed to ontologism) can establish its validity only on the basis of phenomenological description. In the phase of *biranisme* this appeared to be excluded, since in the life of self-consciousness there is no experience of the absolute *qua* absolute but only as a relative term within the mind-body relation of perception and cognition. But now it is seen that the mind can have such a simple, direct experience of the absolute, as a power infused into the soul as 'an addition to its own life', once the self has disengaged itself from body and 'the flesh has been absorbed by the spirit'.[66] Ontology can therefore be justified phenomenologically. Can it, however, be justified as a 'science of being', which is the second requirement of a fully constituted ontology? This require-ment would appear also to be satisfied, since we have an experience of the absolute that is also knowledge. Experience and knowledge are reconciled and with them the phenomenological description and the ontological reflection. The philosophy of being is founded experientially and the basis laid of a phenomenological ontology which avoids the twin pitfalls of ontologism on the one hand and mysticism on the other.[67]

The sense of Biran's philosophy as a whole lies in this fidelity to concrete experience, and the dialectic which it involves is itself founded on an existential dialectic, proceeding from the experience of body through self-consciousness to experience of the Godhead. Thus he writes, referring to the last two stages: 'It is first of all necessary that the self should constitute itself a centre in order to know things and to know itself as distinct from all the rest; but when knowledge is acquired, there appears the idea of a higher end than what is known by the mind and to which the self refers itself with all that it knows or thinks.'[68] To each successive stage in the dialectic of experience there belongs a specific 'sense' or mode of awareness, coenesthetic, apperceptive, intuitive. And, as an in-teresting note on the doctrine of palingenesis would suggest, the higher sense may be 'enveloped' in the lower, as the organic may be enveloped in matter, mind in the organic and spirit in mind.[69]

To record and describe the content of each of these specific modes of experience and the 'being of Being' which each reveals is the task of an ontologically orientated (but not ontologizing) phenomenology.

In Maine de Biran we find an early attempt to establish philosophy on a phenomenological basis. His method is neither ontological in the traditional sense, deducing existents from *a priori* concepts, nor is it psychological although he often applies this adjective to it, for it is not concerned with mere states of mind and their analysis and causes. He is concerned rather, as in modern phenomenology, with the 'science of meanings', that is the description of the various modes in which being 'appears to' consciousness and 'for' consciousness: both the various senses and meanings that being discloses of itself to the experiencing and reflecting self and the various modes of the self's existence, its structures, intentions and projects through which being effects these disclosures of its meanings. At the centre of his thinking is a realism which places the self in the world, in contact with being, as a sense-giving and sense-revealing activity. To this new 'science' Biran gives the name of 'anthropology', a term that indicates, in a manner acceptable to the contemporary phenomenologist, his concern with man as a whole, mind and body, and with the whole range of senses and values and the whole range of experiences in which they are disclosed — sensational, emotional, perceptual, cognitive, moral and religious — each characterized in its specificity, but all brought back to their concrete origin and ground in the fundamental existential relation of a self orientated towards Being and a Being presented to self.

[*Journal of the British Society for Phenomenology*, I, 24-37]

[1] *Causeries du lundi*, Paris, 4th edition, XIII, 306. Translations are throughout the present writer's.

[2] *Journal intime*, May 5, 1815 (ed. Valette-Monbrun, Paris, I, 1927),149.

[3] *Journal*, March 15, 1819, (ed. H. Gouhier, Neuchâtel, II, 1955), 217. This edition will be referred to as G.

[4] Harvard University Press, 1959.

[5] *Réponses aux arguments contre l'aperception immédiate. Réponse à Stapfer, Œuvres*, ed. Tisserand, Paris, XI (1939), 427-8. This edition will be referred to as T.

[6] *Méditation sur la mort*, T.I (1920), 6.

[7] *Cahier Journal*, T.I, 149-50.

[8] *Notes sur l'influence des signes*, T.I, 283.

[9] Although Biran had some acquaintance with the Scottish school, his distinction differs from theirs. Reid's common sense philosophy, he observes, could equally be called a 'philosophy of habit' (on Reid, Condillac, Tracy, see T.XI, 199). For Biran perception involves the exercise of the mind's essence as a causal force, for Reid (and even more for Dugald Stewart) the application of built in dispositional factors.

[10] *Rapports du physique et du moral de l'homme, Corpus général des philosphes français* (Paris, 1956), XLIV, 1, *Préface*, 109-15.

[11] *De l'Amour* (ed. G. Chinard, Paris, 1926), pp. 2-3.

[12] See *Mémoire sur la faculté de penser (Mémoires de l'Institut National des Sciences et des Arts pour l'An IV de la République, Sciences morales et politiques*, I).

[13] *De l'Aperception immédiate* (ed. J. Echeverria, Paris, 1963), pp.200-1.

[14] *Influence de l'habitude sur la faculté de penser*, T.II (1922), 307-8. By extension, Biran argues that 'no affection is imitable strictly speaking' and that therefore there is no 'true' (or 'representative') memory except of perceptions, since they alone bring the mind's causal activity into play and are accompanied by an apperception of the self as a causal activity. For this reason 'the hand and the voice alone joined with hearing are sole imitative senses par excellence, they alone too communicate the form of apperception and reminiscence to all the sensations or intuitions with which they may be associated.' (*De l'Aperception immédiate*, p.201).

[15] *Réponse a Stapfer*, T.XI., 404-5: *Des Rapports des sciences naturelles avec la psychologie*, T.X (1937), 93-4.

[16] *Nouveaux essais d'anthropologie, Œuvres inédites* (ed.Naville, Paris, Vol. III, 1859), 409-10. (This edition will be referred to as N.) Cf. *Exposition de la doctrine philosophique de Leibniz*, T.XI, 489).

[17] *De l'Aperception immédiate*, p. 146.

[18] 'The self is as immediately aware of its causal power as it is of its existence.' (*Réponse à Stapfer*, T.XI, 426).

[19] *Rapports des sciences naturelles*, T.X, 100.

[20] *Réponse à Stapfer*, T.XI, 423.

[21] Ibid. p. 410.

[22] Quoted by J. Wahl, *Tableau de la philosophie française* (Paris, 1946), p.102.

[23] *Journal*, October, 1823, G.II, 409. Biran also notes that this tendency to hypostatize one or other of the two terms results from the customary forms of language which 'lead us to realize abstractions'. (*Influence de l'habitude*, T.II, 309).

[24] *Réponse à Stapfer*, T.XI, 423.

[25] *Rapports des sciences naturelles*, T.X, 97-8.

[26] *Nouveaux essais*. N.III, 541.

[27] Ibid, p.432. Cf. *Note sur l'écrit de M. Royer-Collard*, T.X, 312-13.

[28] He distinctly states that the absolute is present in the relation of experience, even if it is as a term of the relation. The distinction he makes between phenomenon and noumenon is designed to further the distinction he goes on to make between knowledge and belief and not, as might be said of the Kantian distinction, to cut the cognizing subject off from being. 'The phenomenon and the reality, being and appearance coincide...in the consciousness of the self, identical with the immediate experience of the force, or of the cause acting through the will.' (*Nouveaux essais*, N.III, 412).

[29] *Rapports des sciences naturelles*, T.X, 125.

[30] Ibid., p.102.

[31] *Réponse à Stapfer*, T.XI, 423.

[32] Biran recognizes that Kant makes a similar distinction (*Essai sur les fondements de la psychologie*, T.VIII, 1932, 271). He appears to refer here to Kant's Latin dissertation of 1770 *De Mundi sensibilis atque intelligibilis forma et principiis*.

[33] *Réponse à Stapfer*, T.XI, 428.

[34] Ibid., p. 427.

[35] Ibid., p. 428.

[36] *Essai sur les fondements de la psychologie*, T.VIII, 267-9.

[37] Ibid., p. 269.

[38] *Réponse à Stapfer*, T.XI, 427.

[39] For a further development of this phenomenological view see the writer's *Bergson* (Bowes and Bowes, 1957), Chap. VI 'Meanings and Intentions': also above with particular reference to Husserl, 'The Phenomenological Philosophy in France'.

[40] *Note sur l'écrit de M. Royer-Collard*, T.X, 312.

[41] *Les Conversions de Maine de Biran* (Paris, 1948), p. 285.

[42] *Notes sur la philosophie de Kant*, T.XI, 279.

[43] *Journal*, G.III, 5.

[44] Op. cit., p. 353.

[45] *Nouveaux essais*, N.III, 467.

[46] Ibid., p. 521.

[47] *Journal*, March 13, 1822, G.II, 354.

[48] For an extended analysis of these concepts see above "The Phenomenological Philosophy in France".

[49] *Commentaire sur les Méditations Métaphysiques de Descartes*, T.XI, 146. My italics.

[50] *De l'Aperception immédiate* (ed. Echeverria), p. 153.

[51] Ibid., pp. 155-66.

[52] *Nouveaux essais*, N.III, 521.

[53] Ibid, p. 522.

[54] *Journal*, 1811-12, G.III, 32-3.

[55] *Nouveaux essais*, N.III, 521.

[56] Ibid., p. 515.

[57] *Journal*, June, 1820, G.II, 279. See also his criticism of Malebranche on this score, *(Notes sur Malebranche*, T.XI, 160-1; *Journal*, January 2, 1819, G.II, 200). Cf. also *Notes sur l'Evangile de Saint Jean*, N.III, 303.

[58] Op. cit., p. 351.

[59] *Nouveaux essais*, N.III, 529-30.

[60] Ibid., p. 541.

[61] Ibid., p. 548.

[62] Ibid., p. 541.

[63] *Journal*, January, 1819, G.II, 200: *Nouveaux essais*, N.III, 541.

[64] *Essai sur les fondements de la psychologie*, T.VIII, 293.

[65] Ibid., p. 270.

[66] *Nouveaux essais*, N.III, 524.

[67] Cf. P. Fessard, *La Méthode de réflexion chez Maine de Biran* (Paris, 1938), pp.120-1.

[68] *Nouveaux essais*, N.III, 529; cf. Ibid., p. 525.

[69] Ibid., p. 477, note 1. The reference is to Charles Bonnet, *La Palingénésie philosophique* (Geneva, 1769).

Ideas and Literature in France in the Twentieth Century

This paper offers a rapid personal assessment of the relationship between ideas and literature in the twentieth century in the light of recent work and as the present writer thinks it might appear at this particular moment of its course. For the purposes of the paper I take 'ideas' to mean philosophical ideas, as these are obviously the relevant ones for this literature.

These sixty years fall naturally into two parts, with the dividing line somewhere in the thirties. The year 1938 sees the publication of Sartre's *La Nausée,* which might be said to inaugurate the phase of existentialist literature that we associate with the late war and post-war. In philosophy, this contemporary period is somewhat anticipated, since from 1930 we have the first translations and the first accounts of the major sources — Kierkegaard, Husserl, Heidegger, Jaspers, etc. — and the first French applications of the phenomenological method to philosophical problems.

In the history of ideas the twentieth century in general marks a return to the 'concrete', that is to the study of mind in its actual processes and operations. In the first period this takes the form of a new assessment of the dynamic structure and content of experience and cognition: a breaking-down of the older, traditional rationalism, with its faith in conceptual constructions and systems, and an awareness of the dynamic, immediate processes that underlie all conceptualization and all system.

The first trend is the new 'intellectualism', as it has been called. This stems in part from the late nineteenth-century neo-Kantism or 'neó-criticisme' of Renouvier and more particularly, at the turn of the century, from that of his disciple O. Hamelin *(Les Eléments principaux de la représentation,* 1907), the upshot of whose 'synthetic' or dialectical deduction of the categories is the distinction made between the 'system of representations' constituted by mind and the mind itself as a constituting and therefore temporal, historical activity. Its main representative, however, is L. Brunschvicg *(Nature et Liberté,* 1921), who like Kant, envisages reason's function as that of interpreting experience. But, for Brunschvicg, it does so not in terms of *a priori* principles. It forges its own principles, revising them constantly in contact with experience by a process of verification. In this way it reduces fact to system, but there is no finality about the system. The life of mind is one of perpetual re-invention, and history itself is seen as a 'progrès de la conscience'. In similar fashion E. Meyerson (*Identité et Réalité*, 1912) and A. Lalande (*Les Théories de l'induction et de l'expérimentation*, 1929) see the life of mind as an unending effort to reduce the irrationality of experience to rational identity; E. Boutroux (*De la Contingence des lois de la nature*, 1874) exhibits the contingent character of the laws of nature, constantly subject to revision; H. Poincaré (*Science et Hypothèse*, 1902) affirms the conventional nature of mathematical and scientific principles as 'commodities' or tools of a thought which is itself process.

In this way a whole new conception of scientific method develops, which G. Bachelard has expounded in *Le Nouvel esprit scientifique* (1934) and later in *La Philosophie du Non* (1940), where he shows that the fundamental concepts of physics, far from being simple, abstract, *a priori* notions, are forged, continually revised and rendered progressively concrete in the course of experiment by virtue of a *dialectic* which negates the concept at each stage and prevents its immobilization.

Valéry here comes into this context, with his definition of consciousness as a pure 'capacity' or power of creating relations and ordered systems, but itself transcending any of its systems, being 'l'origine commune de toutes les opérations de l'esprit'. Mind must retain its 'capacité de nier', its life consisting in the constant negation of its systems and in the refusal to be immobilized in them or in any 'idée fixe'.

The second trend is Bergsonism, which emphasizes the pre-rational factors in mental activity. It is prepared by Guyau's 'philosophy of life', A. Fouillée's doctrine of *idées-forces*, which stresses the emotive and dynamic power of ideas, and by Ribot's studies on affective logic and affective memory. Bergson himself directs his attack against the intellect, which substitutes spatialized representations, identity, quantity, discontinuity for the immediate data of consciousness revealed in intuition — duration, pure time and memory. So doing he initiates a new dynamic psychology that envisages the mind as process, as an ever novel mobilization and actualization of inner resources, past and present.

Developments in psychology are too numerous to mention. Suffice to say that they all bring to light the dynamic structure of mind. In the twenties an all-important influence is that of Freud, who initiates the psycho-analytical study of unconscious motivation. (We still require a comprehensive study of Freud's influence in French thought and literature of the period).

If we turn to the literature of this period two influences stand out: Freud, to a limited extent, and Bergson. Bergson's influence, as R. Arbour has shown in *Henri Bergson et les lettres françaises* (1955), is more diffuse than specific. Neither Neo-Symbolism nor Surrealism, with its 'imagism', owe anything to him. On Proust his influence may be greater than the latter admitted, but — and recent studies of Proust have perhaps not emphasized this sufficiently — Proust's search for identities and permanent, supra-temporal essences is the converse of Bergsonism. In general, what influences is the psychological element in Bergsonism. This applies even to Péguy, one case of specific influence, whose thought, in spite of its tragic dimension, remains fundamentally immanentist.

In pure literature it is the 'psychologisme' that is its main feature. Freud combines with Bergson to open up the vista of a new 'psychologie en profondeur', which novelists like Mauriac and Duhamel — and even the early Malraux, whose 'métaphysique' of violence is first a psychology of violence — are quick to exploit. No means of self-exploration or self-exploitation is neglected: Alain-Fournier and Giraudoux and the experience of the marvellous; Supervielle and the poetry of cosmic experience; Romain Rolland and the cult of sincerity; Drieu La Rochelle and the cult of action; in religious experience everything from Rivière's and Du Bos's intimations of grace to Léon Bloy's inflamed mysticism. Surrealism too, in spite of its transcendentalist claims, seems with its cult of illogicality and dream largely a 'psychologisme'.

As for the great names, Gide is the very incarnation and triumph of the psychological and of self-cultivation. And, although no one can deny the metaphysical import of Proust's search for trans-subjective essences, it is still true that his illuminations are located in an experience *sui generis*, highly subjective. B. Crémieux was perhaps correct in speaking of his 'surimpressionnisme' (*XXe Siècle*, *lèresérie*). Even J. Romain's Unanimism is a sort of higher subjectivism, as are the revolutionary philosophies of Sorel and J.-R. Bloch.

In short, this literature is the triumph of psychological introspection. It marks the birth of a new dynamic psychology, bringing with it the final breakdown of system. But it is still psychology. The key concept is the 'moi', the motive self-exploration and self-exploitation. (One might note the importance of the problem of 'sincerity' at this time, in Gide, Rivière and Fernandez; one might say that it constitutes the central theme of the N.R.F.). The key concept of the thought and literature from the forties onwards is not however, the self, but 'l'être-au-monde'. The problem is not a psychological, but an ontological one; it concerns not 'le moi', but 'l'homme en relation' or, better, 'l'homme en tant qu'être-en-relation'.

The concept of 'l'être-au-monde' is prepared in various ways in the earlier period. One might mention the rôle of Neo-Thomism (Maritain, Gilson) in rehabilitating philosophical realism; the Freudian recognition of the 'soubassements concrets' of the self's existence; the Marxist awareness of the individual's implication in the economic and social structure. As regards the last, in particular, Merleau-Ponty in *Sens et Non-Sens* has shown the relationship between Marxism and Existentialism.

Among the main philosophical trends there is the 'réalisme spiritualiste' or 'philosophie de l'action" of M. Blondel (*L'Action*, 1893), which descends directly from the 'philosophie de la conscience' of Maine de Biran and his nineteenth-century followers, Ravaisson, Lachelier and Lagneau. Blondel's dialectic proceeds by a 'voie d'immanence' to reveal the presence of Being immanent within the self's activity. The self is 'engagé' in an omnipresent field of potential action, value and meaning, which it actualizes in its particular acts and sense-giving activities.

There are, however, more direct ancestors of the new philosophy. Bergson, first of all. The revival of Bergsonian studies, due to H. Gouhier, J. Wahl and others, and centred in the *Etudes Bergsoniennes* is a marked feature of the post-war. In his *leçon inaugurale* at the Collège de France (1953) Merleau-Ponty recognized Bergson as a precursor. The nerve-centre of Bergson's thought is seen to lie in his theory of perception expounded in *Matière et Mémoire*, which accounts for perception and cognition itself in terms of acts, which take place below the level of conceptual thought and which have a physical and a mental side, whereby consciousness emerges from a brute, undifferentiated field, selects therefrom sensations and memory images, creating patterns and meanings, which it holds together in a duration, constituting in this way both the self and the world 'for' the self, and, finally, projecting these meanings and senses in patterns of behaviour — speech, action, constituted image.

Secondly, Valéry, whose influence tends in the same direction, although recent studies on Valéry may not always bring this out as fully as it might be (Dr. F. Sutcliffe's *La Pensée de Paul Valéry*, 1955, provides the elements for this interpretation). Valéry also pictures consciousness as emerging from an undifferentiated field — 'l'Implexe' or 'l'en-soi' — and by its acts of selection constituting both a 'personality' and a world 'pour soi', thereby bringing into existence meanings, which again are projected in symbolic form — speech, action, etc. — through the instrument of the body. (It is interesting to note that the terms employed by Valéry are those of Sartre, who shares with Valéry the conception of consciousness as a 'flaw' within absolute Being.) With Valéry should be linked the name of Alain, in whom we find the same theory of the cognitive and imaginative process, involving a similar insistence on consciousness as sense-giving act — in process, not yet completed in the concept — and a similar insistence on the immediate experience of the body as the instrument for the projection of meanings.

Mention has been made of Maine de Biran, the revival of interest in whose thought from the thirties onwards (cf. H. Gouhier, *Les Conversions de Maine de Biran*, 1948, and his edition of the *Journal*, 1954-57) is another striking feature of the period. Le Senne in his *Introduction à la philosophie* claims that he is the initiator of existential thinking in France. Indeed, Biran's 'anthropologie' is what we would call a 'phenomenology'. His reflexive method reveals consciousness as act, but as suspended between two poles; at one pole, immersed in body and matter, the realm of the 'infra-relational'; at the other, in spirit, the realm of the 'supra-relational'. The life of consciousness lies between, being composed of two terms, body and mind in relation, where mind detaches itself from its implication in the world and introduces relations, constituting the world as meaningful and the self as existent.

Chronologically, one should place here the two representatives of 'la philosophie de l'esprit', L. Lavelle and R. Le Senne, although they are also rightly claimed as existentialists proper. Lavelle, too, *(La Présence totale,* 1934) pictures consciousness as an act, 'engagé dans une nature' through the body, constituting the world in space and time; an act which takes place against an unlimited field of potential activity, which is Being or Pure Act and is the source and ground of all particular sense-giving acts. Le Senne *(Obstacle et Valeur,* 1934) deals with valuating activity or the 'ideo-existential relation' (ideo-existential because it is the ante-predicative source of concept and idea). Values emerge by reason of the 'obstacle' provided by the self's bodily, finite situation — for only by limitation, determination and selection can values come into existence. But they do so against an undifferentiated transcendent field of potential value, which is the ground and source of any particular value actualized.

These meet with influences from outside France to form existentialism. By the beginning of the war the main sources are known, either in translations or in studies, such as: G. Gurvitch, *Les Tendances actuelles de la philosophie allemande* (1930); E. Lévinas, *La Théorie de l'intuition dans la phénoménologie de Husserl* (1930); J. Wahl *Vers le Concret* (1932), *Etudes Kierkegaardiennes* (1938). Other translations and studies cover, in addition to Kierkegaard, Heidegger, Jaspers, Scheler, Landsberg and S. Franck. And to these we must add the revelation of the Hegel of the *Phenomenology,* an essential source for the concept of the negativity of consciousness: J. Wahl, *La Conscience malheureuse dans la philosophie de Hegel* (1930). (The development of Hegelian studies since the war owes much to J. Hyppolite, *Genèse et Structure de la Phénoménologie de l'Esprit de Hegel,* 1946).

Already, too, we have the first products of existential thinking in France. Marcel, whose existentialism is independent of foreign sources, published his *Journal Métaphysique* in 1927. *Recherches Philosophiques,* the philosophical organ of the movement, appears from 1931.

Existentialism places the self firmly in the world. But his being is a contingent one, for he can only achieve personal existence by transcending brute, unreflected existence, and this he can only do by his decisions which, to be 'authentic', must be the outcome of his own responsible choice. It is this contingence that makes for the 'absurdity' of existence.

Sartre and Marcel represent the two currents of existentialism. Sartre sees consciousness as emerging from the brute existence of the *en-soi* where all is coincident, as that which negates or annuls it, introducing 'distance' or 'nothingness'. So that personal existence involves necessarily negation of all constraining essences, the immediacy of the world and of 'autrui', the self's very past. It becomes the 'project' of an untrammelled freedom creative of values of which the self is the sole source. For Marcel, on the other hand, the personal life consists in the restoration of the original ontic bond between self and world, a bond broken by the 'primary reflection', which transforms others into objects or instruments, and remade by the 'secondary reflection', which inaugurates the life of communion and fidelity.

The two existentialisms meet in making man responsible for his being and in condemning the 'unauthentic' life, the escape from decision into the unpersonal life of the 'on', the 'mass', the mere 'general'. They differ, however, in their view of the relation between self and world. Both agree that the self can come into existence only in relation to the world but, whereas for Sartre the world, including others, is itself devoid of value and a mere ground for the self's unconditioned creation of wholly individual values, for Marcel it is a field of potential value which the self realizes and brings into effective existence by its acts, so that existence is a mutual creation, self and others bringing each other into personal existence and realizing each other's freedom within an intersubjectivity that makes possible a universalization of values.

The difference is not so much between atheistic and Christian existentialism as between an existentialism of unconditioned freedom and an existentialism of participation. Most existentialisms fall fairly readily into one or other of the two categories. The Nietzschean mysticism of G. Bataille *(L'Expérience intérieure*, 1943) would fall into the first; so too R. Polin and his 'nihilist' theory of valuation and denial of transcendence *(La Création des valeurs*, 1944). Merleau-Ponty, however different the conclusions and tone of his thought from those of Marcel, falls into the second, as does E. Mounier and the 'personnalisme' of *Esprit* which, under the influence both of Marxism and of Berdyaev, Landsberg and Chestov, sees the individual as realizing himself as a 'transfinite' person through the community — 'la personne des personnes'. Camus might also be placed in this category, for, if he starts from a position of pure self-assertion in an absurd world, he evolves, as Dr. Cruickshank suggests *(Albert Camus*, 1959), towards the acceptance of certain fundamental, humane values and thereby restores communion and universality. On occasion, this sense of personal communion, of the 'présence sacrée' of things and others attains to lyricism, as in the philosophy of Jean Lacroix or in the poetry of

Saint-John Perse. Nor is the lyrico-existential note absent from the poetry of Claudel, particularly the poet of *Les Cinq Grandes Odes*, whose philosophy itself centres round the 'co-naissance' of self and world in the mystery of cognition.

It is, however, as phenomenology that the link between existentialism and contemporary literary trends is best seen. Phenomenology goes back to the 'ante-predicative', pre-conceptual root of cognition. There consciousness appears as a sum of 'intentions' or acts aimed at constituting the world as meaningful. Primarily immersed in the world, as Merleau-Ponty shows, in its perceptions and thoughts it selects in accordance with its particular intention or 'perspective' certain potential meanings or values offered by the world and renders them explicit, so constituting a world 'for itself' — a certain 'sense' or 'manière d'être' of the world — against the background of the whole, which remains as the 'horizon' of the constituted meaning. These meanings it then projects in the form of behaviour — speech, action, concrete image.

The phenomenologist is concerned with the description of those various meanings of the world, grasped at their moment of concrete, not yet conceptualized expression, in image, symbol, act, and of the intentions which underlie them. Bachelard *(L'Eau et les rêves*, 1942, etc.; *La Poétique de l'espace*, 1957) describes the 'worlds' of the imagination or 'rêveries matérielles'; Sartre *(Esquisse d'une théorie des émotions*, 1939) the 'worlds' of the emotions; V. Jankélévitch *(La Mauvaise Conscience*, 1933; *L'Ironie*, 1935) the 'worlds' constituted by the ironic consciousness and 'la mauvaise conscience'; R. Ruyer *(Le Monde des valeurs*, 1948) the 'worlds' constituted by the diverse valuating activities; Brice-Parain *(Recherches sur la nature et les fonctions du langage*, 1942) the 'worlds' of linguistic expression itself.

What is perhaps of most significance is the mystical foundation of this way of thinking. It is constantly asserted, especially by Merleau-Ponty in his *Phénoménologie de la perception*, that the constituted meanings and values exist against a background of implicit sense and values, a horizon of anonymous being that transcends all relation and all particular senses and values, although it is their ground and source. This anonymous background is the non-sense against which sense appears, the 'mystery' of which both Marcel and Merleau-Ponty speak and which inhabits, and is an integral part of, every experience, cognitive, emotional, imaginative. This is so by reason of the 'negativity' of consciousness, for values and senses can only 'appear' by limitation and negation. Moreover, this negativity is dialectical, since it is essential to consciousness that it creates ever new senses and expressions of value, destroying the old and plunging them back into the anonymous horizon.

The mystical trend is present throughout this thinking. R. Ruyer shows how values may be grasped concretely and the 'worlds' in which they are embodied described, but value itself, their ground and source, escapes localization and description. It is for similar reasons that Lavelle in his *De l'intimité spirituelle* (1955) repudiates the possibility of a 'science' of values. F. Alquié in *La Nostalgie de l'être* (1950) describes the 'nostalgie de l'être' that is implicit in all thinking, although thoughts themselves involve a repudiation of Being as totality. J. Wahl in his *Traité de métaphysique* (1953) and *Vers la fin de l'ontologie* (1956) envisages beyond the relational consciousness an ultimate trans-relational ground (what G. Blin, speaking of Wahl, has described as the 'non-savoir' at the root of every 'savoir'). We should relate to these views the negative theology of Morot-Sir and especially Simone Weil, who emphasizes the non-belief at the ground of belief itself, which by its nature cannot be localized or designated.

Another two interesting thinkers of this type are E. Lévinas and V. Jankélévitch. The former (*De l'existence à l'existant*, 1947) sees consciousness as emerging and detaching itself from an anonymous field or night — 'Il y a' — which is not individual existence, not even Being, not even God, but 'the absence of God' or *Urgrund*. By so detaching itself from the background consciousness allows Being to be revealed and subject and object to be determined. Authentic personal existence must, however, transcend the determinations of consciousness and adjust itself to the *Il y a*, 'absence' or 'silence'. Very like Lévinas's *Il y a* is Jankélévitch's 'Quod' *(Philosophie première*, 1954), the source of the 'quodditative' or creative virtues, which inflow by way of a sort of grace. (Cf. Dr. Colin Smith's article on Jankélévitch in *Philosophy*, 1957.)

This mysticism has its chief literary exponent in M. Blanchot *(La Part du feu*, 1949; *L'Espace littéraire*, 1955), who pinpoints a whole new attitude to language. A main feature of today is the breakdown of the notion of general meaning, and with that, the loss of confidence in language as an instrument of meaning and communication. We see it expressed in the plays of Ionesco and in the Lucky of Beckett's *En attendant Godot*. R. Queneau's *Zazie dans le métro* is perhaps the supreme ironic assault on what Roland Barthes

(*Critique*, 1959) has called the "méta-language" of everyday cliché. Zazie's restricted vocabulary is the bedrock of a language which has lost its efficacy. Her one expression is the cliché itself reduced to its ultimacy and thereby annulling itself.

Blanchot represents an attempt to restore language as a sense-giving activity. As such, he sees it as imbued with negativity. It endows words with sense, but against a background which, while it is the ground of sense, is itself non-sense. And by its very negativity it is driven to a continual *dépassement*, to constitute a sense and then to plunge it anew into non-sense. So that literature and language are a process of affirmation and negation without end; they exist only to 'ne rien dire'. Beyond all that can be said and is said is the 'unsayable', of which Wittgenstein speaks in his *Philosophical Investigations*, but this 'unsayable' is the horizon and integral part of what is said. Indeed, it is the impossibility of ever giving a final sense, the very non-sense that inhabits language, which makes sense possible and restores their powers to language and literature. Just as for Heidegger the knowledge of death as ultimate end gives back to human action its importance, so the awareness of the contingence of language restores to it its role as a sense-giving activity.

This special import given to language can be seen in Malraux's assertion that the essence of art is not content but style, or in J. Paulhan's attempt to reconcile the 'necessity' of linguistic structure and the 'mystery' of sense, as against the 'rhétoriqueurs' on the one hand and the 'terroristes' on the other (*Clef de la poésie*, 1944); in poets like H. Michaux, for whom language forms part of the 'espace du dedans' or area of selfhood beyond the cliché-ridden world, from which the poet can reconstruct a world of sense and transcend life's anonymity; or F. Ponge for whom poetry consists in the careful linguistic expression and transcription of the object as directly 'cerné' by the mind; or R. Char, who uses language as an explosive power to project in imagery an *expérience vécue* against a background of silence. All these poets start from doubt in the very possibility of poetry and find an issue in an act of faith in language restored to its 'innocence' as a sense-giving power.

Contemporary French writing lives under the sign of crisis, of what Paulhan in *Les Fleurs de Tarbes* has called 'la terreur' — a loss of confidence in its genres and techniques which reflects the scepticism embodied in existentialism and phenomonology and directed against the general, the abstract and the conceptual. And just as they return to the root of cognition in ante-predicative experience, so does literature.

This may explain the breaking up of traditional forms and genres at the present time. It represents primarily a rejection of the psychological, for the self is no longer seen to be the unit of cognition and experience it was thought to be. Because, although meanings come into existence through the self's intentions and acts, they are not located there. They are not subjective modes but 'manières d'être du monde'; they are not psychological but 'mundane' phenomena.

Hence the new trends in criticism and the novel. The characteristic of the criticism we associate with G. Poulet and, particularly, J.-P. Richard is the concentration on the 'worlds' of the writers studied. Not only is the method one of pure description, hostile to biographical analysis and to the intrusion of judgments on the works, but it is indifferent to whether the writer studied is poet, novelist or essayist. It is not a 'self' that is studied but a certain 'manière d'être' of the world — a system of meanings grasped at the immediate level of its dynamic projection in image and symbol. In some ways this criticism is an 'anti-critique'.

Similarly with the 'anti-roman' of M. Butor, A. Robbe-Grillet and N. Sarraute. It has precursors in Sartre's *La Nausée*, Camus's *L'Etranger*, Blanchot's *Thomas l'Obscur* and perhaps in the novels of P. Gascar. There the interest shifts from the hero to the 'world' he projects, a world existing in its own right and conveyed with full weight of meaning — of menace, of nothingness, of fear. In the 'anti-roman' itself the self vanishes as a centre of integration and with it the usual props of the novel — plot, character, chronology. We are left with the 'object' freed from subjective attachments and from events — patterns, shapes, meanings. Here indeed the mystical basis of phenomenological thinking comes into its own, for these senses of the world are shown against a shifting background of obscure, possible sense, a total field of non-sense from which they emerge and into which they retreat. In novels such as Robbe-Grillet's *Le Voyeur* or Butor's *Degrés* all is interconnection, implication, nothing begins, nothing ends; everything is 'en question' and no final solution to the action or story is provided. The novel seems to exist simply to prove its own impossibility.

There is something similar in the poetry of Ponge, Michaux and Char, which might be said to be a sort of 'anti-poésie' in its refusal of lyricism and its concentration on the object for Ponge, the image for Char and Michaux, and in its conception of poetry as an unending production existing, as Blanchot would say, to 'ne rien dire'.

The climate of ideas has led literature to question itself and to seek a new innocence. Nevertheless, this search raises serious problems both for the writer and the critic. The destruction of forms, traditional techniques and genres has for outcome to remove all distinctions; between literature and philosophy, poetry and the novel, the novel and the essay. Can the old techniques and genres be re-integrated into this type of literature? Or must we envisage some sort of "universal literature" or 'universal literary form' which will be simply description of the world and of its meanings and, like *Le Livre* of Mallarmé, 'anonyme', 'sans voix d'auteur'?

[Unpublished paper read at the Annual Conference of the Society for French Studies, St. Anne's College, Oxford. March 1960].

Le Relatif et l'Actuel
En marge des pensées d'Alain[1]

« Car ce n'est point le besoin d'agir sur les choses qui nous conduit à une connaissance aux yeux fermés; mais c'est la pure action toujours première, l'action dans le jugement, qui au contraire nous ouvre les yeux, et vivifie, à travers les idées, jusqu'à l'expérience[2]. » Si l'on se rappelle que c'est le Pragmatisme qui se trouve ici en cause, aucune citation ne saurait mieux définir la philosophie d'Alain par rapport au volontarisme commun comme par rapport à l'idéalisme moderne, ni en délimiter plus sûrement la portée. Car si Alain est connu avant tout comme le philosophe de la relativité, se préoccupant constamment de « démêler le rapport de l'idée à la chose », il ne faut pas oublier qu'il a été, par les thèses puissantes de l'imagination actuelle et de l'improvisation poétique, un de ceux qui, avec M. Paul Valéry, ont renouvelé l'esthétique française au lendemain de la guerre; et que probablement plus d'un penseur à venir verra dans l'esthétique son apport le plus original à la critique d'idées, car dans ce domaine il s'est révélé pleinement ce qu'il n'était peut-être qu'en puissance dans la philosophie de l'Entendement — *le théoricien de l'actuel.*

Une courte digression sur le relativisme me permettra de définir ce terme quelque peu obscur. Une fois la notion de l'idée absolue détruite, et l'idée de la relation acquise par la philosophie du XIXe siècle — ce qui fut le travail des positivistes et des hégéliens — la vérité fut dénommée tout de suite « relative »[3]; d'où on conclut que la science ne pouvait renseigner nullement sur la véritable nature des choses, et qu'elle se voyait condamnée à opérer sur un monde intermédiaire de lois ou bien sur la « nature artificielle » de la technique. Ce premier relativisme fut à l'origine de toute une série de tendances philosophiques équivoques : il fut à l'origine de la théorie de la « commodité » chez Henri Poincaré comme du positivisme mécaniste de Georges Sorel et, si étranger que M. Paul Valéry soit au positivisme, son symbolisme n'en dérive pas moins de là.

Et surtout, par la séparation trop brusque qu'il maintenait entre l'esprit et la nature, entre le mathématique et le réel, il identifiait

volontiers la notion de relatif avec celle d' « inadéquat » ou
d' « impur ». D'où naquit la tentative réaliste de M. Bergson, basée
sur l'opposition du pur et de l'impur; car, comme l'a si bien
démontré M. Meyerson[4], il y a une ontologie spontanée de l'esprit,
et lorsque celui-ci est privé d'un réel objectif, il se crée une réalité à
l'intérieur de son propre flux, en niant le monde et l'actuel au profit
d'une prétendue réalité *virtuelle*; de sorte que cette négation sembla
bientôt être le corollaire nécessaire du relativisme, et de monde
intermédiaire indépendant, les lois devinrent ou bien un système
tautologique ou bien un monde *inférieur*; conclusion fondée,
notons-le, sur une définition pour le moins équivoque du terme
« relatif ». Il y avait cependant entre le positivisme et la philosophie
du pur une autre voie ouverte à la pensée soucieuse de maintenir à
tout prix les lois — le volontarisme; entre l'affirmation du caractère
simplement idéal des vérités et celle de leur insuffisance totale
restait la croyance à leur fondement dans la volonté. Et ici nous
rejoignons Alain qui a pris plus d'une fois le chemin frayé par
Renouvier, quitte à en sortir toutefois par une vue plus intellectualiste capable de redresser le jugement volontariste commun.

Mais, commodité, purisme, volontarisme, il s'agit toujours, dans
une mesure plus ou moins grande, de refuser au relatif toute prise
vraiment intime sur le réel et d'y voir un instrument puissant de
désintégration et de « dépoétisation », pour employer une
expression heureuse de Minkowski[5], au service du dualisme naïf.

Il semble bien que la seule notion de relativité soit insuffisante
pour décrire le caractère essentiellement *objectif* et *cosmique* de nos
lois dites « de l'esprit » ou de nos idées telles qu'elles s'expriment
dans nos plus purs jugements sur le monde; comme elle est
insuffisante d'ailleurs pour rendre compte de l'intervalle qui sépare
la spontanéité des sentiments de la personnalité créée, ou le projet
de l'œuvre d'art; à moins qu'on n'affirme une certaine *correspondance*
entre les « créations de l'esprit » et l'univers, et qu'on ne leur
reconnaisse un élément d'*actualité*.

Car le relatif, tout comme l'infini, pour en croire la mathématique nouvelle, n'est pas un simple terme descriptif et comme un
attribut de l'idée; il n'y est pas extérieur ainsi que le positivisme
voudrait qu'il fût; au contraire, il est l'étoffe même de l'idée et de
l'univers à la fois et ne se définit que par rapport à certaines
relations bien réelles et bien matérielles, elles-mêmes relatives à
d'autres en tant qu'aspects *isolés* de l'univers, mais toutes reflétant à
titre égal un fond de relatif irréductible; de sorte que chacune de

nos idées et, non moins, chacune de nos actions, est relative dans le sens très concret qu'elle ne se formule (ce qui fait paraître l'identité de la « formule » et de l' « actualisation ») que par rapport à un dynamisme indépendant, à un « polype » de conditions qui la dépassent toujours et dont la réalité garantit son caractère adéquat. Ainsi nous proposons de remplacer la notion de relatif idéal par celle, plus en harmonie avec le savoir et les besoins contemporains, du *relatif actuel*. Et c'est la Théorie de la Relativité qui, en généralisant, en objectivant et, pour ainsi dire, en déshumanisant le relatif, a rendu possible cet accord nouveau entre le relatif et le réel réclamé par des penseurs tels que Russell, Whitehead et Minkowski, et qui fait prévoir une synthèse dans l'actuel.

C'est donc comme théoricien de l'actuel, dans le sens où nous avons défini ce terme, que nous voulons considérer Alain; en dégageant de sa doctrine ces notions concernant le rapport de l'idée à la chose et de la pensée à l'action, susceptibles de servir à la construction d'une véritable philosophie de l'actuel et d'éclairer les problèmes du relativisme contemporain.

« Une idée que j'ai, il faut que je la nie; c'est ma manière de l'essayer », écrit Alain dans *L'Histoire de mes pensées* : il semble, en effet, que ce hégélien né ait trouvé dans le mépris des maîtres, surtout Taine et Renan, des raisons suffisantes de douter de la logique formelle et qu'à force de nier l'enseignement positiviste, il l'ait dépassé par le seul mouvement de son esprit; ce qui lui apprit tout de suite deux choses sur la nature de la pensée, premièrement qu'elle n'est que par la contradiction et, partant, qu'elle exige pour être féconde un saut du vouloir. « L'opposition est le mouvement même de la pensée et le seul moyen de donner du corps aux idées[6]. » Car une simple analyse du contenu de l'esprit suffit pour démontrer que l'idée est signe et instrument neutre, ce qui rend compte de l'essentielle relativité des concepts, le chaud n'ayant d'être que par rapport au froid, le petit par rapport au grand et ainsi de suite; de sorte qu'une idée qui se fixe perd le seul caractère qui puisse, par définition, la distinguer de l'objet: «....nous voudrions expliquer toutes choses d'après une même supposition. Or cela même, si on y arrivait, enlèverait à ce que je crois à l'objet son caractère d'objet[7] » : qui est inertie ou nécessité externe.

Ainsi, dans cette relativité de l'essence Alain voit la preuve décisive du dualisme esprit-nature qui serait mieux défini un dualisme *essence-existence*. Nombres, lois, mouvement, espace et temps, ainsi que tous nos concepts, sont d'essence ou d' « entendement ». « Et cela revient à dire que le loin et le près ne sont inhérents à aucune chose. Ce bateau là-bas n'est pas loin tout seul; c'est lui et moi ensemble qui sommes loin; mais s'il me plaît de considérer lui et moi et toute la terre comme un point, je le puis. De la même manière, si je veux ressembler en un nombre deux unités, je le puis; et si je les veux séparer, je le puis; mais il n'y a au monde ni unités séparées, ni unités jointes en un nombre[8]. » Ce dualisme, dérivé de la relativité de l'idée, est la base même de la philosophie de l'Entendement, et il convient d'y insister, car il définit dès maintenant la qualité de ce Relativisme imprégné de Descartes et de Kant; relativisme naturaliste, si l'on peut dire, par opposition avec la philosophie réaliste et la *cosmologie* (Alain n'écrit-il pas à propos de Spinoza : « C'est que je n'ai pas su comprendre que Dieu est pourtant le monde aussi[9] »); et qui, malgré des affinités profondes et de larges emprunts, prodigue des réserves à l'égard de la philosophie hégélienne soupçonnée de n'être qu'un « élan poétique ».[10] Le mot est à retenir parce qu'il explique la méfiance d'Alain à l'endroit de la Relativité, tentative manifeste de « poétisation » de l'univers.

Une fois « la métaphysique de l'objet » écartée, la route est libre vers une métaphysique de l'Entendement, dont le corollaire est la théorie de l'actuel. L'Entendement, à la différence de la Raison raisonnante, aura pour tâche de démêler le rapport de l'idée à la chose, de distinguer dans la connaissance ce qui est de l'esprit de ce qui est de la nature et, reconnaissant le caractère neutre de l'idée, s'élèvera jusqu'à comprendre que l'idée n'a de valeur qu'*actuelle*, qu'appliquée à la chose. « Ainsi nos idées se séparent de la chose, et restent en nos mains comme des outils. On ne demande pas pourquoi l'outil, mais on se sert de l'outil. Ici la Raison avance au lieu de reculer et remonter à elle-même; ici elle se divise, se limite, s'oppose à elle-même selon sa propre loi, sans jamais se faire chose.[11] » Aussi apparaît-il que nos idées ne sont que des références, mais « la référence est pensée, correcte pensée » et elle est correcte justement dans la mesure où elle découvre la chose, étant donné que « le but réel de la science n'est pas tant d'expliquer que de découvrir » et de trouver prise sur le réel.

Car, l'essence de la nature étant l'inertie, c'est-à-dire l'extériorité pure (et en ce sens la relativité est purement *idéale*, car si le petit ne se définit dans l'esprit que par rapport au grand, dans la nature, il n'y a ni petit ni grand, mais seulement du changement pur connu par l'intermédiaire des concepts de mouvement, espace, force, etc.), on ne saurait parler d'objet donné à l'esprit qu'il n'aurait qu'à déchiffrer, comme le font les néo-réalistes, mais plutôt d'une nécessité externe qui ne se révèle objet que dans l'action, au moment où l'esprit, ici nommé entendement, s'applique à le saisir. « Ce qu'on cherche, sous le nom d'existence, écrit Alain en réponse à l'idéalisme de Berkeley, ce n'est nullement une présence de qualités, ni un tissu géométrique qui les étale. Tout cela est de nous; et nous cherchons ce qui n'est point de nous. La nécessité extérieure, objet et appui du travail, voilà ce que nous appelons le monde[12]. »

L'entendement est ainsi avant tout *ouvrier* : et toute connaissance vraie est d'expérience, sinon là où l'esprit, remontant aux conditions de la connaissance par le discours réflexif, se transforme en Raison, au contraire de l'entendement, méthode de *réflexion expérimentale*, qui vise toujours à faire la double part de l'idée et de la chose.

Une fois l'idée reconnue dépendante de la nature par son caractère toujours renouvelé d'actualité, et comme nous le verrons bientôt lorsque nous discuterons de la connaissance proprement dite, par son origine dans l' « imagination actuelle », on est en plein droit de la considérer dorénavant comme séparée de la chose, soutenue par le seul jugement, et comme sujette à la loi d'intériorité qui semble bien être, chez Alain, celle de la *relativité* même. L'entendement n'est donc proprement entendement que dans le refus de penser l'idée *inhérente* à la chose et de voir dans la relation une force suffisante. Et d'après Alain, les Relativistes auraient commis la même faute, voulant voir l'espace courbe, le temps quatrième dimension de l'espace et ainsi de suite, comme s'il s'agissait de choses réelles et non purement idéales. Bien au contraire, tout le mouvement des mathématiques, et de la science en général, serait vers l'élimination des forces occultes et la présentation d'un fait d'événement comme un fait d'essence, bref, sous la forme d'un problème de forces. En sorte que la méthode d'abstraction scientifique aurait son origine dans la distinction nécessaire, irréductible, entre la nature inerte et les formes de l'esprit. « L'entendement … ne cesse d'effacer l'homme. Comme dans notre triangle, qui est un signe humain, il veut considérer seulement ce qui ne dépend point de l'homme[13]. » Les concepts mathématiques et physiques offrent les exemples les plus parfaits de cette séparation d'avec l'homme et la nature; tels sont l'espace

« fait, défait, refait sous la loi suprême du doute percevant[14] »; le mouvement, « changement de l'identique... substitué au changement inexprimable[15] »; le temps, la succession dans l'idée; le nombre fini, comme l'aspect idéal de l'infini réel. Tels sont aussi les concepts d'ordre, de cause et de loi; d'où il se trouve que l'induction est par définition « fausse » ; toute loi n'étant qu'une référence pour juger de l'inertie réelle. Ainsi, étant donné une nature de pur événement, la cause n'est jamais dans l'événement séparée de l'effet, tout écart de temps étant de notre pensée[16]. Alors on sait que, pour ce qui est des dilemmes de cause, d'infini, de temps éternel et d'espace absolu, la relativité contemporaine les a résolus, mais en les abordant d'un autre côté, du côté réaliste; ainsi en substituant à l'univers uniforme un univers à structure relative, elle a fait l'accord des antinomies dans l'actuel, au moyen des notions d'infini actuel, de temps et d'espace locaux, et de contingence et, généralement parlant, en faisant intervenir, comme nous allons voir, une définition du relatif qui fait paraître les dilemmes de l'esprit comme des pseudo-problèmes issus non seulement d'une fausse métaphysique, mais d'une fausse conception de l'univers. (Je renvoie à l'œuvre magistrale de M. Louis Rougier, *Les Paralogismes du Rationalisme*, Appendice H et surtout aux pages 515-21.)

Alors il est évident, au contraire, qu'Alain a adopté pour de bon la position kantienne, qui a cette valeur d'expliquer, de « rationaliser », sinon de faire disparaître les dilemmes métaphysiques, et qu'il trouve dans la prétendue existence des jugements synthétiques *a priori* la preuve de l'idéalité de l'espace et du temps en tant que formes de la sensibilité, et des principes en tant que formes de l'esprit. Ce qu'il faut remarquer surtout pour les causes de cette étude, c'est qu'Alain n'hésite pas à considérer la thèse kantienne de l'inséparabilité dans l'expérience de la forme et de la chose comme l'expression finale et suffisante de la philosophie de l'actuel. « Du moment où j'avais compris que toute connaissance est d'expérience, et enferme ainsi au contact de l'objet tout l'usage possible des formes, des catégories, et des idées, tout était réglé[17]. » Si bien qu'il signale dans Kant le vrai et l'unique « penseur révolutionnaire » et dans les principes de l'Entendement « un code de matérialisme le plus rigoureux ». Le vrai matérialisme serait ainsi garanti par la double nécessité logique et réelle.

Mais si Alain doit au nombre synthétique de Kant cette conception de l'idée actuelle, c'est le cartésianisme qui, en éclaircissant pour lui le rôle et la méthode des mathématiques, l'a conduit à une théorie épistémologique capable à son avis de rendre compte de la dualité primordiale. Car, méditant sur le fameux doute cartésien, Alain finit par y voir le procédé même du géomètre qui doit toujours douter de ce qu'il « voit » dans les figures et refuser les preuves d'imagination « sans quoi on peut bien appliquer la géométrie, mais on ne peut nullement l'inventer. C'est le doute renouvelé, le doute hyperbolique, qui fait être la droite[18] ». Selon le mot de Maine de Biran, « le vrai géomètre se fait aveugle par la volonté », refusant de se laisser prendre à ses propres constructions, comme Leibnitz et les Relativistes l'auraient fait, à en croire Alain. Descartes, au contraire, aurait senti que les mathématiques pures ont peu à faire avec le réel, au point d'avoir, en fin de compte, l'aspect d'un simple *exercice de volonté*; en sorte que c'est en « inventant » la matière et en tenant à son hypothèse qu'il aurait découvert et défini le monde extérieur une fois pour toutes comme inertie.

Les idées claires, les lois et les hypothèses sont ainsi, quant à leur nature interne, des êtres dégagés de tout élément d'imagination, soustraits au rapport extérieur, et par là même soumis à la loi du relatif : mais quant à leur rôle dans la connaissance, elles y sont soutenues par la seule volonté. « L'épreuve donc des idées claires, si souvent travesties, c'est que la liberté s'y essaie, soit pour les faire, soit pour les défaire[19]. » Ainsi apparaissent les trois moments autonomes de la connaissance : l'imagination, qui perçoit; l'entendement, qui distingue; la volonté qui choisit; ce dernier moment étant, selon Alain, le moment du *jugement*. Alors, je fais remarquer trois choses à propos de cette conception de l'idée. En employant l'expression « moments autonomes » là où Alain parle de « degrés », je voulais simplement souligner cette thèse d'après laquelle la connaissance serait une marche ascendante ayant son point de départ dans le jugement naïf et aboutissant au jugement volontaire, en passant par le jugement scientifique. Car elle explique le peu de cas qu'Alain fait de la connaissance naïve surtout, la traitant comme essentiellement « inférieure ». Au contraire, l'expérience commune fait croire que le jugement naïf contient déjà toute la connaissance adéquate du réel et que, généralement, chacun des trois aspects ici disjoints de la connaissance, que ce soit l'idée naïve, l'hypothèse scientifique, ou bien le jugement réel, est, selon la notion même de la relativité, valable à sa place et grosse d'une même réalité. Deuxièmement, le moment de la connaissance qui révèle l'idée relative et ne valant que par son application réelle est le même qui la révèle une « forme » de l'esprit; de sorte que le *relatif,* pour Alain, est d'ordre purement *mental,* et, en ce sens, « inadéquat ». « La forme n'égale jamais le matière, en revanche, encore une fois, la différence n'est jamais exprimable que par l'uniforme... Nous commençons par finir, et celui qui découvre qu'en un sens le tout est avant la partie découvre l'entende-ment[20] ». Et, dernièrement, en faisant contenir le jugement tout entier dans l'acte de vouloir, Alan n'a fait qu'affirmer de nouveau l'abîme qui existe entre l'idée et le réel : l'*actuel,* sans être de l'idéal, est encore moins du « réel ».

C'est que, ayant opté pour le dualisme, qui est, en effet, pour Alain l'expression même de la relativité, et ayant pris position contre le *réalisme* de Platon (je souligne le mot « réalisme », parce que seule la cosmologie est en cause; d'autre part, on voit Alain faire sienne la thèse platonicienne de l'Idée), il lui fallait rendre compte autrement du passage de la forme à la chose dans la connaissance, se méfier de développer « la notion de Dieu, plutôt que celle du monde ». C'est ici la pierre d'achoppement de toute philosophie dualiste; dès qu'on affirme l'écart entre la forme et la chose ou, plutôt, dès qu'on part de l'essence en sous-entendant son droit de priorité sur la chose, on est contraint d'expliquer d'une façon cohérente *comment* et *pourquoi* le passage de l'essence à l'existence peut avoir lieu. Seulement dans le cas où l'on prend comme point de départ de l'analyse du contenu de l'expérience le jugement d'existence considéré comme irréductible, peut on se dispenser du « pourquoi » naïf et se borner à l'étude des *formes* de l'actuel; et nous verrons que c'est justement le bonheur de la Relativité d'avoir accordé entre eux le jugement d'existence et le relatif, les faisant paraître comme deux aspects parallèles d'une même connaissance toujours actuelle.

En attendant, ayant posé la seule notion de la relativité de l'idée, sans la faire précéder du jugement d'existence, Alain en fait découler jusqu'au monde même. Car, affirme-t-il, tout étant vrai et tout étant faux dans l'essence, l'idée ne saurait revêtir le caractère adéquat que nous lui connaissons dans notre science, à moins d'être soutenue et garantie par une volonté d'où elle tiendrait comme seul élément de « valeur » un certain *ton* et comme une certaine vibration de liberté. Ainsi, à propos des Stoïciens : « Comme je voyais que ceux qui savent la géométrie croient savoir quelque chose, alors qu'ils ne tiennent qu'un moyen de savoir, merveilleux à la vérité, mais qui veut aussi qu'on l'applique… C'est la même chose que de dire que l'énergique recherche est le signe du vrai[21]. » Ou voici qui est encore plus net : « L'atome est un fait pour les niais. Pour les intelligents il est une idée; aux yeux des grands génies ce n'est qu'une convention[22]. » Nous retrouvons, sous la forme d'une théorie de la commodité des lois, la doctrine des degrés de la connaissance qui me semble complètement incapable d'expliquer tout l'adéquat du jugement naïf et, combien plus, le caractère « *débordant* » et « *se dépassant* » du vrai. La notion de « correspondance » qui semble bien, à la lumière de la Relativité, essentielle dans cet ordre, est complètement absente de la théorie du vrai proposée par Alain et d'après laquelle le vrai serait tout *interne* (ce qui n'implique pas une théorie de la cohérence). « L'esprit ne doit pas être le moyen du vrai. Et puisque l'esprit est libre, ou mieux, se veut libre et se décrète libre, la règle de penser comme il faut est de penser comme on veut[23]. » Il y aura donc lieu de se demander si une thèse pareille ne comporte pas une véritable ontologie dissimulée sous l'apparence du volontarisme : en d'autres termes, si le passage du relatif à l'actuel peut s'effectuer légitimement, au moyen de la volonté, sans qu'on soit obligé en cours de route de poser le jugement d'existence qui remettra en cause la prétendue idéalité du relatif.

Il importe donc de savoir jusqu'où va l'idéalisme de cette philosophie qu'Alain prétend toutefois n'être qu'une étape vite dépassée de la connaissance. Nous allons bientôt étudier le fonctionnement de ce passage à propos de l'hégélianisme; en attendant, supposant que le libre-arbitre en soit l'instrument, quel est l'aspect provisoire de la connaissance actuelle? Elle est toute comprise dans les deux moments de la volonté, le doute et l' « action ». A l'origine de la connaissance sont le refus et le doute, qui correspondent dans la perception au réveil de la conscience, premier moment de la réflexion sans quoi aucune conscience n'est, ni aucune idée vraie. « Car toute conscience est d'ordre moral, puisqu'elle oppose toujours ce qui devrait être à ce qui est. Et même dans la perception toute simple, ce qui nous réveille de la coutume c'est toujours une sorte de scandale, et une énergique résistance au simple fait. Toute connaissance, ainsi que je m'en aperçus, commence et se continue par des refus indignés, au nom même de l'honneur de penser[24]. » Il est évident pourtant que le refus ne peut être qu'une face, et une face négative, d'une connaissance actuelle. Refus de la preuve d'imagination et, par là-même, constatation de la relativité de la forme, il exige pour se compléter un mouvement de courage, qui, rendant la forme *actuelle*, en même temps la garantit. La connaissance actuelle, la seule *vraie*, serait ainsi une et indivisible en tant qu'action pure et première, mouvement spontané de l'esprit, oscillant sans cesse entre les deux pôles du vrai, entre le refus et le choix de la forme : le refus par l'idée, le choix par l'action. Ce qui se traduit par la formule hégélienne qu'Alain reprend volontiers pour son propre compte, « tout est vrai, tout est faux », ou par cette autre, des Stoïciens, « le fou n'est pas vrai, même quand il dit le vrai ». L'actuel qui garantit la forme, garantit en même temps la liberté du sujet pensant : car du moment où l'on se rend compte de la dualité, relativité de l'idée et inertie de la matière, il suffit, pour être libre, de sortir des formes en leur donnant par son libre choix un contenu. Aussi sont-ce les hommes de métier qui représentent l'entendement, créant les idées à même l'action, éternellement neuves, et refaisant sans cesse les formes à l'image du monde changeant. « Le penseur est lui-même ouvrier, ou il n'est rien... Les signes sont ses outils; toutes les pensées possibles y sont enfermées[25]. » Pour résumer, la connaissance, selon Alain, comporte deux nécessités parallèles, celle des idées, donnée dans la volonté et le doute, celle du monde donnée dans l'expérience, les deux étant inséparables et simultanées dans la *connaissance expérimentale*. On voit qu'ici Alain prend la position kantienne, position qui n'est donc attaquable qu'à travers Kant. Mais, pour nous, l'essentiel est de savoir en quoi précisément cette position pourrait être incompatible avec le vrai sens du relativisme. Tout l'idéalisme de l'interprétation donnée par Alain du relatif est manifeste dans l'étude sur Platon, où il a voulu insister sur la distinction entre l'idée et l'image. Ainsi, le mathématicien, d'après Alain, offrirait le type parfait de l'homme d'entendement, suivant dans ses démonstrations les relations pures. « Aussi les démonstrations vont-elles bien au-delà de la figure, saisissant dans le triangle cette relation indivisible des angles, qui est au-dessus de leurs valeurs, et qui explique d'avance, en leur totalité, une variété illimitée de valeurs et de figures. Mais la démonstration signifie exactement ceci, qu'il est vain d'espérer de voir l'idée, et qu'il faut l'entendre[26]. » Cette distinction est rendue plus saisissable dans la théorie des degrés de la connaissance qu'Alain fait sienne : l'opinion folle ou le discours incohérent, puis l'opinion droite, celle du technicien, et enfin la connaissance pure du théoricien où la seule loi du *Bien Penser* règle les démarches de l'esprit, en d'autres termes, où l'idée et les combinaisons d'idées sont recherchées pour le seul honneur de la pensée : domaine, peut-on-dire, de la *Pure Relativité*. « Et ce Bien ne peut même pas être dit une idée; il l'emporte en dignité sur l'être et même sur l'idee... Le vrai lui-même, le vrai d'une certaine manière est dépassé... Qu'est-ce qui n'est pas vrai? Est-ce que tout n'est pas vrai?[27]. » Il paraît alors, comme c'est le cas de tout système dualiste, qu'Alain joue un peu sur l'expression « connaissance actuelle », car affirmer la dualité de l'expérience c'est, qu'on le veuille ou non, affirmer la possibilité d'une connaissance non-actuelle et la présenter comme un type de connaissance première ou *pure* : ainsi « l'idée du Bien qui rend toutes les idées connaissables, et même qui les produit toutes ». Et lorsque Alain prétend que Kant est « matérialiste » si bien que « toute connaissance est d'expérience » n'oublie-t-il pas que la notion de matérialisme repose sur la thèse de l'impossibilité complète d'une connaissance non-actuelle et de son caractère *illusoire*, en d'autres termes sur l'inexistence de *formes pures* de l'esprit : si bien qu'un relativisme de caractère matérialiste entraîne obligatoirement la relativité même des formes pures? Autrement dit, le dualisme d'Alain ajoute peu à l'idéalisme kantien ou platonicien, parce que l'*actuel* s'oppose à tout moment à la notion de *pur*, et l'existence finit par être considérée comme un « moindre être ». En sorte que le jugement actuel, jamais adéquat en soi, doit être toujours subordonné à quelque chose d'extérieur à lui, dans l'espèce la volonté, alors que toute la marche de la science est vers un vrai indépendant de tous les sujets en même temps qu'adéquat au réel; d'où nous concluons que le jugement, chez Alain, n'est actuel que voulu.

On remarquera qu'il s'agit toujours de la même difficulté, le passage du relatif à l'actuel, étant donné un fait d'écart au sein de l'expérience. Pour une discussion détaillée du solipsisme idéaliste, lequel se définit, sous sa forme la plus générale, comme un passage illicite de l'idée à l'existence, je renvoie au livre déjà cité de M. Louis Rougier. L'essentiel est de voir tout d'abord que le relativisme n'échappera à cette erreur qu'à la condition de poser le *relatif actuel*, en identifiant le relatif et le réel dans le jugement d'existence qui serait ainsi un jugement actuel adéquat en soi, bref, en posant une forme première autre que purement mentale.

Toute l'insuffisance du relativisme dualiste apparaît dans les diverses critiques qu'Alain a publiées de Hegel, où nous le voyons approuver la thèse suivant laquelle la logique convaincue du vide de ses formes exige obligatoirement l'existence d'une Nature. « Et je suis assuré — écrit-il — que cette marche (de l'abstrait au concret) est la seule et la vraie. Car ce n'est pas dans l'expérience que l'on retrouvera jamais les pures formes; et, sans les pures formes, l'expérience écrase l'esprit[28]. » Car, partant de l'être ou de la qualité pure (la chose pensée en soi), l'esprit passe spontanément à la quantité, c'est-à-dire à l'essence, où le relatif remplace l'immédiat. « Par la quantité nous passons à l'essence, et voici le progrès en résumé : 'Dans l'être tout est immédiat; dans l'essence tout est relatif'. L'essence, c'est ce que nous appelons science, ou représentation de l'Univers par nombres, distances, mouvement, force, énergie[29] ». Ainsi dans l'essence, qui est dans le langage d'Alain le domaine de l'entendement, « le plus et le moins ont remplacé le oui et le non »; et c'est la reconnaissance du caractére inadéquat ou « phénoménal » de la relativité qui conduit l'esprit à la « Notion » hégélienne, en d'autres termes, à l'Actuel. Ici se place la doctrine hégélienne du Jugement qu'Alain semble faire sienne, car il n'ignore pas que l'âme de la logique hégélienne est bien le Jugement et qu'en ceci Hegel devance les Logisticiens, reconnaissant l'incapacité de la logique des termes à décrire la relation réelle. Il y a donc, selon Hegel, des jugements selon l'être; ce sont les jugements du syllogisme formel, où « le lien de raisonnement est simplement formel, c'est-à-dire de grammaire » : ensuite, les jugements selon l'essence, ou jugements de science, où il s'agit de relations entre attributs abstraits : et enfin, passant à la logique actuelle, il est des jugements selon la notion; « celui qui lie l'attribut au sujet, mais dans le sujet même[30] », où l'attribut développe le sujet lui-même. Ces derniers sont les seuls jugements vrais ou actuels, dans lesquels le sujet se développe de son propre fonds et où le lien de raisonnement est tout interne. Ainsi, du point du vue de la Logique, le passage du Relatif à l'Actuel s'accomplit selon le même schéma que celui de la Logique à la Nature: l'idée reconnue relative, inadéquate ou, selon le mot d'Alain, « creuse », exige d'être appliquée au réel. « Car nous cherchions l'objet et d'abord nous le perdions; nous le trouvons sous la forme de sujet réel; rien d'autre ne peut être; rien d'autre ne peut porter des attributs. La notion était d'abord pensée comme subjective, mais puisqu'elle prend valeur d'objet, et que c'est le plus vivant dans la nature qui est le plus notion et objet, la notion reçoit finalement le grand nom d'Idée, et l'Idée c'est la Nature[31]; » point de départ de la Théorie de l'Actuel comme de la Philosophie de la Nature, où l'esprit s'exerce à suivre le développement de l'idée réelle à travers l'histoire, l'art et la religion. On voit, en effet, qu'Alain a repris pour son compte la logique immanente ainsi que la preuve du passage de la logique à la nature par la relativité des idées; c'est l'argument même des *Entretiens au bord de la mer*; passage de l'être à l'actuel par le relatif; bien qu'on remarque qu'Alain se méfie du « saut dogmatique », préférant rester dans les cadres du kantisme « invincible » qui garantit plus sûrement l'accord dans l'actuel de la forme et du contenu. Toutefois le passage même nécessité par le dualisme s'accomplit sans aucun doute pour lui par le moyen du relatif. L'esprit marcherait de la qualité à la quantité d'après le schéma : *absolu — relatif — actuel*. Pourtant, au point de vue psychologique, ce n'est pas ainsi que l'esprit procède; il part, au contraire, de l'actuel, et cela dans nos vues les plus pures d'imagination; passe à la chose pensée en soi, et n'arrive qu'en tout dernier lieu à la notion de l'idée relative. Si donc le schéma hégélien peut être considéré comme correct en ce qui concerne la logique, le jugement selon l'être étant, pour suivre de près la logique russellienne, la forme du discours, le jugement selon l'essence étant le jugement ramené à sa pure forme propositionnelle et le jugement vrai étant le jugement abstrait contrôlé par un renvoi à la chose, il dissimule, au contraire, dès qu'il est appliqué à l'expérience, un passage inexpliqué et inexplicable du relatif à l'actuel. La relativité logique ne renseigne que sur la nature interne de l'idée et ne dispense pas de s'adresser au jugement psychologique sous la forme du jugement d'existence. « Or, on a beau combiner de toutes les façons possibles des propositions hypothétiques, on n'en déduira jamais un jugement assertorique d'existence;... Il faudra toujours en venir à un jugement d'existence ou de vérité, qui ne peut se conclure *a priori*, tel que : la représentation que nous offrons du monde est conforme à la réalité[32]. » La seule preuve à la rigueur est le jugement d'existence, celle qui consiste à affirmer et à réaffirmer le « je suis » de Feuerbach. Et si la relativité des idées indiquait quelque chose, elle indiquerait le caractère *réel* du relatif; et c'est ce qu'Alain écrit lui-même à propos de Hegel : « La raison du changement se trouve donc dans la pensée même, ce qui achemine à supposer, en retour, que le changement même du monde pourrait bien être l'effet d'une dialectique cachée[33]. » Mais c'est justement ce réalisme de Hegel qu'Alain refuse, disant par exemple : « Si jamais j'ai écrit quelque chose d'utile, j'ai écrit une *Statique* et non une *Dynamique*[34]. » En sorte qu'il apparaît que ce n'est pas dans le passage du relatif à l'actuel qu'il voit le « saut dogmatique », mais dans la supposition que cet actuel et ce relatif puissent être régis par une même loi de la relativité. Ce qui éclaire un autre point : Alain va jusqu'à affirmer que Hegel n'est pas « idéaliste », voyant dans le « panlogisme » une vraie philosophie de l'actuel; et ne pas voir cela est certes une grande injustice; pourtant, si l'on reproche à Hegel son idéalisme, ce n'est pas à cause de son panlogisme, la plus grande tentative de déduction réaliste avant Einstein, selon M. Meyerson[35], mais plutôt à cause de son ontologie; ce qui est justement ce que Hegel partage en commun avec Alain.

On peut affirmer, avec Alain, que la volonté est une liaison d'existence adéquate entre le relatif et l'actuel : car la philosophie de l'actuel est soutenue par deux arguments, le premier d'ordre logique, l'argument par le relatif, et l'autre, d'ordre empirique, qui est l'argument par la foi. Le premier argument, comme nous l'avons vu, est insuffisant; le deuxième n'est satisfaisant pour une théorie de l'actuel que s'il est redressé par une vue accordant l'actuel et le relatif et les rendant tous les deux fonction non seulement de l'homme mais de l'univers, sous la forme d'une dialectique réelle. Mais les deux arguments reposent, au fond, sur la notion du *relatif inadéquat* qui comporte nécessairement une ontologie fausse. Il est intéressant de noter, sous ce rapport, qu'Alain a répudié la preuve ontologique de Dieu, affirmant qu'il ne faut chercher la perfection ni dans la nature inerte, ni dans l'entendement considéré comme une quantité de savoir, mais bien dans le *ton* du savoir, dans cette faculté de douter qui est le libre arbitre. « Dieu n'est donc point entendement parfait; et, de même qu'il ne s'agit point de passer du petit au grand, et de ce qui n'occupe qu'un lieu à ce qui occuperait tout le lieu, de même, et par les mêmes raisons, il ne s'agit point de passer de ce qui sait une chose et puis une autre à ce qui saurait tout. C'est dire que les preuves n'arrivent point sur nous comme des météores qui forceraient les heureux témoins. Au contraire, toutes les preuves sont voulues et faites, et jamais ne sont subies, et la réflexion ne cesse jamais d'éprouver les idées et de les dissoudre par le refus; telle est l'âme des preuves[36]. » Là évidemment, comme de juste, Alain fait dépendre la preuve du jugement d'existence; et cette preuve du rôle de la volonté dans les idées me semble inébranlable. Mais l'élément de fausse ontologie dont j'ai parlé consiste à vouloir passer de cette première constatation expérimentale à l'assertion que le libre arbitre est la mesure du vrai, à ne pas voir que l'argument par la foi, tout comme l'argument par le relatif, ne renseigne que sur la nature interne de l'idée et nullement sur sa capacité d'être adéquate ou non au réel.

On voit, en résumé, que l'anti-idéalisme chez Alain se borne à l'affirmation de la relativité des idées. « Les idées ne sont que des moyens. Et dans le fond telle est la réfutation véritable de l'Idéalisme. » Du reste, c'est la relativité qui prouverait le dualisme et qui exigerait une volonté comme agent de liaison entre les idées et l'action pure, la volonté-doute étant en quelque sorte « le bien suprême » dont participent l'esprit et la nature à la fois et qui garantit le caractère toujours actuel de l'idée. Une idée actuelle est donc une idée voulue, et dans la mesure où elle est voulue, elle est adéquate. Le vrai et le faux étant de cette manière dépassés, Alain y substitue l'*actuel* et l'*inactuel*. Alors, si, cette théorie du vrai est d'une très grande justesse, du point de vue de la Valeur, par comparaison avec la thèse idéaliste de la « cohérence interne », est-elle bien le dernier mot du relativisme? Faut-il considérer comme définitive la séparation entre le relatif et l'actuel? Ne peut-on donner une définition plus adéquate, et enfin plus scientifique de l'actuel, qui, tout en rendant compte du rôle de la volonté dans le travail spirituel, ne méconnaîtra pas le réalisme foncier de toute connaissance comme de toute activité humaines, et qui maintiendra le point de vue cosmique qui faisait justement la grandeur de la tentative hégélienne? La Théorie de la Relativité donne une réponse affirmative.

Que la Théorie soit dans ses conséquences philosophiques un effort pour *relativer* et *objectiver* à la fois les lois de la nature, qu'elle ait un caractère nettement réaliste, la plupart des critiques l'ont suffisamment démontré. Il faut croire avec M. Meyerson que l'esprit a un vrai besoin d'ontologie qui le pousse à définir le réel et à constituer dans ses lois, entre le même et l'autre, une véritable « substance intermédiaire[37] ». Donc, en ce sens, la Théorie de la Relativité est un panmathématisme ou « métamathématique[38] ». « Le point capital de la doctrine, ce qu'elle *veut* prouver, c'est d'abord qu'il y a un fond commun représenté par les expressions mathématiquement invariantes, celle de l'Intervalle entre deux événements et les équations *intrinsèques* entre ces Intervalles, qui représentent les lois objectives de la nature[39]. » Elle cherche à formuler ses lois sous une forme indépendante de tout observateur et de tout poste de référence individuel. Dans les mots d'Einstein, mettant à la place des systèmes de mouvement uniforme, les systèmes non rigides de référence qui seuls sont réels et existants, les « mollusques » de référence. « Le principe de relativité généralisée exige que tous les mollusques aient le droit d'être pris, et avec le même succès, comme systèmes de référence pour l'expression des lois générales de la nature; ces lois doivent être complètement indépendantes du choix du mollusque[40]. » La théorie aboutit ainsi à la relativation et l'objectivation des notions d'Espace et de Temps; en sorte que le continuum à quatre dimensions semble constituer désormais le fond réel de l'Univers : « Celui qui doute de la réalité de l'Univers à quatre dimensions (pour des raisons de pure logique par opposition aux raisons expérimentales) peut être comparé à l'homme qui doute de la réalité du penny et qui préfère considérer l'une de ses apparences possibles comme l'objet réel[41]. »

Si telle est la Relativité dans sa forme mathématique, quelle est sa portée philosophique? Elle comporterait, à mon avis, *l'objectivation même du relatif.* Car, sans entrer dans un débat qui dépasse notre compétence, quant à savoir si le continuum réel, soit d'objets, comme pour Einstein, soit d'événements, pour en croire M. Whitehead, est connu directement ou indirectement, il est certain que, pour les relativistes, toutes nos vues relatives et fragmentaires se rapportent, en dernière analyse, à un fond de relations réelles, essence irréductible de l'univers. Ainsi Whitehead : « Les faits concrets de la nature sont des événements présentant une certaine structure dans leurs relations mutuelles, et certains caractères qui leur sont propres. Le but de la Science est d'exprimer les relations entre leurs caractères en termes des relations structurales mutuelles entre les événements ainsi caractérisés. Ces relations entre événements sont à la fois spatiales et temporelles... Ce que je veux dire est qu'il n'y a pas de faits spatiaux ou temporels séparés de la nature physique : temps et espace sont simplement des façons d'exprimer certaines vérités relatives aux relations entre les événements[42]. » Et Haldane, écrivant à propos de l'espace euclidien qui est pour Einstein un aspect particulier du réel : « Mais, des points de vue de la Science, et de la philosophie aussi bien, nous avons à distinguer la sorte de réalité qui appartient à des aspects spéciaux et particuliers de l'espace du caractère permanent appartenant à ces relations ultimes sous-jacentes, vérifiées analytiquement seulement, mais qui n'en appartiennent pas moins à la réalité, relations qui sont la base des lois physico-mathématiques relatives à la disposition des points-événements, et ainsi à ce qu'Einstein croit être omniprésent dans la nature[43]. » Ces relations réelles, formant ce que Whitehead appelle « l'uniformité de texture de l'expérience », et comprenant entre autres les relations uniformes de temps et d'espace, serait d'ordre abstrait et logique : « ... cette uniformité n'appartient pas aux relations immédiates des données brutes de l'expérience, mais résulte de ce qu'on y a substitué des entités logiques plus raffinées telles que relations entre relations, ou entre classes de relations, ou bien entre classes de classes de relations[44]. » Le réel prendrait ainsi l'apparence d'un système de relations spatio-temporelles garantissant la valeur adéquate de nos vues relatives et fragmentaires : « Du fait que les données immédiates de l'expérience peuvent être transposées ainsi par la déduction, on doit conclure qu'elles ont elles-mêmes une certaine uniformité de texture[45] », étant donné que chacune d'elles participe à titre de vue actuelle quoique relative de cette uniformité réelle.

La notion d'un continuum élevé sur un plan logique seule peut rendre compte du caractère relatif et actuel à la fois des idées, j'ose même dire de toute l'activité humaine : car, par elle, le relatif apparaît finalement comme l'étoffe même de l'univers; et si chacun de nos systèmes de référence est conditionné et relatif, une vue dite « supérieure » ne le serait pas moins, tous nos points de vue étant valables par rapport à leur système en tant qu'aspects particuliers mais toujours actuels du fond réel. Et encore, parler d'un fond de relations ce n'est pas affirmer un absolu, c'est affirmer une structure uniforme d'ordre quantitatif qui a un caractère tout autre qu'une limite, qui est au contraire le *tissu* (le mot de Whitehead est révélateur) de nos actions et de nos hypothèses. Le relatif étant ainsi l'étoffe de la nature aussi bien que de l'esprit, la notion d'inertie se trouverait par là dépassée; si bien que l'on peut prévoir l'existence d'une correspondance complète entre le relatif des idées et l'organique de la nature. Rien que le fait que notre expérience se montre capable d'être traduite en lois scientifiques indiquerait, comme le dit Whitehead, « la relation intime entre notre pensée logique et les données des sens ». La connaissance et la réalité semblent avoir subi jusqu'ici une distinction par trop arbitraire, distinction due au procédé d'abstraction que nous employons nécessairement dans notre définition du réel et dont la Théorie de la Relativité rend si bien compte : et comme cette dernière, dans sa forme mathématique, s'est efforcée d'accorder le caractère fragmentaire des lois avec la totalité de l'Univers, on peut souhaiter que le relativisme philosophique marque l'identité du relatif et de l'actuel. « La connaissance est dynamique. C'est un effort pour dépasser ce qui est donné en apparence. C'est toujours chercher à se dépasser. Et avec le progrès continu vers une compréhension plus pleine, l'objet lui-même perd son caractère en apparence donné. Lui aussi, il est de nature dynamique. Là est le principe de relativité sous-jacent, sous sa forme plus étendue[46]. » On peut dès maintenant affirmer que la loi du relatif régit la nature tout comme elle régit les idées. « Plus nous considérons ce que nous percevons comme étant des objets dans n'importe quelle expérience de nature, plus nous voyons qu'ils sont ce qu'ils semblent être exactement par distinction d'avec les objets à apparence différente. La relativité est partout évidente. Elle est inhérente à l'ordre de nature tout autant qu'elle l'est à l'ordre de connaissance. C'est seulement par des jugements de contraste que les distinctions entre choses existant dans la nature ont pour nous quelque signification. La « racine » d'où jaillit la nature, et la « substance » d'où elle sort sont donc analogues à la racine et à la substance d'où naissent nos pensées[47]. » Ce n'est donc que dans les abstractions, dans les vues et dans les idées nécessairement relatives, que le sujet et l'objet pourraient sembler étrangers et extérieurs l'un à l'autre, et que le relatif pourrait paraître « inadéquat »; alors que nous voyons au contraire que l'idée relative, pourvu que les limites de sa validité soient définies et qu'on n'aille pas l'appliquer à un domaine où cette définition n'a plus cours, est complètement adéquate à traduire tout le possible de l'univers; ce qui, en fin de compte, n'est qu'exprimer le sens intime de la relativité aussi bien physique que métaphysique, l'accord du réel et de l'idéal dans l'actuel. « La doctrine de la relativité physique n'est exactement qu'un cas particulier d'un principe général. Si nous abordons la nature par des méthodes prétendant à l'objectivité stricte, telles que celle de Whitehead, nous paraissons arriver exactement au même résultat à la fin. Il y a une racine qui se divise dans une réalité de deux sortes, et celles-ci ont des caractères qui ne sont pas différents, et où mental et non mental ne sont pas des termes distinctifs. Voila pourquoi, par exemple, le temps et l'espace se trouvent s'impliquer mutuellement et pourquoi, dans l'étude générale de la nature, ce que nous cherchons à atteindre est toujours la signification[48]. »

Ce n'est donc pas la notion de dualité, mais bien celle de microcosme qui rend le mieux compte de la relativité des idées et pourtant de leur caractère objectif et actuel. La tentative relativiste est un effort pour se mettre au point de vue cosmique et pour remettre l'esprit en possession d'une expérience totale; à cet égard, nous devons la considérer comme un effort de « poétisation » de l'univers. C'est ainsi que, dans son livre récent, Minkowski, en face de la « dépoétisation » scientifique, rappelle le grand enseignement du relativisme philosophique : que les phénomènes ont un retentissement profond aussi bien en nous que dans l'Univers et que l'homme, solidaire du Cosmos, a la devoir de coordonner, aussi effectivement que possible, sa pensée et son action[49]. Whitehead lui aussi a dénoncé la faiblesse du dualisme cartésien qui a contribué au divorce de la science et la philosophie, dont le pire inconvénient est que l'univers se trouve soustrait à la valeur et à la forme première. « Ces principes aboutissent tout droit à la théorie d'une nature matérialiste et mécanique observée par des esprits doués de raisonnement. Après la fin du XVIIe siècle, la science s'occupa de la nature matérialiste et la philosophie des esprits doués de raisonnement[50]. » Car, ainsi que nous l'avons vu, l'affirmation du « cogito » est insuffisante à décrire le caractère essentiellement « poétique » et objectif de l'expérience comme de la connaissance : elle n'est pas moins inadéquate à expliquer l'élément de valeur qui se trouve enfermé dans chacune de nos idées et dans chacun de nos actes, à plus forte raison dans nos jugements dits le plus souvent « intuitifs » ou dans les actes d'héroïsme. Mais c'est surtout le domaine de l'esthétique qui suggère toute la portée d'une philosophie de l'actuel; car comment expliquer autrement le concept de valeur artistique et le concept de forme sinon en reconnaissant dans l'œuvre d'art un accord actuel, une véritable *synthèse microcosmique* entre l'expérience de l'artiste d'une part et une forme première qui dépasse de loin les cadres de cette expérience du départ. L'œuvre est, dans tous les sens possibles de l'expression, la réalisation de la forme première, et, à notre point de vue, l'actualisation relative du réel[51]. « Nous devons admettre que le corps est l'organisme dont les états conditionnent notre connaissance du monde. L'unité du champ perceptuel, par conséquent, doit être une unité d'expérience corporelle. Ayant conscience de cette expérience corporelle, nous devons, de ce fait, avoir conscience de certains aspects du monde spatio-temporel tout entier, tel qu'il se reflète dans la vie corporelle[52]. »

L'essence d'une théorie conséquente de l'actuel doit être la reconnaissance de l'actualité même du relatif, de ce que Whitehead appelle si heureusement « the actuality underlying a possibility ». En maintenant l'écart entre le relatif et l'actuel, en ne subordonnant pas toute discussion sur le relatif au jugement d'existence, Alain, tout en rendant compte à merveille — et nous aurons l'occasion de le voir dans l'esthétique — du passage même de l'idéal à l'actuel, sous la forme, soit de l'idée soit de l'acte, et en ceci tout pareil à M. Valéry, n'a peut-être pas su rattacher d'une manière satisfaisante cet actuel à la forme réelle dont il est la traduction. Il tendrait à voir dans l'actuel dégagé une création unique du vouloir, mais il hésiterait à y voir une traduction adéquate et vivante d'une harmonie universelle qui y accorde tout son élément de valeur. A vrai dire, Alain s'est occupé fort peu de la Valeur; mais c'est elle qu'une théorie de l'actuel doit mettre au premier plan de ses considérations. Et ici revenons un peu à la philosophie de l'Entendement.

Nous avons vu que, pour Alain, l'idée reconnue relative n'a de valeur qu'appliquée; d'où les mathématiques seraient considérées comme un « exercice de volonté » et le signe de la vérité serait la « recherche énergique ». Pourtant est-ce là une conception juste de l'idée claire? Certes, nous pouvons accepter qu'une idée n'a de valeur qu'actuelle, mais de là à affirmer que la valeur soit de foi, il y a loin. Partant de l'Essence, Alain ne pouvait conclure autrement : mais nous partons au contraire de l'actuel, d'un complexe de sensations que nous voulons bien appeler le monde et qu'il faut découvrir tant bien que mal. Le procédé de l'esprit dans cette découverte du réel est toujours le même, procédé d'abstraction ou, mieux, d'*isolement*; son travail consiste à isoler certains phénomènes d'un complexe plus large et à décomposer un système isolé dans un autre système isolé plus petit. Les mathématiques pures sont une dernière étape de ce procédé, en aucune façon différent du procédé ordinaire de la science ou, en fait, du sens commun; toute différence est due à la diversité des moyens d'aborder le réel, diversité qui entraîne une diversité parallèle de modes. Ainsi il serait faux de voir dans les concepts mathématiques une sorte de « monde intermédiaire » en soi, irréductiblement phénoménal; ce sont des définitions relatives au même titre que les lois des autres sciences ou les raisonnements du sens commun, portant toujours sur un fond réel et, en ce sens, intégrant de la valeur. Comme le fait remarquer M. H. Levy dans un livre récent[53], il se trouve que des opérations encore plus souvent que des nombres sont en cause dans les symboles; et, d'une façon générale, donner la priorité aux mathématiques sur les autres sciences en affirmant que celles-ci n'ont trait qu'à la mesure, c'est risquer encore une fois de diviser arbitrairement la réalité. L'esprit a trait aux *qualités réelles* des objets, ou à ce que nous pouvons appeler du relatif réel[54].

Le caractère de l'univers est d'être un ensemble de qualités isolables mais toujours par là même dépendantes les unes des autres; de sorte que chaque qualité isolée des autres ne peut être définie, ni exister réellement que par rapport à un système isolé plus étendu; et c'est le fait que l'esprit connaît toujours en décomposant et ne saisit dans l'expérience et dans la connaissance que des fragments de l'univers, qui fait croire que l'univers lui-même est un système fragmentaire et relatif, en décomposition plutôt qu'en construction, où il n'y a de temps et d'espace que locaux, et où enfin l'irréductible énergie manifeste ses formes diverses sous le signe du relatif. L'idée, ou la loi, est donc, du même mouvement, relative et actuelle; actuelle parce qu'elle porte sur des qualités réelles et non seulement sur leurs aspects numériques; et relative parce qu'elle est valable dans des limites précises. « Une loi scientifique, dit M. Levy, se révèle ainsi une formule dont le champ d'application est déterminé[55]. » Le relatif et l'actuel se trouvent ainsi dépendants l'un de l'autre pour former le tissu de notre expérience et de notre connaissance; et l'accord se fait entre le particulier et le général, la généralisation étant le cas particulier d'un système isolé plus large, et ainsi de suite. L'élément d'*a priori* qu'Alain signale dans les raisonnements mathématiques existerait bien quoiqu'il s'y trouve non comme forme mentale ou « pure », mais, à titre de relatif actuel : et ce point est le nœud de tout le débat, car de notre conception de la forme première dérive tout droit notre théorie de l'actuel.

L'actuel est toujours de l'actuel relatif et jamais de l'actuel simplement voulu. Point n'est besoin qu'une volonté soutienne l'idée; toute idée est garantie par sa relativité même, dans le sens qu'elle exprime une relation valable dans certaines limites et qu'en dehors de ces limites elle est inactuelle. Le signe de la vérité, bien loin de consister en le ton ou qualité de l'idée, consiste en sa mesure de validité actuelle, en ce qu'on peut appeler, d'une façon générale, sa « correspondance » avec un fait réel; l'actuel et le relatif se supposant dans toute expérience et toute connaissance dans la mesure où celles-ci sont adéquates. Cette notion d'une correspondance logique entre l'idée et le réel est la base de toute théorie suffisante de l'actuel. Elle nécessite une conception « scientifique » de l'idée et du jugement, les voyant non seulement créations libres et neutres du vouloir en face d'une nécessité inerte, mais des aspects actuels de l'univers, neutres sans doute quant à leur forme, mais vérifiables quant à leur fond par un renvoi constant au réel, et comme portant en eux-mêmes leur plein de signification. La mesure de l'idée claire ne peut être les mobiles qui l'ont produite, mais bien son caractére intrinsèque en tant que renseignement adéquat sur le réel.

En d'autres termes, si Alain a adopté cette position volontariste dans la philosophie de l'Entendement, c'est uniquement parce qu'il est parti de l'essence. Alors, à notre avis, l'essence telle qu'il la définit en tant que « relativité pure » serait une conception dénuée de sens; il n'y a pas dans l'entendement d'idée « pure », non plus qu'elle exige d'être tracée par l'imagination volontaire; au contraire l'idée de triangle citée dans l'exemple d'Alain est « impure » dans l'entendement même en tant qu'idée, parce que, sans être tracée, elle correspond, dans notre sens, à une relation réelle qui régit à la fois la nature et l'esprit. Ce qui seul peut rendre compte du caractère relatif et pourtant adéquat de la relation. Affirmer que le monde n'est pas inerte, ce n'est pas revenir à la chose mythologique, c'est tout simplement affirmer le jugement d'existence, c'est croire que la logique *correspond* si peu que ce soit à l'experience et que les lois traduisent relativement, mais suffisamment bien, pour que l'esprit se montre adéquat et que le caractère neutre de l'Idée ressorte, le flux universel. De la sorte, la volonté et l'imagination se trouvent reléguées à leur place; elles sont à l'origine de toute idée actuelle, mais, instruments seulement du passage du relatif à l'actuel, elles n'en constituent pas la valeur. On voit donc que l'idée, pour être actuelle, n'a pas besoin d'être « appliquée » ou tracée : elle est actuelle du moment où elle s'insère dans un dynamisme qui la dépasse. L'essence de toute activité reconnue comme vraie, c'est cette prise intime sur le réel, cette conviction que l'esprit s'assure d'avoir accompli une objectivation et un dépassement de soi. Qu'une volonté entre ici en jeu, sous la forme d'une tension, ne fait point de doute; la volonté suggère bien le caractère ontologique de l'esprit, mais ne rend pas compte du caractère poétique et cosmique du jugement vrai. « De même que la perception par les sens paraît nous donner la connaissance de ce qui se trouve au delà de l'individualité, de même l'action semble se rapporter à un instinct de se dépasser soi-même. L'activité passe au delà de la personnalité dans le monde connu qui nous dépasse... Il en résulte, donc, que le monde, tel qu'on le connaît, dépasse le sujet qui en a la connaissance[56]. » La connaissance, dit le relativisme contemporain, loin d'être un va-et-vient entre deux nécessités, est une croissance qui s'accomplit à même une nécessité commune, un travail organique, essentiellement actuel, embrassant tous les domaines de l'activité spontanée de l'homme. « La connaissance, écrit Haldane, n'est sous aucun de ses aspects, qu'il s'agisse de la réflexion la plus discursive ou de la plus élémentaire perception, un processus de causation se produisant entre deux entités indépendantes. L'objet et le sujet qui connaît font partie ensemble d'un même système, et n'ont de réalité qu'en termes de celui-ci[57]. » Toute vérité, loin d'être simplement voulue, doit être « *significative* » : si elle ne peut être à l'état cru qu'une vue fragmentaire et strictement relative, c'est justement le travail de l'esprit, d'essence ontologique, d'y démêler un élément de valeur. Le philosophe, le physicien, le mathématicien, l'artiste ne procèdent pas autrement, en sorte que la valeur est l'élément originel de toute connaissance comme de toute expérience bien plus que la volonté, action pure. Il est impossible de réduire la valeur esthétique, par exemple, à une simple valeur d'action : la création artistique est bien une action au même titre et dans le même sens que l'idéal actuel est une objectivation, nécessitant l'intervention d'une volonté; mais ce n'est pas le fait d'être une application qui lui donne sa valeur et sa signification propre. Plutôt, c'est en dépassant sa propre relativité et en manifestant ce fait de correspondance avec le réel dont j'ai parlé que la connaissance s'affirme vraie parce que significative, c'est-à-dire à la fois relative et actuelle. Dans chacune de nos vues fragmentaires nous possédons une connaissance en puissance totale de la réalité et dans chaque expérience limitée nous embrassons l'infini des possibles. « Notre expérience est ainsi potentiellement et implicitement de la connaissance complète. Ce sont nos conditions humaines qui l'empêchent de devenir ceci explicitement. Pourtant, d'autant plus que nous sommes de façon inhérente plus que ce que nous croyons être, nul idéal, en dehors de la perfection, ne pourra jamais nous satisfaire, en connaissance[58]. »

Si nous avons formulé des réserves à l'égard de la théorie d'Alain, celle-ci n'en reste pas moins la tentative la plus complète

de la critique d'idées contemporaine d'objectivation de la critique
et de ses méthodes, s'apparentant aux tentatives entreprises sur
une moindre échelle de M. Valéry dans l'esthétique et de M. R.
Fernandez, sur le plan de la personnalité. Aussi voudrais-je
esquisser quelques-unes des idées qui ont le plus fécondé la critique
actuelle et qui représentent un acquis sûr. Tout d'abord, une
théorie de la conscience qui éclaire toute la valeur d'une théorie de
l'actuel en face du rationalisme naïf qui tend à faire de la
conscience une simple aperception d'images ou de souvenirs,
éternelle réserve de l'esprit. Il n'y a, au contraire, dit Alain, aucune
conscience là où il n'y a pas réflexion; toute conscience et même
toute perception est d'ordre moral, émergeant au moment du doute
et du refus énergique. « Car la conscience suppose une séparation
de moi d'avec moi, en même temps qu'une reprise de ce que l'on
juge insuffisant, qu'il faut pourtant sauver. Toutes les apparences
de la perception sont ainsi niées et conservées; et c'est par cette
opposition intime que l'on se réveille. D'où j'ai tiré tout courant
que, sans la haute idée d'une mission de l'homme et sans le devoir
de se redresser d'après un modèle, l'homme n'aurait pas plus de
conscience que le chien ou la mouche[59]. » A l'origine de la
conscience et de la connaissance il y ainsi un mouvement spontané
de l'esprit, non vers le réel, mais vers le bien penser et vers
l'affirmation de sa propre liberté. Que l'esprit tende spontanément
à se compléter et à s'objectiver, que la connaissance ne s'accomplis-
se que de haute lutte moyennant un sacrifice éternel de ses propres
formes, voilà sur quoi il fallait insister contre l'idéalisme. La
conscience, pas plus que la connaissance, n'est un donné de
l'homme : une idée vraie n'est utilement ni « vraiment » vraie que
lorsqu'elle a été d'abord refusée et puis librement acceptée par
l'esprit; et en ce sens la vérité dite par un fou n'est pas vraie. Les
moments conscients sont les moments où l'esprit, dépassant sa
propre relativité, dégage de l'actuel par un libre mouvement du
vouloir. Pulsation donc continuelle, passage du sommeil au réveil,
telle est la conscience et notre destin d'homme, « partir toujours de
bêtise... et... promptement revenir à bêtise. » Toujours réflexion et
« lueur extrême », la conscience est rétrospective, de sorte que,
toute pensée absente, elle revient au pur mécanisme corporel. La
théorie de l'inconscient, est, d'après Alain, une « mécanique de
l'âme » et ne rend compte d'aucun fait spirituel connu, dont
l'essence est d'être une objectivation et un dépassement.

Affirmer ce caractère moral du jugement, qu'est-ce dire sinon que toute activité de l'esprit comporte un progrès et une orientation et que jamais il n'est ce qu'il est pour les philosophes de l'inconscient, un groupe d'états anonymes, si bien que l'esprit n'est jamais saisi sauf dans ses manifestations actuelles, en tant que terme d'un progrès et jamais en tant que commencement. Alain a exprimé cette idée au moyen de la notion cartésienne de « Générosité » et l'a expliquée dans les « *Sentiments, Signes et Passions* », dont la substance se trouve déjà dans les intéressantes *Lettres au Dr Mondor au sujet du cœur et de l'esprit*[60]. Analysant dans ces dernières les sentiments, Alain conclut que ce qui caractérise la folie, c'est la pure émotivité jointe à l'hypocondrie, bref, l'absence d'un objectif ou idéal, le plus souvent une action, autour duquel l'homme à l'état normal rassemble ses pensées fugitives. « C'est-á-dire que nos sentiments... n'ont de consistance dans la fuite des instants que par une recherche et un suite de nos pensées, continuellement accompagnée par la mimique volontaire. Dans ce sens les réactions organiques sont rassemblées, rappelées et modelées par une continuelle et fidèle pensée. Cette constance explique le cœur humain, et cette invention de l'amour humain, toujours lié à la gymnastique chevaleresque et à l'idée étonnante de l'épreuve, tout cela grossi en Don Quichotte, mais nullement défiguré[61]. » La fameuse normalité, loin d'être un donné, est ainsi inconcevable sans la notion d'un sublime et d'une tension de tout l'être, maintenue par un sentiment fort de soi. je n'ai pas à insister sur ce que cette thèse a de commun avec celle de M. Fernandez, ou celle, en Angleterre, de M. Aldous Huxley[62]. L'importance de cette conception volontariste de l'actuel consiste en ce qu'elle propose une conquête méthodique du moi, et suggère une technique de la personnalité basée sur l'étroite coopération de l'esprit et du corps dans la mimique volontaire et le jugement athlétique. Dans les mots d'Alain, « Pensée et Sentiment sont donc enlacés avec l'action comme les tissus repliés en tout notre être[63] ». Mais tout en signalant l'importance de la thèse, nous devons reconnaître les dangers qu'il y a à insister sur la spontanéité de l'esprit sans poser le problème de la Valeur qu'une théorie de l'actuel doit nécessairement prévoir. Si Alain lui-même semble échapper à ce risque, en se couvrant du kantisme, la position kantienne devient de nos jours intenable pour des raisons techniques.

Le corollaire de la théorie de la conscience est la théorie de l'imagination. Nous avons vu que la pensée, pour se faire adéquate, revient à la chose et se fait « ouvrière »; elle fait ceci dans l'imagination actuelle. Une fois écartée la métaphysique de la chose, il est clair qu'on ne pose point, dans l'imagination, un objet devant l'esprit, mais qu'au contraire l'objet imaginé n'est qu'un effet de saisissement corporel : l'imagination, comme le souvenir, est tout dans le corps. «... L'imaginaire n'est pas dans l'image, c'est-à-dire dans la connaissance que l'on a de l'objet, mais bien dans l'émotion, c'est-à-dire dans une énergique et confuse réaction de tout le corps soudain en alarme[64].» Ce qui est bien l'origine des « formes actuelles », telles les images géométriques et l'espace par contraste avec les formes pures, gardées dans l'esprit. « En somme toute distance, comment qu'on la prenne, est imaginaire. » Nous voilà enfin arrivés à l'esthétique, suprême illustration de la théorie de l'actuel. Car l'artiste invente comme le géomètre trace ses lignes ou que l'homme frappe. Jamais l'idée abstraite n'y entre en jeu, sinon indirectement sous la forme du projet; l'imagination, et non la pensée, est à l'origine de l'art et elle se trouve toujours enchaînée par une action. Ainsi s'explique l'ordre naturel et physiologique des arts: au commencement ceux qui ne changent que le corps, comme la danse, le chant, la poésie et la musique; ensuite ceux qui changent réellement l'objet, comme la sculpture, la peinture et l'architecture; et enfin l'art dramatique, qui se place entre les deux premières formes. Le projet se trouve relégué, de la sorte, au second plan des considérations de l'artiste, et l'élément seul artistique, dans l'œuvre créée, se trouve dépendre uniquement de l'exécution. « Il faut se mettre à écrire de façon qu'un mot en appelle un autre, et non pas de façon qu'une idée en appelle une autre. En quoi il y a des hasards, et qui ne sont pas loin du calembour... D'après ces remarques l'inspiration est un genre d'action qui éclaire l'esprit. L'art finalement est une action qui fait pensée[65].» Ce qu'il faut noter, ici encore, c'est qu'il doit y avoir, pour qu'il y ait art et, partant, beauté, une objectivation adéquate. L'homme qui crie obéit à cette même imagination réelle, mais il ne crée rien de durable; toujours l'action esthétique doit-elle produire un objet, et d'après la structure du corps et les conditions matérielles, tout comme dans la personnalité, elle doit produire l'idéal de son mouvement même, ou dans la connaissance ce qu'on peut appeler « l'attitude ». Pour Alain, la « catharsis » aristotélicienne offre la meilleure explication de la nature du Beau. « Purification en ce sens que les mouvements tumultueux se transforment en quelque chose que l'on peut percevoir... Fixer l'imaginaire, c'est peut-être le but de tous les Beaux-arts[66]. »

Cette esthétique, qui ressemble à celle de M. Valéry, et dont les thèses essentielles se trouvent confirmées par les recherches savantes du R. P. Jousse, trouve son domaine merveilleusement étendu. Est esthétique toute création de l'esprit depuis les premières articulations et les premiers gestes de l'homme primitif jusqu'à la géométrie d'Euclide et au lyrisme contemporain. Elle ordonne une véritable piété envers toutes les idoles humaines, envers le langage, envers les religions, envers les *Dieux*; d'où l'on voit que le livre des *Dieux*[67] offre le dernier mot philosophique d'Alain: attitude plus que doctrine, attitude toute faite de compréhension et d'amour, exempte de dogmatisme aussi bien que de mysticisme, attitude humaniste et, pour tout dire, esthétique. L'esprit humain, tel est l'enseignement d'Alain, est fait pour dégager sans cesse de l'actuel et, dans ses meilleurs moments, guidé par le Bien, il ne laisse pas de créer la Beauté.

Pourtant, si nous devons reconnaître que l'esthétique d'Alain (et ici je vise sa théorie de l'actuel tout entière) a résolu certains dilemmes issus de l'idéalisme de l'après-guerre, premièrement en éliminant la notion d'un sentiment esthétique « sui generis », tout comme, dans l'Entendement, elle éliminait l'Absolu, et ensuite en démontrant l'intervalle essentiel qui sépare le projet de l'œuvre, et généralement, la puissance objectivatrice de l'esprit, cette esthétique ne pose sinon idéalement le problème de la Valeur. Car il s'agit pour la critique non seulement de pouvoir reconnaître le Beau, mais de pouvoir constituer une hiérarchie des choses belles, tout en rendant compte, bien entendu, de la diversité des moyens, des mentalités, des formes. Peut-on réduire le Beau à la seule purification des passions? Certes, la notion de « catharsis » peut expliquer la genèse et la nature intime de la création artistique, mais elle ne peut constituer à elle seule un standard de valeur. Plutôt faudrait-il faire intervenir, comme nous l'avons prévu, un élément cosmique, poétique en soi, qui marquerait l'accord dans le chef-d'œuvre non seulement de la passion et de l'esprit, mais aussi de l'esprit et du Cosmos. Dans les mots de Haldane : « On dit communément que l'art s'adresse au sentiment. C'est tout à fait vrai. La forme et la couleur sont ses matériaux, mais ceux-ci n'importent qu'autant qu'ils sont rendus symboliques de valeur, et la valeur, comme nous venons de le voir, possède tout autant le caractère de l'universel que le font les conceptions abstraites du mathématicien. Les valeurs varient en qualité, et c'est l'affaire du poète et de l'artiste, du critique littéraire ou artistique, de le savoir, et d'être capable de distinguer entre valeurs, et de les placer à leur rang. La réflexion est toujours présente explicitement ou implicitement[68]. » C'est sur cette note que je voudrais terminer cet essai. Si, dans la philosophie d'Alain, nous possédons une théorie de l'Actuel qui a contribué plus qu'aucune autre peut-être à rendre à la génération de l'après-guerre le sens de l'actuel, trop souvent, il semble, cette théorie se présente et sera interprétée comme prônant l'action pure, surtout par ceux qui n'ont pas cette admiration, ni cette compréhension du kantisme dont ce philosophe témoigne. C'est ici un danger que doit forcément courir une théorie de l'actuel n'accordant pas l'actuel et le relatif et n'adoptant pas un point de vue cosmique susceptible d'embrasser dans le jugement d'existence les deux aspects inséparables de la réalité, le vrai et le dynamique. C'est ainsi que l'esprit humain, engagé dans le réel, dans ses manifestations les plus diverses, en art, en philosophie, dans l'histoire, sous les formes les plus variées, rationnelle ou irrationelle, abstraite ou concrète, dégagerait toujours du relatif et, par là même, du *relatif actuel*; toutes, aspects valables, à l'intérieur de certaines limites définissables, d'un fond de relatif irréductible. Et ainsi seraient sauvegardées deux notions indispensables à toute connaissance et à toute activité humaines, celle de leur relativité et celle de leur caractère adéquat, deux notions qui sont identifiées dans notre affirmation de leur indubitable *réalité*.

L'humanisme de cette conception, nul n'a fait plus qu'Alain pour le maintenir par la piété acquise envers les idoles et par la reconnaissance des Dieux humains, en cela suivant son maître Comte; et toute l'ontologie qu'elle contient en puissance, peut-être l'a-t-il pressentie dans ses méditations sur les Poètes, reconnaissant la forme toujours première et le rythme irréductible. « Car le rythme court devant le poète et la rime surplombe comme un pont sonore. On sait où l'on va, avant de savoir comment on ira[69]. » Mais encore plus sûrement, il l'a prévue et l'a postulée dans les *Entretiens*, dans ce passage essentiel.

« Bref, il se peut que nos pensées les plus séparées et les plus libres soient assujetties à exprimer quelque chose de l'objet, si peu que ce soit. Et puisque la nécessité du monde, celle qui nous tient, consiste en ce que nulle partie ne peut être séparée des autres, de façon, comme dit Pascal, que toute la mer remue pour une pierre, il n'est pas mauvais qu'en nos idées les plus simples nous conservions quelque corrélation première[70]. »

C'est à partir de ce jugement que l'accord du relatif et de l'actuel peut se faire, permettant ainsi la réintégration, de plus en plus nécessaire de nos jours, de la notion de valeur dans le relativisme acquis.

[*Revue philosophique*, LXII, 155-88.]

[1] After reading this article in the *Revue philosophique*, Alain sent Alexander a copy of his *Entretiens chez le sculpteur* (Paul Hartmann, 1937), in which he had inscribed the following *Dédicace*:

Pour Mr. Alexander,
Très heureux, mon cher lecteur, d'offrir ce petit livre, déjà assez rare, à vous qui avez su trouver les *Lettres au Dr. H. Mondor*. Ici vous trouverez un prolongement par le haut des principes de l'Esthétique qui vous intéressera, puisque la dépendance de toutes mes thèses par rapport au *Système des Beaux-Arts* ne vous a pas échappé. Heureux d'avoir découvert un lecteur! C'est un plaisir supérieur. Je vous signale en passant que l'interprétation de Hegel par le mouvement poétique, est de Lucien Herr; c'est encore une idée que j'ai beaucoup étendue.

Bien sympathiquement,
(signed) Alain
le 18 Mars 1938

[2] Alain, *Histoire de mes pensées* (Paris, 1936), p. 117.

[3] Cf. G. Rodrigues, *L'Idée de relation, essai de critique positive* (Paris, 1903).

[4] E. Meyerson, *La Déduction relativiste* (Paris, 1925), p. 16 sq.

[5] E. Minkowski, *Vers une Cosmologie* (Paris, 1936), p. 14.

[6] *Histoire de mes pensées*, p. 35.

[7] Ibid., p. 86.

[8] *Entretiens au bord de la mer* (Paris, 1931), p. 49.

[9] *Histoire de mes pensées*, p. 93.

[10] « Cette philosophie de Hegel me plaît; toutefois je ne la prends pas tout à fait au sérieux. La communion avec l'esprit de la terre n'est que d'un moment; ce n'est qu'un élan poétique. » (Ibid., p. 252)

[11] *Entretiens*, p. 16.

[12] Ibid., pp. 205-6.

[13] Ibid., p. 87.

[14] Ibid., p. 50.

[15] Ibid., pp. 58, 59.

[16] «... il faut savoir, par idée claire, qu'une maison ne cesse de crouler, qu'une montagne ne cesse de s'user, qu'une explosion ne cesse de se faire, et choses semblables ». (Ibid., p. 151.)

[17] *Histoire de mes pensées*, p. 131.

[18] *Idées. Platon, Descartes, Hegel* (Hartmann, 1932), p. 121.

[19] *Idées. Etude sur Descartes*, p. 167.

[20] *Entretiens*, p. 93.

[21] *Histoire de mes pensées*, pp. 43-4.

[22] Ibid., p. 156.

[23] Ibid., p. 167.

[24] Ibid., p. 77.

[25] *Les Idées et les Ages* (Paris, 1927), vol. II, 157.

[26] *Idées, Onze chapitres sur Platon*, pp. 39-40.

[27] *Histoire de mes pensées*, p. 121.

[28] Ibid., p. 238.

[29] *Idées. Hegel*, p. 219.

[30] Ibid., p. 228.

[31] Ibid., p. 230.

[32] L. Rougier, op cit., p. 430.

[33] *Idées. Hegel*, p. 213.

[34] *Histoire de mes pensées*, p. 244.

[35] Cf. le vicomte Haldane, *The Reign of Relativity* (1921), chap. XV.

[36] *Idées. Etude sur Descartes*, pp. 126-7.

[37] « Le relativisme, disons-nous, est un mathématisme, et ce qui est mathématique, appartenant *à la fois* à notre raison et à la nature, n'est ni tout à fait le *Même*, ni tout à fait l'*Autre*, ou plutôt est les deux à la fois, étant la véritable *substance intermédiaire*. » (*La Déduction relativiste*, p. 226.)

[38] L. Brunschvicg, *Les Étapes de la philosophie mathématique* (Paris, 1912), p. 56. Ce jugement, qui se rapporte à la philosophe mathématique de Platon, pourrait, selon M. Meyerson, s'appliquer également au relativisme qui n'est pas sans avoir des affinités profondes avec l'Idéalisme platonicien. « Mais l'attitude la plus naturelle du philosophe nous paraît être de constater purement et simplement, avec Platon, cet accord de la pensée et du réel dans le mathématique. » (*La Déduction relativiste*, pp. 225-6.)

[39] D. Dupont, *Essai philosophique sur la Théorie de la Relativité* (Alcan, 1929), pp. 161-2.

[40] A. Einstein, *La Théorie de la Relativité restreinte et généralisée* (Paris, 1921), p. 87.

[41] A. S. Eddington, *Espace, Temps, Gravitation*, trad. J. Rossignol, p. 223.

[42] A. N. Whitehead, *The Concept of Nature*, p. 167, passage cité dans Haldane, *Le Règne de la Relativité*, trad. Henry de Varigny (Paris, 1922) pp. 94-5.

[43] Le vicomte Haldane, op. cit., pp. 149-50.

[44] «... I suggest that this uniformity does not belong to the immediate relations of the crude data of experience, but is the result of substituting for them more refined logical entities, such as relations between relations, or classes of relations, or classes of classes of relations. » (Whitehead, *Space, Time and Relativity*, dans *The Organisation of Thought, educational and scientific*, London, 1917, p. 217.)

[45] « The fact that immediate experience is capable of this deductive superstructure must mean that it itself has a certain uniformity of texture. » (Ibid., p. 218.)

[46] Haldane, op. cit., p. 201.

[47] Ibid., p. 303.

[48] Ibid., p. 304.

[49] Op. cit.

[50] Whitehead, *La Science et le Monde moderne*, trad. A. D'Ivéry et P. Hollard (Paris, 1930), p. 190.

[51] Cf. H. Read, *The Sense of Glory* (Cambridge University Press, 1929).

[52] « We have to admit that the body is the organism whose states regulate our cognisance of the world. The unity of the perceptual field therefore must be a unity of bodily experience. In being aware of the bodily experience, we must thereby be

aware of aspects of the whole spatio-temporal world as mirrored within the bodily life.» (Whitehead, *Science and the Mordern World*, passage cité dans H. Read, op. cit., p. 75).

[53] H. Levy, *The Universe of Science* (London, 1932).

[54] Cf. Ibid., p. 102, 103.

[55] « A scientific law is thus seen to be a statement with a limited range of validity. » (Ibid., p. 103).

[56] Whitehead, *La Science et le Monde moderne*, p. 123.

[57] Op. cit., p. 202.

[58] Ibid., p. 300.

[59] *Histoire de mes pensées*, p. 77.

[60] (Paris, Gallimard, 1924).

[61] Lettre II, p. 24.

[62] A. Huxley, *Proper Studies* (London, 1929), et son dernier roman, *La Paix des Profondeurs* (Paris, Plon, 1937).

[63] Lettre IV, p. 45.

[64] *Vingt Leçons sur les Beaux-Arts*, p. 13.

[65] Un propos d'Alain, *Vendredi*, du 15 novembre 1935.

[66] *Vingt Leçons....*, pp. 32, 33.

[67] *Les Dieux* (Paris, 1934).

[68] Op. cit., pp. 68-9.

[69] *Histoire de mes pensées*, p. 218.

[70] *Entretiens*, p. 36.

The Ontology of Gabriel Marcel

'An empirical ontology' is how W. E. Hocking has described Marcel's philosophy.[1] And indeed, apart from an early, short-lived phase of idealism, variously inspired by Schelling, nineteenth-century French idealism and Anglo-American neo-Hegelianism, and represented by the first part of the *Journal métaphysique*,[2] the thesis on Coleridge and Schelling[3] for the Diplôme d'Etudes Supérieures in 1910, the article 'Les Conditions dialectiques de la philosophie de l'intuition' in the *Revue de métaphysique* in 1912 and the two articles on Josiah Royce,[4] also in the *Revue de métaphysique* in 1918-19, it is as an uncompromising realism that Marcel's thought presents itself. Its main theses are elaborated in the second part of the *Journal Métaphysique:* the immediate participation of the self in the world, memory as the direct apprehension of the past *qua* past, sensation as affectivity, the embodied self, 'my body' or body-subject as 'felt presence', the other as 'thou' or presence.

This realism has affinities with modern Anglo-American realist currents, with Brentano's prepositional theory of perception, but more especially with Husserl's doctrine of the intentionality of consciousness.[5] A phenomenological rather than a naïve realism in short, which envisages the self as implicated in the world as a centre of intentions and acts aimed at apprehending and comprehending the world, the body-subject serving as 'absolute mediator' both in determining qualitatively the self's situation in the world and in providing the dynamic co-centre from which the self intends and constitutes the senses implicit in the world and then projects them back into the world in the form of behaviour.

The function of this realism in Marcel's thought is to establish the principle of concreteness. It establishes as the condition of ontology the return to what Husserl calls 'the thing itself', namely to the phenomena of immediate 'antepredicative' experience prior to its conceptual elaboration. But it does not raise the ontological question as such, nor does it claim to constitute an ontology. It is only with his definition of the 'ontological mystery' in *Position et approches concrètes du mystère ontologique*[6] that his realism can be integrated into an 'ontological reflexion'; since when, in the Gifford

Lectures[7] in particular, Marcel's thought centres round one problem: the constitution of an ontology on the basis of a phenomenological method and a phenomenologically inclined realism.

By way of prolegomena to ontology is a sustained critique of the Cartesian *cogito*, taken as type and model of the idealist *cogito*. The *cogito*, Marcel argues, is limited in its scope: at the most, what it founds is the epistemological subject as the merely formal condition of discourse, namely that thinking implies a thinker.[8] Moreover, the *cogito* proposition is a tautology and, ontologically, unfruitful: as Kierkegaard puts it, in words which Marcel would not disavow, 'I am thinking, *ergo* I am: but if I *am* thinking what wonder that I am'.[9] Finally, by confusing the ontological and the epistemological and identifying the being of the self with pure thought, it introduces an unwarranted divorce between the 'intellectual' and the 'vital' and cuts the cognizing self off from its ontic root.

To found the ontological subject together with judgments of existence there is required and supposed something more than the *cogito* of pure thought. And this is provided by the antepredicative *cogito*, what Marcel calls the *ego sum* or *j'existe*, posited by a thinker implicated in the existent, — that 'ontic truth' or 'antepredicative revelation of the existent' which Heidegger describes as the 'primitive truth' in which 'the truth of the understanding' has its roots.[10]

The *ego sum* refers to a level of experience below the subject-object, subject-predicate relation. Not only is existence not a predicate, the 'I exist' is not even a proposition, but rather the 'expression' of a 'pure immediacy'.[11] To raise the ontological question, as distinct from the epistemological, is precisely 'to raise the question of being as a whole and of oneself seen as a totality'.[12] The content of the *ego sum* is 'a confused and global experience of the world', an 'existential indubitable' that compels me to 'postulate myself as existing both for myself and for others'.[13]

This existential field is an antepredicative unity revelatory of an 'omnipresence of being' and as such the field of intersubjective relations. The category of selfhood is of limited application here. The self I experience is 'without precise frontiers', not localizable objectively within the field. It is given 'in-relation', 'in-the-world', 'in-situation'; and the awareness I have of myself and of which the *ego sum* is the 'expression' may be called 'exclamatory' (expressed at the infantile stage by cries and leaps), an awareness which is inseparable from a mode of being and acting in the world, together with others (the prefix *ex* of existence has the same import).

What we find in the antepredicative field of existence and intersubjectivity is the self and *with it* the world and other selves as, to quote Merleau-Ponty, 'the permanent horizon of all my *cogitationes* and as a dimension with respect to which I never cease to situate myself'.[14] Being is therefore present in experience as this primary diversified unity and antepredicative ontological ground. Self and world are immanent and transcendent with respect to each other, each serving as 'horizon' to the intentions and projects of the other. By means of the latter they 'constitute' themselves as meaningful existents, realizing and making explicit through their relations of reciprocity meanings and values implicit in being as ground. Being is not a thing nor an addition, least of all a totality of things, but a reservoir of senses and values that are actualized and mediated by the intentions of selves. It is revealed, however, through the medium of evaluating, sense-giving and sense-revealing activities only as the *implicated* source and ground of senses and values. It is not an *object* of thought: one cannot say what it is any more than one can say what value or meaning are. It is revealed through the medium of situated and situating selves that are (to employ an expression of Heidegger's for which Marcel shows affection) the 'domicile' of a being or the bearers of a value or sense which they may be said to acknowledge rather than to know.

There is thus a 'mystery of being' at the heart of cognition itself: what Marcel calls the 'ontological mystery of knowledge' — in that 'knowledge is internal to being, enveloped by it'.[15] Being is the 'opaque datum', 'what resists' in experience and cognition, in that it transcends all particular determinations of value and sense as their source and ground. It is known only in its modes, by reflection on the particular intentional acts of the self which determine and constitute the transcendent 'essences' of being. From which it follows that there can be no philosophical grasp of being (as distinct from any possible mystical, non-philosophical grasp) except by way of a reflection on *existence*, on the particular intentions that incorporate or 'incarnate' meaning or value-essences.

The 'ontological mystery' is at the heart of cognition and experience in so far as these are taken themselves as 'mysteries' and not as material for 'problems'.

Marcel's distinction between the 'problem' and the 'mystery' has often been misunderstood. There is, he has said, 'no hope of establishing an exact frontier between problem and mystery. For in reflecting on a mystery we tend inevitably to degrade it to the level of a problem'.[16] The terms do not denote different situations or situation-contents but different ways of treating a single situation. To treat it as a problem is to apply to it the method of causal explanation so as to arrive at a solution having general validity from which may be evolved an objective technique, applicable generally, for remedial or other action. And this involves the suppression of the active subject and the analysis of the total situation into so many objective elements — including the subject's so-called 'states', mental and bodily — one or other of which elements may then be designated as cause. To treat it as a mystery is to recognize the active implication of the subject in the situation as that through the medium of which it has the meaning it has. The situation is understood as one single, simple, sense-giving and sense-revealing event not separable into data one or other of which may be isolated as cause in a causal chain.

The 'data' — those of the self and those of the world intended by the self — are not objective, but incorporated in the self's intention and become, through the realization of that intention, constitutive of a certain mode of being of the self and of the world. We are here, to quote Marcel, in the meta-problematical 'sphere where the distinction between the *in me* and the *before me* loses its meaning and initial value'[17] and where the data 'act in me as an inward principle'.[18] This is what Marcel seems to mean when he defines the mystery as 'a problem which encroaches upon its own data'.[19]

In the existential situation the self reveals and realizes in one concrete intention a transcendent 'essence' of being which is manifest as one indissoluble event as perception, emotion, behaviour. For example, a situation which we describe in terms of 'being afraid'. My fear is not something produced in me, but myself fearing, 'choosing' myself as terrified and the world as terrifying, that is, intending the world and myself in a certain way. It is a single event in which the so-called data — the external circumstances, states of the self and resultant bodily behaviour — are inseparable elements of one sense-giving and sense-revealing act which constitutes a 'manner of being' of self and world conjoined: in short a revelation and realization of being in one of its implicit senses and values, of one of its *essences*.

The ontological mystery has to be understood in the light of Marcel's theory of truth, of which I shall speak more fully later. Truth is a 'revelation of being'. In cognition the 'facts' are 'interiorized' so as to become the 'property' of a 'structure', that is incorporated into an intentional structure of consciousness. Through the medium of this structure, which conjoins self and world, being exercises its 'irradiating' power and reveals one of its essences, that is, itself in one of its possibilities of truth, meaning and value. The transcendent structures or essences of being are embodied, constituted and revealed through the intentional structures of consciousness — provided the latter makes itself 'open' to the ontic revelation.

The question now arises: how can an ontology be constituted, if the traditional analysis and causal type of explanation be excluded? Marcel's answer is that being can be comprehended only on the basis of a phenomenological method applied to the 'ontological mystery', the aim of which is to disclose its content, to describe, clarify and comprehend the universal essences or structures of being embodied in the intentional structures of consciousness — to uncover what Heidegger calls the 'being of being'. This is Marcel's 'ontological reflection'.

At first sight it would seem to have much in common with the 'reflexive analysis' of Maine de Biran and his idealist successors, as when Marcel defines it as a 'process of self-discovery'.[20] Indeed, it resembles it in being a re-flection or re-turn of the self upon its acts and intentions as the matrix of meanings. Like Maine de Biran's, therefore, the method is reflexive, not intuitive, since the being of the self is an activity and cannot be an object for the mind.

On the other hand, Marcel's reflection, unlike Biran's, is not analytical. It is true that Biran is alive to the dangers of analysis, declaring that 'all the difficulties of science come from our wishing always to conceive in the abstract what is given to us primitively and necessarily in relation'.[21] None the less, the purpose of his reflection is to distinguish in experience between subject and object, as between activity and passivity, perception and affection, self and non-self, and ultimately to regress towards a unity of consciousness or pure spirit. Marcel's reflection, on the contrary, regresses towards a self implicated in the world, each actively informing the other and by their reciprocal relations constituting a transcendent meaning-essence and so becoming jointly charged with ontological value as a mode and revelation of being. Reflection may be described as 'ingatheredness', but this is 'a state in which one is drawing nearer something, without abandoning anything'.[22] It is not so much an 'introversion' as a 'conversion', 'a turning inwards of one's awareness of the outer world'.[23]

Marcel's ontological reflection does, however, comprise a preliminary moment, which he terms 'recollection'; and this does seem to raise a problem, since he defines it as a 'detachment' or 'withdrawal', stating that 'it is only by a way of liberation and detachment from experience that we can possibly rise to the level of the meta-problematical and of mystery'.[24] It would seem therefore to correspond strictly to Husserl's *epoché*, 'transcendental-phenomenological reduction', 'bracketing' of the empirical world or 'suspension of the thesis', with their idealistic implications. But this is not so, for they differ significantly in their nature and purpose.

In the first place, although Husserl says in the *Ideen* that 'it is not that the real sensory world is "recast" or denied, but that an absurd interpretation of the same... is set aside',[25] he makes quite clear (here and in the *Cartesian Meditations*)[26] that the reduction is a 'disconnecting' of the world and of the experiencing 'I' with a view to obtaining vision of the pure sphere of transcendental subjectivity with the essences which are the content of pure consciousness. Its model is the Kantian transcendental deduction. Marcel's recollection, however, involves no break with experience, for this would be to assume incorrectly 'that we can treat the given determinant conditions, that constitute my *empirical* selfhood, as contingent in relation to a kind of *abstract* self, which, in the last analysis, is identical with pure reason'.[27] It is rather a momentary relaxation of the ontic and inter-subjective bonds so as to allow the essences embodied in the self-world intentional context — what Heidegger calls 'the significance of what is signified' — to reveal their presence.

Secondly, recollection differs from reduction in an even more fundamental way. The latter has for end an intuition of essences, whereas the former is the preliminary moment of a process of reflection. Essences, meanings and values are factors of our thinking and experience, not themselves simple data or *experientia*, and cannot be themselves the object of intuition.[28] All that can be done in recollection is to make room for them to disclose their presence and allow them to be 'reflected' upon. For the essences disclosed remain to be 'comprehended'. And it is for this reason that the ontologico-phenomenological method is not merely descriptive, but also reflective.

This in fact follows from the phenomenological philosophy itself, as Marcel understands it. Phenomenology studies the mind envisaged as an ensemble of sense-giving and sense-revealing intentions or acts. Immediate experience itself involves such acts of mind. The phenomenological description clarifies the meanings and senses incorporated in experience. But phenomenology also implies the 'telescoping' of sense-giving acts. There are no neutral or passive elements in mind. Every operation of consciousness, while taking over acts of mind with their meanings and incorporating them, being itself an act, fills them out with new meanings. In this way all thinking can be said to be reflective: immediate experience itself is an 'unreflected reflection'. The ontological reflection then not only discloses and clarifies the meanings embodied in the act reflected upon (its descriptive task) but, being itself a new act, enriches it with new meanings — aided here by memory (its task as 'comprehension'). There is no limit set to this reflection. Being reveals itself for what it is, as an inexhaustible source of meaning and value, and the 'reflecting thinker' as the thinker who is 'contemporary with his own thought'.

It is with this conception of reflection that Marcel seeks to justify his claim to found an ontology on the basis of a phenomenological method. This possibility rests on two theses: 1) the telescoping or envelopment of acts of mind together with its corollary, the telescoping and envelopment of meanings. All acts of mind embody universal essences and reflection is the progressive discovery of new perspectives on them; 2) the presence of a *de facto* universality in all experience mirrored throughout the reflective range by virtue of the primary antepredicative, intersubjective ground, and the corollary of intersubjectivity, 'intentional transgression' or intentional intercommunication and reciprocity.

These universal essences or structures, which are the 'being' of being, are something like Whitehead's 'factors in fact', embedded in the concrete of experience. They are not generalities arrived at by induction or comparison of instances. It is not necessary to compare various 'loving' intentions or experiences to grasp the 'essence' of love. This essence is embodied as it is in each experience of loving and of a loving and loved world. What the comprehending reflection does is to multiply perspectives: by becoming 'for me' in reflection in a new way, the essence discloses a new facet or new facets of the meaning implicit in itself.

In Marcel's view, these theses require that no *radical* distinction exist between reflection and experience. 'If', he writes, 'I take experience as merely a sort of passive recording of impressions, I shall never manage to understand how the reflective process could be integrated with experience'. But, he goes on, we may understand how 'experience cannot fail to transform itself into reflection' if we take it 'in its dialectical aspects'.[29] Relations, indeed, are already in experience; it is not a case of a thought imposing relations in the Kantian manner upon a passive matter of sense-experience. Experience is not a passivity nor is consciousness made up of states: it is composed of discriminating and perspective-choosing acts constitutive of senses which come into being through the compresence and reciprocal relations of the self and the world. Experience is not a subjective or psychical but an 'intra-mundane' event, and as such contains within itself the grounds of universality: the concrete universal, union of universal and particular. So that experience contains already, even if below the self-conscious level, rationality and reflectivity, involving as all cognition must constitution and comprehension of senses.

Reflection and experience have therefore the same ontic root, immediacy itself being an 'unreflected reflection'. Ontological reflection proper is this 'unreflected' reflection self-consciously 'comprehended' by the clarification and enrichment of its universal-particular content.

The ontological reflection indeed does not stand by itself. It is the final term of a dialectic of which the stages are: 1) immediacy or spontaneous, implicit, 'unreflected' reflection; 2) 'first reflection' or objective, discursive thought, which distorts the content of immediate experience by converting being into an abstract generality, an object that can be handled as an instrument of possession or 'having'; 3) 'second' or ontological reflection, which renders explicit, discloses and comprehends by enrichment the content of the mystery, and thus restores immediacy or the 'unreflected reflection' at a higher, fully reflected or self-conscious level. The whole dialectic forms a type of 'interrogative' or 'neo-Socratic' thinking based on a 'heuristic' with the emphasis on commuication and dialectic — a dialogue between self and being, a 'reciprocal clarification of two unknowns'.[30]

Marcel's ontology is fundamentally reflective and dialectical, and therefore excludes any type of intuition. Ontological reflection involves no direct vision of being. Being and its essences, although transcending all determinations, are made known to reflection only in their modes, as embodied in the universe of concrete intentions and personal relations, as a 'silence', but a 'silence charged with memory and affectivity'. Ontology is therefore a reflection on existence and proceeds by 'concrete approaches' through description and comprehension of the concrete spatio-temporal structures of the existent.

As all his later works show, Marcel is intent on maintaining the transcendence and universality of values. What philosophy needs today, he writes, is a 'cure de platonisme'.[31] And he proposes a restatement of the Platonic doctrine of essences in terms of a philosophy of inter-subjectivity.[32] He refuses to follow Sartre in giving ontological precedence to existence over essence.[33] Values and meanings are not the product of unconditioned choice, but 'subordinated to structures which cannot themselves be questioned'[34] — having a 'trans-subjective source'. Value-essences are implicit in being as ontological ground and source, and freedom is the power to realize them. Acts are only mediators of value: value itself is ultimate and existence is nourished on 'gifts', 'revelations' and 'graces'.

These transcendent essences or structures embody themselves in the intentional structures of consciousness, which provide the framework for particular intentions. Consciousness in its intentional relationship with the world realizes a meaning or value-essence by selection from being as ground, thus constituting both self and world as a single mode of being and particular determination of an essence. The latter comes into existence against the ontological ground of implicit senses and values, which remains as a 'horizon' to the constituted sense. It is, moreover, the tension involved between particular and universal that characterizes existence as 'project' and constitution of meaning,[35] and that makes impossible that man's being should ever be 'indifferent to *value*'.[36]

The *de facto* universality and the possibility of the universalization of meanings and values are assured by three things: 1) being as the unitary ontological ground with its essences and structures; 2) the universal intentional structures of consciousness wherein essences are embodied and which provide the framework for particular intentions; 3) intersubjectivity or the 'intersubjective nexus' which is a feature of the ground[37] together with intentional transgression. Together these factors found what Marcel calls an 'intelligible milieu'[38] or 'kind of intelligible background'[39] against which intercourse takes place and which creates an 'implied understanding'.[40] They are sufficient to provide that every constituted sense or value is a universal-particular essence.

Marcel, in fact, proposes an activist theory of the concept which recalls Bergson and also Price's interpretation of the concept as a dispositional habit. The concept should be understood in terms of 'the logic of the process', not of the 'thing'[41] and taken at its antepredicative origin as the idea 'interpreted dynamically',[42] that is at the moment when, at 'the point of juncture of life and truth',[43] the intellectual and the vital, both idea and feeling, thought and action, subjective experience becomes charged with universal meaning. This is the concrete universal or 'authentic transcendence', intermediate between subjective and 'generalized thinking',[44] transcending 'the opposition between the successive and the abstract, between the endless changing flow of sensation and the static eternity of the concept' — and postulating a 'new category', that of depth.[45] 'It must be understood that universality is situated in the dimension of depth and not of extension.'[46]

Marcel then goes on to propound a theory of truth in terms of what he calls a 'metaphysic of light'[47] and which has, he admits, a marked resemblance with that expounded by Heidegger in *Vom Wesen der Wahrheit*.[48]

Truth he defines as 'the revelation of what is', the property that being has of revealing itself without reserve. Intellection is 'to be illuminated, or rather to have a sudden access to some reality's revelation of itself to us'.[49] A true judgment is constituted by the adequation of mind and thing,[50] a relation which Heidegger calls 'appresentation' (*Vorstellung*);[51] and the condition of appresentation is — here Marcel quotes Heidegger — 'that the appresentating being should be placed in the middle of a light that will allow something to appear to that being, be made manifest to it'.[52]

In addition, however, to this 'openness' or 'availability' of the cognizing subject, there is required the integration of both subject and object into a structure. For the mere 'fact' as such cannot be said to be true or meaningful, these qualities are 'conferred on it by the mind that grasps it'.[53] only then does it acquire a 'reverbatory' power or 'power of irradiation'.[54] It has to be integrated into an intentional structure when 'integrated into the structure... it can become radiant — always allowing... that the self disposes itself in relation to the radiant fact so as to receive the light that streams from it'.[55]

On the subjective side, the cognizing self too by its integration into the intentional structure, by a 'reciprocal interlinking between facts and self',[56] becomes radiant and irradiating.[57] And it is when thus linked in an intentional structure that self and object embody an essence of being, and it is this transcendent, infused essence that illuminates and makes them the medium for the display of sense and value. Being in this way reveals itself in one of its particular aspects of truth, value or sense in and through its particular embodiments which it illuminates by its own light.

Truth, value and meaning are qualities of being as ground and source, but these are revealed only in their determinations, which are modes of being. Being itself as ultimate ground and pure source of value and sense transcends all its determinations.

Thereby the limits of ontology are set. Being as source and ground lying beyond determinations does not reveal itself directly in itself to the ontological reflection. The latter encounters it in two forms: either as the *implicated* ground of particular determinations, the 'opaque datum' which is at the heart of the ontological mystery; or as a *reflected* light, since what it sees is not the illuminating essence itself but its embodiment which by its presence it illumines. Essence and value 'present themselves to reflection as a modality (*Weise*) of the illuminating principle much rather than as a certain illuminated immaterial content'.[58]

There follows from this a clear distinction between ontology and 'metaphysics', as between philosophy and mysticism. Philosophy has its own clearly defined method, namely the phenomenologico-ontological reflection consisting in the description and comprehension of being in its modes, that is, the values and meanings embodied in intentional activity. 'There can no longer be any philosophy today without an analysis of the phenomenological type bearing upon the fundamental situation of man'.[59] 'The philosopher has at his disposal one tool only, and that tool is reflection'.[60] Thought must remain 'critical'[61] and preserve the 'distance' between itself and its object, resisting the 'temptation to engulf itself in its own object and become merged with that object'.[62] Philosophy transcends its legitimate sphere when it 'drifts towards mysticism'.[63] For being as ground and light is known to reflection only as implicated ground and reflected light and cannot be the direct object of description. 'The essence is illuminating much rather than it can be illuminated and *a fortiori* described'.[64]

In this sense it is impossible to 'discourse on being' and impossible to constitute a *science* of value or meaning as such.

Ontology comprises no direct vision or intuition of being as pure ground. Certainly there is a 'metaphysical intuition' at the origin of philosophy; it is it which creates the 'ontological need' that animates reflection but, as far as philosophical investigation goes, it is and remains 'blinded', 'veiled' or 'blocked'. 'This intuition in the philosopher has not the power as in the poet, and *a fortiori* in the prophet, to formulate itself directly. It is limited thereby to nourishing subterraneously a reflection which can operate only upon common experience as it offers itself to an honest mind'.[65]

Hence for Marcel the paradoxical and ambiguous status of ontology and philosophy. On the one hand, it has its foundation in what is not itself — metaphysical intuition, and its end and destiny in what is not itself — metaphysics, faith, religion. 'The philosophy of values is capable of transcending itself and of pointing towards what surpasses it infinitely'[66] — 'silence' and 'music', what lies beyond language, discourse and the ontological reflection itself. This is the realm of faith or 'invocation', which closes the gap between the 'reflecting' and 'praying' me:[67] the direct vision of and fusion with being, ground, source and unreflected light. 'Silence' is that 'third person' obscurely present in discourse and reflection, for 'speech has issued from the plenitude of silence and... the latter legitimates it'.[68] But its emergence into full direct view is the ruin of philosophy and ontological reflection, for at that point philosophy becomes superfluous and meta-physics and religion take over.

On the other hand, it is by limiting itself to existential reflection and in maintaining metaphysics and faith as mere 'horizon' of its activity that philosophy constitutes itself as positive search and valid ontological discourse — within the limits of a reflection on the 'incarnate mystery' and the 'silence charged with memory and affectivity': the description and comprehension of being revealed through the 'concrete approaches' provided by 'common experience as it offers itself'.

[Unpublished, revised, paper read at the Premier Colloque of the Société Britannique de Philosophie de Langue Française, London, March, 1962.]

[1] 'Marcel and the Ground Issues of Metaphysics', *Philosophy and Phenomenological Research*, XIV, No. 4 (June, 1954), 439-69.

[2] Gallimard, 1935. Unless otherwise indicated, the place of publication of works in French is Paris.

[3] 'Les Idées métaphysiques de Coleridge dans leurs rapports avec la philosophie de Schelling', a typed memoir, was published by Aubier in 1971 under the title *Coleridge et Schelling*. An account was given by Charles Du Bos in an essay on Gabriel Marcel in *Essais et Poèmes* (Plon, 1931).

[4] 'La Métaphysique de Josiah Royce', later published in volume by Aubier in 1945. See also *Fragments philosophiques 1909-1914* (Louvain: Paris, Nauwelaerts, 1961). For the themes of Marcel's early idealism see, in addition to the article 'Les Conditions dialectiques de la philosophie de l'intuition', *Journal métaphysique*, in particular p. 12ff: p. 30ff.

[5] As Husserl's doctrine of intentionality is developed in his later more realist stage, represented notably by *Erfahrung und Urteil*, edited by L. Landgrebe and published posthumously by Claassen and Goverts (Hamburg, 1948). The English translation by J. S. Churchill and K. Ameriks was published by Routledge and Kegan Paul in 1973.

[6] First published in *Le Monde cassé* (Desclée de Brouwer, 1933), then separately in 1949 (Louvain, Nauwelaerts: Paris, Vrin). An English version appeared in *The Philosophy of Existence*, translated by Manya Harari (Harvill Press, 1948).

[7] *The Mystery of Being*, 2 vols. (Harvill Press): Vol. I *Reflection and Mystery* (1950); Vol. II *Faith and Reality* (1951).

[8] *Etre et Avoir* (Aubier, 1935), p. 249.

[9] *Concluding Unscientific Postscript*, translated by D. F. Swenson and W. Lowrie (Oxford University Press, 1941), p. 281.

[10] Quoted by Marcel de Corte, *La Philosophie de Gabriel Marcel* (Pierre Téqui, 1939), p. 58. Unless otherwise indicated, translations from the French are my own.

[11] *Mystery of Being*, I, 89-90.

[12] *Philosophy of Existence*, p. 7.

[13] *Mystery of Being*, I, 92.

[14] *Phénoménologie de la perception* (Gallimard, 1945), Avant-Propos, pp. vii-viii.

[15] *Etre et Avoir*, p. 166.

[16] *Philosophy of Existence*, p. 9.

[17] *Etre et Avoir*, p. 169.

[18] *Philosophy of Existence*, p. 11.

[19] Ibid., p. 8.

[20] *Mystery of Being*, I, p. 132.

[21] Quoted by Jean Wahl, *Tableau de la philosophie française* (Ed. Fontaine, 1946), p. 102.

[22] *Mystery of Being*, I, 129.

[23] Ibid., p. 131.

[24] *Philosophy of Existence*, p. 12.

[25] *Ideas: General Introduction to Pure Phenomenology*, translated by W. R. Boyce Gibson (Allen and Unwin, 1931), p. 169.

[26] 'Positive science is a science lost in the world. I must lose the world by epoché, in order to regain it by a universal self-examination', *Cartesian Meditations*, translated by Dorion Cairns (The Hague, Nijhoff, 1960), p. 157.

[27] *Mystery of Being*, I, 132.

[28] *Philosophy of Existence*, pp. 13-14.

[29] *Mystery of Being*, I, 83.

[30] Ibid., p. 13. On the primary and secondary reflections see *Mystery of Being*, I, Chap. V; *Philosophy of Existence*, p. 14ff.

[31] *Les Hommes contre l'humain* (La Colombe, 1951), p. 32.

[32] Ibid., p. 87.

[33] *Le Déclin de la sagesse* (Plon, 1954), Avant-Propos, p. ii.

[34] *Les Hommes contre l'humain*, p. 55.

[35] *Le Déclin de la sagesse*, p. 68.

[36] *Mystery of Being*, II, 44.

[37] Ibid., pp. 8, 10.

[38] Ibid., p. 11.

[39] Ibid., I, 75.

[40] Ibid., II, 15.

[41] Ibid., I, 93.

[42] Michel Bernard, *La Philosophie religieuse de Gabriel Marcel*, Cahiers du Nouvel Humanisme (1952), Appendice by Gabriel Marcel, p. 144.

[43] *Mystery of Being*, I, 192.

[44] Ibid., p. 9.

[45] Ibid., p. 191.

[46] *Les Hommes contre l'humain*, p. 202. Cf. 'Le Sentiment du profond', *Fontaine*, No. 51, (April, 1946).

[47] *Mystery of Being*, II, 120.

[48] Ibid., I, 57.

[49] Ibid., p. 53.

[50] Ibid., p. 70.

[51] *Vom Wesen der Warheit* (Frankfurt, Klostermann, 1942), pp. 2-3. Cf. *De l'Essence de la vérité*, translated by A. de Waelhens and W. Biemel (Louvain, Nauwelaerts: Paris, Vrin, 1948), pp. 74-6.

[52] *Mystery of Being*, I, 71.

[53] Ibid., p. 64.

[54] Ibid., pp. 64, 66.

[55] Ibid., p. 67.

[56] Ibid., p. 68.

[57] *Les Hommes contre l'humain*, p. 199.

[58] *Le Déclin de la sagesse*, p. 74.

[59] *Les Hommes contre l'humain*, p. 92.

[60] Ibid., p. 173.

[61] Ibid., p. 98.

[62] *Mystery of Being*, I, 147.

[63] *Les Hommes contre l'humain*, p. 99.

[64] *Présence et Immortalité* (Flammarion, 1959), p. 35. Cf. A. de Waelhens, *Phénoménologie et Vérité: Essai sur l'évolution de l'idée de vérité chez Husserl et Heidegger* (Presses Universitaires de France, 1953), p. 80.

[65] *Les Hommes contre l'humain*, p. 173.

[66] Ibid., pp. 129-30.

[67] *Mystery of Being*, II, p. 126.

[68] Max Picard, *Le Monde du silence*, translated by J.-J. Anstett (Presses Universitaires de France, 1954), Préface de Gabriel Marcel, p. xii.

Consciousness and Structure
in Paul Valéry's 'System'

In Paul Valéry's account of literary production, as indeed of mental activity in general, two approaches are discernible. The first and dominant one is phenomenological, in terms of a conscious subject constituting a meaningful, structured product through the medium of its sense-giving projects. The second is broadly structuralist, from the side of the product, viewed as a self-contained, self-regulating, non-referential system of signs, the relations between which are governed by an operational logic of combination and transformation.[1] The two stand in opposition, since the concepts of consciousness, intention, etc. present in the former and considered essential to the production of meaning[2] are excluded from the latter in favour of system, rule, transformation, etc., in such manner as to confine meaning within the circle of interrelated linguistic elements. The aim of this essay is to examine the two trends in Valéry's 'system' and to show, if possible, how they are related.

The fundamental theme of his thought is a phenomenological analysis of consciousness, in which his primary concern is, not with particular modes of consciousness, but with the general form of consciousness, not with its particular operations but with the general form of all mental operations. Hence his first move to define a pure consciousness or Pure Self. Consciousness is a 'power of substitution', of endless construction, destruction and transformation of systems. Ideas, personalities themselves are such labile constructs. What Valéry seeks is by a process of exhaustion to eliminate all that is construct and therefore variable in the mind so as to uncover the mind itself in its essence as the constructing power and the 'common origin' of all its operations — a pure consciousness or 'Moi Pur'.[3] The pure consciousness and pure self-consciousness is therefore a power — hence Valéry's version of the *Cogito: 'Je suis ce que je puis'*[4]— but only as a 'capacité', infinitely modifiable, 'sans attribut', a 'zéro' or 'rien',[5] in that it transcends all its determinations and constructs. It is thus the realm of possibility — 'mon inviolable *Possible Pur*'[6] — 'relation absolument

générale des impressions possibles . . . distincte de toute individuation'.[7] It is with this individuation and the emergence of the
individual consciousness that those possibilities become susceptible
of actualization in specific determining acts of selection and
constitution. The individual consciousness marks the passage from
the 'negative' to the 'positive':

> Le *moi pur*, c'est le NON UNIVERSEL et identique, et unique.
> Mais UN NON suppose une tentative d'affirmation.[8]
> . . . *Zéro* est en soi synonyme de rien; mais l'acte d'écrire ce *zéro* est
> un acte positif.[9]

Between the individual consciousness that speaks 'de MON
CORPS, de MON ESPRIT, de MON MONDE' and the pure
consciousness 'qui précède tous les mots'[10] there is an 'écart',[11]
which defines the specific structure of the former as an individual
consciousness, namely as the seat of a 'dialogue' between itself and
the pure consciousness:

> Penser c'est communiquer avec soi-même. Possibilité d'un dia-
> logue. Le Je est le sans visage, sans âge, sans nom, et un autre Je a
> *mon* nom, mon visage.
> L'individu est un dialogue. On se parle — on se voit et se juge.
> C'est là le grand pas mental.[12]

It is this duality, potential in the pure consciousness, actual in the
individual consciousness, which provides all consciousness with its
reflexive structure and requires that it be a self-consciousness—'En
dernière analyse, c'est le *Dédoublement* qui est le fait essentiel
psychique... C'est lui qu'on appelle "conscience".'[13]

The individual consciousness thus defined, Valéry can proceed
to describe the nature of conscious activities in general. These are
processes of construction whereby the mind, using the power
inherent in it,[14] constitutes an ordered system from the amorphous
given of experience — 'passer du désordre à l'ordre'.[15] From this
follow themes familiar to phenomenologists relating to the way in
which a system of ordered perceptions is constructed from the
multiplicity of received impressions, 'my' world from 'a' world. Self
and world are 'deux déterminations symétriques... qui ne peuvent
jamais coincider, qui ne peuvent jamais se séparer l'un de
l'autre'.[16] 'Penser monde abstraction faite de l'homme est un
non-sens', since there is no world 'sans point de vue, car nous nous
plaçons inconsciemment *en un point* pour dire: le Monde'.[17] One
may recognize here Merleau-Ponty's perspectivism. In short, there
is at work in perception a world-directed intention supported by a

particular act of selection, by reason of the fact that perception is not only cognitive but primarily a form of acting in the world and dealing with it. 'Le réel est en rapport avec l'acte'.[18] Hence the constitution of the world in time and space: in time, from the immediate experience of the '*Présent-Forme*' with its past-future retentions and protentions, to employ Husserl's terminology; in space, where the mind 'perfectionne l'espace donné en se souvenant d'un précédent. Puis, à son gré, il arrange et défait ses impressions successives'.[19] The two, moreover, are intertwined. There is a 'geometry' of time:

> ...*Présent-Forme* — Equation du présent duquel passé et futur sont des dérivées — comme tangentes droite et gauche. Le présent actuel donné, donne un passé et un futur. Ce Présent-Forme donne des liaisons — des relations réciproques et autres...[20]

Similarly, there is a 'chronolyse de l'espace' by reason of the fact that the mind 'conserve des relations', spatial included, and that both space and time are connected with action and therefore movement. By this interfusion — 'la *spatialisation* de la succession' and 'la *chronolyse* de l'espace' — [21] the world is set into a common spatio-temporal framework.

The structuring power of consciousness finds its dominant expression in the creation of formal systems of thought. These depend on the mind's ability to 'distinguer et combiner'.[22] They constitute systems of conservation and transformation, composed of structures or relations functioning as constants and capable of indefinite transformation by the variation in their terms.[23] Valéry finds their symbol in the dance, which displays 'une sorte de vie...à la fois étrangement spontanée, mais étrangement savante et certainement élaborée'.[24] It is a symbol which, with its emphasis on conservation and transformation, serves to underline Valéry's insistence on the relationship between thinking and acting. Acts, like the structures they embody or produce, are 'telescoped', each emerging as a transformation of a preceding one in a system that allows for both permanence and change, identity and difference, unity and multiplicity.[25]

Consciousness is a structuring power. We have to think of a self immersed at a minimal level of consciousness — 'sur les frontières des états informes qui avoisinent la non-conscience totale'[26] — in a quasi-formless world from which it distances itself in order to organize it in perception and, ultimately, to represent it as a symbolic system. This structuring implies an ability to distinguish and differentiate, an ability to reflect, that is to select, reject, take up again and transform, for the mind must never convert its system into 'idéés fixes',[27] above all the ability to distance itself from what is presented for structuring, whether the given of experience or the product for transformation.[28] Together, distanciation and structuring are the condition of self-consciousness, allowing the mind to become aware of itself as the structuring power transcending its constructs and content. Distance and difference are indeed the 'being' of the individual self-consciousness. But it is a difference within a unity. The individual self exists by the 'gap' between it and the pure self, but also by the internal relation linking it to the latter and making possible their dialogue; self and world are separate, yet united; particular structures are telescoped, containing implicit within them *ébauches* of those that follow and retentions of those that precede.

As a phenomenology of consciousness requires, Valéry concentrates his attention on the passage from the subliminal region of experience, those 'états informes . . . qui sont *loin des actes* et donc des expressions de soi à soi'[29] — prior to acts of differentiation and structuring and the self-consciousness that accompanies them — to the experience of full self-conscious activity, the realm of '*actes* et donc des expressions de soi à soi'. The key word here, it should be noted in parenthesis, is 'actes', for Valéry equates form and function. 'Formel...ne serait-ce pas *fonctionnel?*'[30] The structuring act is the means whereby form emerges, not so much as a result of, but *pari passu* with the functioning of an organism fulfilling its ends. Thinking itself is 'l'acte d'une fonction...comme la marche'.[31]

Valéry's analysis centres on his description of the contrasting dream and waking states. Whereas the waking state is selective, 'rend sensibles des liaisons et des différences',[32] 'est avant tout la possibilité de référence d'une sensation à un système qui la localise et "l'explique" en *termes finis*',[33] dream is unstructured, a sort of atomized perception. This because it exists in a special mode of temporal experience where scenes are presented to the mind fully actualized in a succession of discrete and narrow instants. 'Le rêve est le règne de l'instant'.[34] All in it is actual. 'Essentiellement le rêve est actuel. Il comporte bien un passé et un futur, mais immédiatement convertibles en actuel, *en espèces*'.[35] 'Il lui manque la présence du *reste*'.[36] This 'remainder' is precisely those latent protentions and retentions which fringe the actuality of the instant and make the present of wakefulness a *structure*, a 'Présent-*Forme*'.

For Valéry as for the phenomenologist, these latent dimensions of the present — wholly absent from the 'instant' of dream — are an integral part of the total experience as a signifying structure in that they are the instrument of conservation:

> Tout ce qui agit, dans le rêve, quoique caché, est *non significatif* tandis que dans la veille, il y a actions latentes de significatif. C'est pourquoi elle est développable—on peut raisonner.
> Tandis que dans le rêve il n'y a que substitutions sans conservations.[37]

Valéry does envisage a problem here, at least the possibility of confusion, for if the past-future horizons are part of the present, are they not describable also as 'absent' from it? 'Comment cette absence est-elle confusion, comment cette présence exclut la confusion? — Problème?'[38] Valéry's answer lies in the recognition that these 'absences' are not truly absences but latent presences. As a structure then, holding implicit within it both past and projected future, the present of full consciousness is the agent of both conservation and transformation, permanence and change, homogeneity and heterogeneity, identity and difference: 'une équation entre la permanence et le changement';[39] *'une forme* dont la propriété essentielle est représentable par l'image d'un aller et retour':[40]

> On devrait appeler *présent* une *forme* constante de relations telles que toutes choses y comprises, quelle que soit leur différence...soient également opposées, également en *contraste* avec un... Indéfinissable — et Réciproque — ou — ce qu'il faut pour que cet ensemble *hétérogène* compose une sorte d'unité.[41]

Indeed, it may be claimed that the whole of time is *en puissance* in the present: 'à chaque *instant*, la pensée touche . . . à tout le reste du temps'.[42]

Time and self-consciousness suppose each other:

> Toutes les fois qu'il y a dualité dans notre esprit il y a temps. Le temps est le nom générique de tous les faits de dualité, de différence.[43]
>
> Le temps, distance intérieure.[44]

Duality and dialogue, with their interplay of identity and difference and the inherent movement of reciprocal exchange, manifest themselves everywhere in temporal terms, nowhere more so than in language as in this passage where Valéry describes the conserving and transforming factors operating in discourse as a 'Relais' and links them with the notion of freedom:

> ...la liberté d'un être implique le *langage* — c'est-à-dire le Relais. Point de relais, point de liberté concevable. C'est *le langage qui crée la possibilité de l'intervalle conscient.*[45]

Or in this passage concerning the relationship between 'parole intérieure' and speech proper:

> Et qui décrira, définira la *différence* qu'il y a *entre cette phrase même qui se dit et ne se prononce pas,* et cette *même phrase sonnante dans l'air.* Cette identité et cette différence sont un des secrets essentiels de la nature de l'esprit...Je crois que le rapport de ces possibilités de double effet est dans la puissance de la motilité...C'est en elle que gît le mystère du temps.[46]

'L'acte mental', writes Valéry, 'est assujetti à des conditions de production.'[47] It is therefore not surprising that he should devote considerable space to their study and, in particular, to what he calls the 'Implexe'. His own poetry, he remarks, 'est une production très influencée par des présences cachées, d'invisibles préceptes, des champs de forces, positives ou négatives, non déclarées',[48] and it is to this region that he gives the name of Implex. The latter, he declares, is not an activity proper but a 'capacity': 'notre capacité de sentir, de réagir, de faire, de comprendre';[49] '*le potentiel de la sensibilité générale et de la spéciale*...aussi la capacité d'agir en général'.[50] The concept is defined more precisely in the following passages:

> L'Implexe . . . est le *reste caché structural et fonctionnel* — (non le subconscient —) d'une connaissance ou action consciente.[51]

> Mais telle idée *neuve* n'est pas de l'implexe. Toutefois elle en tient par le fait même qu'elle est *Idée.* La production des idées est implexe, mais non les produits mêmes en tant que formés dans l'instant.[52]

In brief, an implex is a hidden dynamic structure which 'remains' from preceding conscious acts or ideas as both a frame (or determining Form) and as a potentiality for the production of new acts and new ideas: it is 'ce *en* quoi et *par* quoi nous sommes éventuels'.[53] The Implex in general is the field of those schemes that underly all conscious acts and make possible their integration into a system with a unity of structure. Valéry emphasizes that his 'implexe' must not be identified with the unconscious or the subconscious: 'ne pas confondre ce que je nomme l'*Implexe* avec ce que l'on nomme l'Inconscient ou le Subconscient':...'ce potentiel est conscient',[54] a capacity 'plus ou moins perçue par nous'.[55] We are dealing not with unconscious factors but with what might be called 'virtualités acquises'. Jacques Derrida is therefore accurate in speaking of Valéry's Implex as a 'conscience virtuelle'.[56]

The recognition of the intimate relationship between mind and body is a corollary of the above theses. Valéry rejects any dualism of the Cartesian type, seeing the self as a power manifest in acts of structuring, which are acts of consciousness with a mental and bodily side, taking place in a self-world context as simple acts with three moments or dimensions.

> Les 3 dimensions de la connaissance.
>
> Le corps, le monde, l'esprit.—
> Cette division *simpliste* est pourtant capitale. Elle est cachée dans toute connaissance.
>
> ....
>
> Le corps comprend les *forces*.
> Quand on dit: *Cet* arbre—
> Le tout s'adresse à l'esprit. Arbre est du monde. *Cet* est du corps — axe de référence.
> Au point de vue *accidentel*—le corps est monde.
> L'action /effet/ du monde sur le corps est esprit — (sensation-question). L'action /effet/ de l'esprit sur le monde est acte.[57]

We have a world which solicits, a body which responds and in responding 'selects' its perspective and provides an 'axe de référence', a mind which takes cognizance of the bodily intimation in sensation — 'L'esprit est un moment de la réponse du corps au monde' — [58] and then organizes the data in a structuring act, the whole constituting one simple 'action' directed upon the world. The body is thus given a very definite cognitive role, bodily activity being a moment in the selective process of cognition. It has this status, however, not as the 'anatomical' body but as what Valéry calls 'le corps vrai', which is in effect part of consciousness:

> Le moi est le rôle plus ou moins caché du corps *vrai* dans la conscience. *Corps vrai* — c'est-à-dire non le corps visible et imaginable, l'anatomique mais l'intime travail et fonctionnement qui est véritablement notre corps, notre facteur.[59]

It follows that Valéry gives attention to the role of mechanisms in mental activity and to the reflex act of stimulus and response. He certainly recognizes the important role played by mechanisms: 'L'idéal de l'"intellect" est de substituer un "mécanisme" institué *une fois pour toutes* à une formation locale de solutions de chaque fois. Apprendre à marcher, à lire'.[60] But in Valéry's scheme they belong to the domain of the Implex as 'le *reste caché structural et fonctionnel*...d'une connaissance, ou action consciente', as indeed the mention of learning to walk implies. They are then potentialities and as such, by Valéry's own definition of the Implex, lie within the scope of the 'conscience virtuelle'. Such, for example, are verbal acts, linguistic forms, etc., which are learnt 'une fois pour toutes' and remain as in-built but 'conscious' potentialities ready to spring 'mechanically' into action.[61] Moreover, Valéry constantly warns against the dangers of 'la pensée considérée comme réflexes/réponses':[62] 'Raisonner, se raisonner, c'est *agir contre* les vitesses de réaction mentale et d'action directe'.[63]

That mechanisms serve as instruments of conscious thought is because they lie within its field not only as latent capacities for thought and action but as modes of thinking and acting. Further, this same perception applies to the whole range of mental activity, from the ante-predicative to the fully conceptual, which may be seen throughout to exhibit structure and structuring however minimal. Thus Valéry, referring to the 'Présent-Forme', observes — at some risk of contradicting himself — that even in presumed 'unstructured' dream 'il y a commencement, ébauche d'un présent' and that 'le phénomène relatif au rêveur tend à engendrer un intelligible. Il n'y a pas de rêve si bizarre qu'il n'y ait une sorte d'intellection'.[64] In all experience, however 'raw', there is some degree of rationality, if only nascent. In this Valéry comes close to the phenomenologists who place the origin of the concept itself in immediate experience.

It is in Valéry's treatment of language that his affinities with formalism and structuralism are best seen. Language for him is primarily a praxis: 'le langage...*imite* par la structure un type d'action — car il est *action*'.[65] It is a system of acts in which form and function unite and which displays 'les caractères généraux fonctionnels comme ceux de la marche, ou de la fabrication de quelque chose'.[66] Its basis is in gesture, the act of designating objects by pointing to them:

> Une vraie *définition* doit conduire hors du langage, à une situation d'échange de *mot* contre *chose* ou mimique de désignation ou d'imitation, et de *chose* contre *mot*.[67]

To name is to 'show', by designation or imitation, and meaning is explained by way of ostensive definition, a view that corresponds to that of Wittgenstein in the *Tractatus* when he held to the 'picture' view of language. Here, however, we are dealing with denotation, that quality of expressions which Frege calls reference and which he distinguishes from their sense, their connotation or meaning proper. Valéry makes a similar distinction between the 'geste' and the linguistic sign. What characterizes the latter, developed though it be from the former, is its detachment from the object denoted and its freedom to signify a multiplicity of meanings. This precisely because the linguistic sign consists, in Valéry's quite Saussurean definition, of an 'échange perpétuel entre *chose — idée de chose —* et *acte-signe*' (object/signified/signifier),[68] of which the two latter independently of the first bear the meaning. Detached from the object, word and idea acquire a maximum of flexibility. The word is freed to 'signify' or connote a variety of ideas or signifieds appertaining or attributable to the object and to undergo an indefinite range of substitutions and become 'le signe de sa multiplicité de transformations implicites — ou bien par métaphores ou bien par constructions'.[69]

This cannot take place, however, Valéry argues, unless the word is set within an organized structure where it acquires its specific sense in relation to other words in the system:

> ...nul mot isolé n'a de sens. Il a une image *mais quelconque*—et le mot ne prend SON SENS que dans une organisation—par *élimination* entre SES SENS.[70]

The very detachment from the object which allows the word to have 'sense' makes it in isolation an arbitrary sign (evoking an 'image quelconque'), precisely what its origin in the act of designation guards against. Only when animated within a formal dynamic structure can it, not so much replace as supplement the denotative function it holds through its basis in the 'geste-acte' by its connotative function as a 'geste-acte significatif'.

In his treatment of the linguistic sign in relation to meaning Valéry comes close to Wittgenstein's use principle according to which the meaning of a word is understood by observing how it is used in a given context, which is another way of saying, as Valéry does, that it is determined by its specific place in a specific structure — in which its other possible senses in other possible combinations are 'eliminated' — that is by its particular use. But whereas Wittgenstein in the *Philosophical Investigations* substitutes his use theory for his earlier picture theory of meaning, according to which a word's meaning lies in its correspondence to the object it denotes,[71] Valéry wishes to retain, together with his theory of the linguistic sign, his view that language is based on gesture and the primary act of designation. The reason lies in his desire to protect language against arbitrariness. While recognizing that the institution of a particular word for a particular object is a convention and that the word is susceptible of multiple substitutions, he argues that the denotative relation itself linking 'word' and 'thing' (*'Idée* prise pour *chose'*) is necessary by reason of its grounding in the 'geste-acte' within the primal self-world relation:

> Le *milieu extérieur commun* est le fondement unique et essentiel de toute communication ... Tout ce qui n'est pas exprimable en gestes—*instable,* institue un *fantastique.*[72]

> ...Un objet n'est exprimable que par un nom plus grand que lui et qui n'est que le signe de sa multiplicité de transformations implicites... Le réel est intransformable...
> Le réel forme par sa constance une base inébranlable.[73]

Valéry also devotes considerable attention to the conventions of language—the conventions, rules and all that makes up the code which regulates the metalinguistic operations for the transmission of messages: 'le langage est une acquisition de conventions'.[74] As always, he relates their acquisition to action, as in the case of speech: 'Le langage articulé verbal part du geste—et l'exige *une fois pour toutes'*[75] As institutionalized acts they enter into the Implex with its 'images, schèmes d'action, "mots" et "formes" du discours'[76] as latent capacities functioning ordinarily as built-in mechanisms.

Many of these views on language find their echo in structuralism. They may be summed up as formalism, conventionalism and functionalism. The task of mind, as Valéry sees it, is to represent the amorphous given by a system of precise relations expressed in symbols. For him what is not named or capable of being named simply is not: he has a horror of the indeterminate and in that is as much a partisan of the 'law of number' as Renouvier or other neo-Kantian or, for that matter, any Wittgenstein. All products of thought are formal systems where the 'facts' are transformed into signs detached from their referents, with their signified and signifying sides, and given a purely differential function within a structure of resemblances and oppositions—the whole system constituting a self-regulating operational logic developing in response to set rules of combination, substitution and transformation.[77]. They are, to adapt somewhat Wittgenstein's expression, 'language games'. They are neither direct, spontaneous 'expressions' of thinker or poet, for there is a 'distance entre la *"pensée"* initiale et *"l'expression"* finale',[78] nor are they pictures of reality, for 'le réel d'un discours, ce sont les mots, seulement, et les formes'.[79] Thus Valéry asserts that, just as mathematics is a science of relations, not of quantity, the true subject of a poem is one *'où la transmutation des pensées les unes dans les autres paraîtrait plus importante que toute pensée,* où le jeu de figures contiendrait la réalité du sujet'.[80] In addition, it would be one where the conventions and operational rules were made explicit,[81] an idea which Valéry developed when he envisaged a general theory of literature as an axiomatics laying bare the conventions and rules underlying all literary production.[82].

Those themes are apparently linked to a disloding of the conscious, creative subject, to his quasi-disappearance from the cycle of production. Not only may the poem be considered as a mere 'machine à produire', developing in response to its inherent logic, but the poet himself functions as a machine: 'le véritable ouvrier d'un bel ouvrage...n'est positivement *personne*';[83] 'Il ne faut...jamais conclure de l'œuvre à un homme—mais de l'œuvre à un masque—et du masque à la machine'.[84] And most revealing of all this analogy between the intellect and the machine:

> L'intellect, on peut essayer de le définir ainsi: Toutes les opérations et transformations que notre action intérieure, par représentation, symboles, liaisons et relations, peut faire subir à une donnée, et que nous pouvons concevoir *comme non impossibles à effectuer au moyen de machines.*[85]

The role of the self as a conscious and self-conscious originator appears to vanish, becoming at the most that of an instrument of combinations within a system of built-in linguistic forms which it inherits together with their operational rules: 'toute création dans cet ordre se réduit à une combinaison des puissances d'un vocabulaire donné, selon des formes instituées une fois pour toutes'.[86]

So too with the sensibility which, chaotic as it may present itself to experience, also displays at its heart form and structure. Valéry speaks of the 'dispositions cachées des diverses sensibilités qui nous composent',[87] and of 'la similitude et le contraste, productions "naturelles" de cette sensibilité'[88]— the analogies and oppositions which make up its structures and which nourish myth and provide the thematic material of art and literature. These psychic structures too are built-in and the transformations possible within them operate also in accordance with set rules. Once again the individual self-conscious subject retires and the machine reappears. In Valéry's words, 'On n'invente que ce qui s'invente et veut être inventé'.[89] To sum up, the concept of a conscious and self-conscious self-subject appears to be excluded, its role reduced at the most to that of an 'opérateur heuristique'.[90]

There are, however, very precise limits to Valéry's 'structuralism' which ultimately deny him the title of structuralist, since his system involves the rejection of structuralism's most basic assumption. The latter excludes a self-conscious subject from the sense-giving process either by presenting the product (text, etc.) as a self-enclosed formal system of signs—what Paul Ricœur calls a 'constellation sémique'[91]— or by envisaging the productive act as a sequence of machine-like operations 'dont le sujet connaît les résultats et non le mécanisme'.[92] In this, it is not the notion of active subject that is rejected but that of an individual self-conscious subject. The notions of 'moi', 'vécu' and 'prise de conscience', says Jean Piaget, are replaced by that of 'sujet épistémique ou noyau cognitif commun à tous les sujets de même niveau' understood in terms of a 'processus ininterrompu de coordinations et de mise en réciprocités'.[93] If Valéry would agree that the subject in question is not a mere *vécu* ('Il ne faudrait pas dire: *JE pense* — sans précautions, car *Je* n'est pas celui du JE *suis* Jacques'),[94] it is certainly not the mere anonymous subject factor in an operational logic, but very definitely an individual consciousness endowed with a reflexive structure.

At first sight the individual consciousness may appear to have a very subordinate and insignificant status in Valéry's thought, so strong is the emphasis placed on the notion of pure consciousness or pure self. But, in fact, if the latter has the logical priority in his system, it is the former that has priority in the productive process. This is clearly seen in the important passage quoted earlier where he distinguishes between the pure consciousness — 'sans attribut', 'sans nom', a 'Zéro' or 'rien' — and the individual consciousness which has '*mon* nom' and speaks of '*mon* monde'. The former is a

'Non Universel' which supposes a double act of affirmation: both 'I am not only my individual self' ('Je ne suis pas rien que celui qui fait, que celui qui...est')[95] and, to follow out Valéry's logic, 'I am not only a pure self'. The latter is the field of possibilities, a capacity for relation, differentiation and structure, the former is the power which actualizes this capacity in positive acts of structuring. In so doing, the individual consciousness both determines itself as an individual, modelling in its successive acts an evolving personality, and determines and constructs a world 'for itself' with the mark upon it of a personal 'style'. If then a pure self provides the capacity and the possibility, it is an individual self, acting and aware of itself as a positive force, which is in control in the productive act and which commands the structuring and sense-giving process. Not least is this so in language, the paradigm of all action. The 'Zéro' of the pure self 'precedes all words'; only when an individual self— conscious and self-conscious — writes this Zero does his 'positive act' give it form, structure and explicit meaning: '*Zéro* est en soi synonyme de rien, mais l'acte d'écrire ce *Zéro* est un acte positif'.[96]

All schools of linguistics see the act of speech or writing as involving the suspension of the referential dimension of the utterance or text, a distancation on the part of speaker or writer both from his intention in the ordinary sense of the term, and from the thing denoted and their replacement by sign or symbol. This does not do away, however, with the subject's intentionality in the phenomenological sense, his presence in the signifying process as an individual making what Roman Jakobson calls a 'choix orienté du matériel verbal'.[97] 'Toute voix', says Valéry, ' "dit" avant tout: *Quelqu'Un parle*, un *Je*'.[98] The very acts of distancing and formalizing suppose his presence as an active, conscious individual, choosing, selecting, introducing an 'évaluant' into the field of possibilities offered, verbal, syntactic, etc. Moreover, this very distancing implies a subject not only conscious but self-conscious, aware of itself as a power distinct from linguistic possibilities over which, within the constraints of an instituted language, it has control: a self-consciousness that varies in degree with the complexity of the inherent factors — message intended, linguistic material available, situation and attitudes of the interlocutor—and therefore with the intensity of the effort involved. The key word here is evaluation — 'c'est l'évaluation qui est la grande affaire du système qui pense'[99] — namely a selection in terms of chosen values, implying a *personal* commitment. In all discourse there enter extra-linguistic factors — a realm of ends, values and final purposes — centred ultimately on the person of the speaker or writer and his active intrusion in the sense-giving process.[100] Valéry has in fact criticized pure formalism as a 'mysticism' to which he at one time subscribed:

> Il y eut un temps où je voyais.
>
> Je voyais ou voulais voir les figures de relations entre les choses, et non les choses...Et c'était une sorte de mysticisme, puisque c'était faire dépendre le monde sensible aux yeux, d'un monde sensible à l'esprit et réservé...[101]

His reason for this rejection lies in the fact that for him language is primarily communication. 'Le langage associe trois éléments: un Moi, un Toi, un Lui ou chose — Quelqu'un parle à quelqu'un de quelque chose'.[102] To concentrate on form and structure at the expense of any of those elements is to forget, as Noël Mouloud has it, 'la finalité du langage, l'effort de l'homme parlant pour connaître, signifier et communiquer' and that 'le langage naturel "exprime" autant qu'il "signifie"'.[103]

The analogy between subject, (thinker, poet, etc.) and machine requires similar qualification. As we have seen, Valéry recognizes the role of mechanisms, including the cultural and linguistic forms which, as part of the social implex, constitute a built-in inheritance. Yet, in Valéry's definition, once instituted, they remain within the field of consciousness as virtualities, 'capacités', structures charged with potential energy, ready to be re-activated by their incorporation in new acts and new dynamic structures. As mechanisms grounded, as are the shared linguistic forms, in the social implex, they may belong to 'no one', but taken over they become material for conscious individual innovations and individual styles. If then the speaking, acting subject is a 'machine', he is so only in part. Mechanisms constrain, shared linguistic codes limit, so that the subject's operations follow a pre-set logic, but within these limits, he is free to innovate and establish an individual 'style' and 'world'. Nowhere is this better said than by Valéry himself in the passage that follows immediately his declaration that the work is that of 'positively no one':

> ...*Et cependant cela est bien de moi-même*, puisque mes faiblesses, mes forces, mes redites, mes manies, mes ombres et mes lumières seront toujours *reconnaissables* dans ce qui tombe de mes mains.[104]

The rehabilitation of the conscious and self-conscious subject in the productive process finds support among contemporary linguists. 'Toute composition significative', Jakobson insists, 'implique un choix orienté du matériel verbal'.[105] In a reasoned defence of the role of the subject Marc Eli Blanchard argues that his activity 'is determined...not so much by sociolinguistic processes well beyond the control of any single writing or speaking subject, but rather by processes of individual stylistic production activated by the subject himself who, by personally interpreting linguistic differences, produces textual displacements beyond the realm of an amalgamated *langue*'.[106] The act of language, Monique Parent states, 'a la puissance d'un acte pleinement humain, conscient, prolongé et orienté' accomplished 'dans les conditions données par le système linguistique et le contexte culturel' and, she adds significantly, 'Encore a-t-il même le pouvoir, dans certaines limites, de transformer l'un et l'autre'.[107] It is indeed the closure, the confinement within the forms of an antecedent language that limits structuralism when offered as a complete theory of production and leads it to favour what Derrida calls the 'geometrical' at the expense of the 'qualitative' and 'intensive', 'la force de ce qui engendre'.[108] This in large part because, by a methodological *fiat*, it concentrates, to employ Benveniste's distinction, on the semiotic (the signifying function of language or 'signifiance') to the exclusion of the semantic (its communicative function or 'sens'), on the 'signifié du signe' at the expense of 'l'intenté' of the speaker who puts the *langue* into action in his discourse.[109]

None the less, there are possibilities of linkage between structuralism and phenomenology. Noël Mouloud observes that, if structuralism analyzes correlations, it also — in certain interpretations at least — studies formative processes, while phenomenology, if primarily a philosophy of the subject, also makes room for 'rationalités naissantes'.[110] There is indeed a dialectic operating between the two poles of structure and form on the one hand and intention and conscious creation on the other, given forms and meanings being constantly transcended by new ones through acts of transformation. 'La parole', writes Merleau-Ponty, 'est donc cette opération paradoxale où nous tentons de rejoindre, au moyen de mots dont le sens est donné, et de significations déjà disponibles, une intention qui...va au delà et modifie, fixe elle-même...le sens des mots par lesquels elle se traduit' in what is a 'processus indéfini de l'expression'.[111]

This dialectic is recognized in the phenomenological account and cannot be accounted for in the structuralist one, if the latter is characterized by its 'refusal to acknowledge any meaning outside or beyond the constraints of a pre-existent language'.[112] But, even if the concept of structure has its place in the dialectic as one of its poles, it is the pole of conscious, creative intention that is the dialectic's driving force and the originator of meaning. A valid concept of structure requires its integration into a phenomenology of consciousness. The very analysis of structure, it may be observed, depends on the prior understanding of the sense of a text gained by insight into the intentionality behind it, which is displayed in its *novelties* of expression and meaning.

It is this dialectic that Valéry is intent on assuring — the open-ended invention of new structures through acts applied to old structures and operating within the constraints of pre-set rules, the 'possible-à-chaque-instant'. But it is a dialectic which makes structure subordinate to consciousness. Valéry's 'structuralism' has its validity by reason of its integration into a dominant phenomenology or philosophy of consciousness.[113] With this dominance in mind, consciousness and structure in Valéry's thought are seen to suppose each other. There can be no consciousness or self-consciousness apart from an act which has structure, pattern and system as its *telos*, and no system and structured product that does not have a conscious, formative, reflexive and sense-giving act as its origin.[114]

Note. Quotations from Valéry's works are taken from the two-volume editions in the Bibliothèque de la Pléiade (Gallimard): *Œuvres*, edited by Jean Hytier, 1957-60; *Cahiers*, edited by Judith Robinson, 1973-4.

[1] The claim for Valéry as a precursor of structuralism is put forward by Gérard Genette, *Figures* (Seuil, 1966), p. 253 ff and by Jürgen Schmidt-Radefeldt, *Paul Valéry linguiste dans les Cahiers* (Klincksieck), p.7.

[2] For Husserl all conscious phenomena have sense by and through the correlation within the noetico-noematic structure of experience and cognition between the object as it presents itself 'as such' to consciousness and the intention or act of consciousness that grasps it (as in perception). He reserves the term meaning (*Bedeutung*) for logical or 'expressive' meaning, in that it requires an explicit act of verbal expression which has for effect to raise it from the status of percept to that of concept. See *Idées directrices pour une phénoménologie*, translated by P. Ricœur (Gallimard, 1950), pp. 418-20.

[3] Valéry's procedure might suggest analogies with Kant's transcendental deduction on the one hand or Husserl's *epoche* on the other, but it differs from both. Valéry criticizes Kant, among other philosophers, because 'leurs systèmes sont des

systèmes de symboles', whereas 'la philosophie est forcément fondée sur l'observation et l'expérience intérieure' (*Cahiers*, I, 482). Husserl's *epoche* is in its initial intent a methodological device involving a suspension of the natural attitude in order to display a transcendental *cogito*. Both are *a priori* investigations, one of concepts and categories, the other of logical essences and meanings. Valéry, on the contrary, works within conscious experience and his investigation remains an empirical one, aimed at reducing consciousness, by the process of exhaustion described, to its pure form or essence — 'conscience à la limite' (*Cahiers*, II, 309). In this his method conforms to his claim that his philosophy 'n'est pas *explicante*, mais *opérante*' (*Cahiers*, I, 843).

⁴ *Œuvres*, I, 396.
⁵ *Œuvres*, II, 959.
⁶ *Cahiers*, I, 227.
⁷ *Cahiers*, II, 309. Cf. the fictional Monsieur Teste, who preserves his mind as 'le sanctuaire et le lupanar des possibilités' (*Œuvres*, II, 43).
⁸ *Cahiers*, II, 330.
⁹ *Œuvres*, II, 959. See also Georges Poulet, *Entre moi et moi. Essais critiques sur la conscience de soi* (J. Corti, 1977), pp. 151-2.
¹⁰ *Cahiers*, II, 326.
¹¹ *Cahiers*, I, 137. In the equestrian sense, i.e. swerve, 'deflection'.
¹² Ibid., p. 440.
¹³ *Cahiers*, II, 224. It should be stressed that the distinction between the pure consciousness and the individual consciousness is not an absolute distinction as between identity and absence of relation on the one hand and relation and difference on the other. It is between a 'capacity' for difference and relation — the pure consciousness being the field of possible relations, an 'Identique-en-puissance'— and their actualization in and by the individual consciousness. Valéry in the passage quoted identifies 'dédoublement' and consciousness. Logic therefore requires that the pure consciousness itself possess at least a virtual duality. All the more so as self-consciousness, the condition for which is duality, is attributed to the pure self as it is to the individual self: 'Le Moi pur — Self-consciousness' (*Cahiers*, II, 318).
¹⁴ 'En toute matière "intellectuelle" la notion capitale est celle de Pouvoir' (*Cahiers*, I, 360).
¹⁵ *Œuvres*, II, 222.
¹⁶ *Cahiers*, I, 514.
¹⁷ Ibid., p. 570.
¹⁸ Ibid., p. 701.
¹⁹ *Œuvres*, I, 1168.
²⁰ *Cahiers*, II, 131.
²¹ *Œuvres*, I, 1169. Cf. 'Rapports de la musique avec l'*espace* — ou plutôt avec un espace — (qu'elle détermine, définit à chaque instant —). Et cet espace est un espace-temps' (*Cahiers*, II, 940).
²² *Cahiers*, II, 246.
²³ 'Conscience est substitution' (Ibid., p. 237).
²⁴ *Œuvres*, I, 1397.
²⁵ Cf. J. Schmidt-Radefeldt, op. cit., p. 26.
²⁶ *Cahiers*, II, 132.
²⁷ 'Peut être *fixe... ce qui n'est pas idée...* Une idée est un moyen, ou un *signal de... transformation*' (*Œuvres*, II, 205).

28 For a detailed account of these mental abilities, see Judith Robinson, *L'Analyse de l'esprit dans les Cahiers de Paul Valéry* (J. Corti, 1963), p. 106 ff.
29 *Cahiers*, II, 132.
30 *Cahiers*, I, 973.
31 Ibid., p. 1019. 'Une forme est un acte' (*Cahiers*, II, 937). This equating of act, form and function has led to a *rapprochement* with modern cybernetics. See J. Robinson, op. cit, pp. 74-81. Cf. J. Schmidt-Radefeldt, loc. cit.
32 *Cahiers*, II, 149.
33 Ibid., p. 152.
34 Ibid., p. 143.
35 Ibid., pp. 93-4.
36 Ibid., p. 97.
37 Ibid., p. 139.
38 Ibid., p. 97. This is also the problem of Jacques Derrida, whose concept of 'Différance' rules out Valéry's solution. See below, note 93.
39 *Cahiers*, I, 1278.
40 Ibid., p. 1346.
41 Ibid., p. 1338.
42 Ibid., p. 1269.
43 Ibid., p. 1263.
44 Ibid., p. 1265.
45 Ibid., p. 622.
46 Quoted by J. Derrida, *Marges de la philosophie* (Minuit, 1972), p. 343.
47 *Cahiers*, I, 1028.
48 Ibid., p. 273.
49 *Œuvres*, II, 234.
50 *Cahiers*, I, 1081.
51 Ibid., p. 1040.
52 Ibid., p. 1081.
53 *Œuvres*, II, 236. My italics.
54 Ibid., p. 1080-1.
55 *Œuvres*, II, 234.
56 Op. cit., p. 361.
57 *Cahiers*, I, 1126.
58 Ibid., p. 1125.
59 Ibid., p. 1126. Cf. Gabriel Marcel's concept of 'mon corps' (*The Mystery of Being*, Vol. I, *Reflection and Mystery*, Harvill Press, 1950, p. 103 ff); and Maurice Merleau-Ponty's concept of 'le corps propre' (*Phénoménologie de la perception*, Gallimard, 1945, Première partie, p. 81 ff).
60 *Cahiers*, I, 1047.
61 Cf. 'Le geste a un *sens* qui tend à le régénérer' (Ibid., p. 457). One may note that Valéry himself puts the term 'mécanisme' between inverted commas in the preceding quotation.
62 *Cahiers*, II, 207.
63 *Cahiers*, I, 218.
64 *Cahiers*, II, 131.
65 Quoted by J. Schmidt-Radefeldt, op. cit., p. 28.
66 *Cahiers*, I, 458.
67 Ibid., p. 463.

[68] Ibid., p. 462. This formulation with its reference to the 'thing' corresponds to that of Saussure. Georges Mounin observes that the latter 'n'élimine pas la chose du circuit de la signification, mais condamne seulement une théorie simpliste du rapport entre chose et signe' (*Linguistique et philosophie*, Presses Univ. de France, 1975, p. 7).

[69] *Cahiers*, I, 387.

[70] Ibid., p. 389.

[71] On the 'picture' theory and 'atomic facts', see *Tractatus Logico-Philosophicus*, translated by C. K. Ogden (Routledge and Kegan Paul, 1981), p. 89. On the 'use' principle and 'language games', see *Philosophical Investigations*, translated by G. E. M. Anscombe (Blackwell, 1952), p. 6, and *Le Cahier bleu*, traduit de l'anglais par Guy Durand (Gallimard, 1965), pp. 127-30.

[72] *Cahiers*, I, 457.

[73] Ibid., pp. 386-7.

[74] Ibid., pp. 288-9.

[75] Ibid., p. 457. Needless to say, Valéry recognizes that codes, conventions, symbols, etc. are acquired and operate within a specific linguistic and cultural group. 'Le langage est l'Implexe social par excellence. Telle circonstance tire de *moi* telle formation du type *action-verbale*' (Ibid., p. 469).

[76] Ibid., p. 459.

[77] Valéry retains the traditional symmetrical relation between signifier and signified, as defined by Saussure. The dominant feature of recent, post-structuralist, semiotics has been the primacy given to the signifier over the signified. The principal proponent of this view is Derrida, who rejects the traditional distinction on the ground that, like that between 'intelligible/sensible', it has a metaphysico-theological root implying a 'logos absolu' with which the signified is identified (*De la Grammatologie*, Minuit, 1967, pp. 23-4: *Positions*, Minuit, 1972, p. 49). The play of differences on which meaning depends, he argues, implies a power productive of differences — 'la Différance' or 'la trace' — which requires that every sign in a structure functions both as a 'differing' and a 'deferring'. It follows that a signified must at the same time have inherent in it a quality and function of signifier. Each signified becomes immediately signifier in what is an endless sequence of signifiers and deferring of meaning — 'le renvoi indéfini de signifiant à signifiant... ne laissant aucun répit au sens signifié, l'engageant... à faire signe encore et à différer' (*L'Ecriture et la différence*, Seuil, 1967, p. 42). Michael Riffaterre has applied similar principles to the poem, which he considers as a closed entity composed of signifiers pure and simple ('Sémantique du poème', *Cahiers de l'Association Internationale des Etudes Françaises*, No. 23, May, 1971: *Semiotics of Poetry*, Methuen, 1980).

[78] *Œuvres*, II, 564.

[79] *Œuvres*, I, 1456.

[80] Ibid., p. 1463.

[81] 'Rendre le langage *conscient* — comme un acte conscient' (*Cahiers*, I, p. 355). Cf. remarks on the importance of explicit models, Jens Allwood, Lars-Gunnar, Östen Dahl, *Logic in Linguistics* (Cambridge Univ. Press, 1977), p. 171.

[82] Genette makes an interesting comparison with Claude Lévi-Strauss's structural anthropology, op. cit., p. 264.

[83] *Œuvres*, I, 483.

[84] *Œuvres*, II, 581.

[85] *Cahiers*, I, 962. My italics.

[86] *Œuvres*, I, 1441.

[87] Ibid., p. 614.

[88] *Cahiers*, I, 1141.

[89] *Œuvres*, I, 614-15.

[90] Jean-Marie Benoist, *La Révolution structurale* (Grasset, 1975), p. 320.

[91] *Le Conflit des interprétations* (Seuil, 1969), p. 79.

[92] Jean Piaget, *Le Structuralisme* (Presses Univ. de France, 1968), p. 120.

[93] Ibid. Similar strictures are expressed by the *Tel Quel* group, see Jan M. Broekman, *Structuralism* (Dordrecht, Holland: Boston, U.S.A., D. Reidel, 1974), where in a sympathetic account of their theory of 'lecture' he also refers to the 'overly dogmatic-formalistic consequences' of their theories 'especially where the role of the subject is concerned' (p. 75). See also Jean Ricardou, 'Le Nouveau roman est-il valéryen?', *Entretiens sur Paul Valéry* (Mouton, 1968).

The position of Derrida in relation to Valéry is particularly interesting. As in the case of the afore-mentioned, Derrida's 'Différance' allows for a subject 'présent à soi' as a speaking and signifying subject 's'inscrivant dans le système des différences' ('La Différance', in *Théorie d'ensemble*, Seuil, 1968, p. 55. This text first appeared in the *Bulletin de la Société Française de Philosophie*, 62e Année, N° 3, Juillet-Septembre, 1968). But it excludes the notion of a self-conscious subject which, Derrida argues, implies 'une présence à soi du sujet avant sa parole ou son signe, une présence à soi du sujet dans une conscience silencieuse et intuitive', existing in a temporal present which is pure identity prior to difference, as it is understood in the traditional 'metaphysics of presence' and 'logocentrism'. In spite of the place Valéry himself gives to difference (both as differing and deferring) his views contradict those of Derrida on the two points mentioned. His Pure Self-consciousness is not identity pure and simple. As a 'capacity', instinct with possible relations, it includes in its self-identity possibilities of differentiation, to be realized in the individual self-consciousness. His present likewise unites identity and difference, unity and multiplicity, since its retentions and protentions, while having some quality of otherness, are not pure 'absences', for as horizons which both modify and are modified by the narrow present they are an integral part of the total present conceived as a Form (the 'Présent-Forme'). For Derrida, on the other hand, the constitution of the present, which he calls 'Différance', is a 'synthèse "originaire" et *irréductiblement non-simple*, donc, *stricto sensu*, non-originaire, de traces, de rétentions et de protentions', that is, of traces of past and future, 'constituant ce qu'on appelle le présent par rapport même à ce qui n'est pas lui: *absolument pas lui, c'est-à-dire pas même un passé ou un futur comme présents modifiés*' (pp. 51-2. My italics), — in brief, a present definable in terms solely of difference and otherness.

[94] *Cahiers*, I, 706.

[95] *Cahiers*, II, 330.

[96] *Œuvres*, II, 959.

[97] Roman Jakobson, *Huit questions de poétique* (Seuil, 1977), p. 109.

[98] *Cahiers*, I, 466. Valéry remarks on the 'pre-signifying' role of the voice as indicating before words are spoken the frame of meaning selected: 'Avant d'avoir compris, *nous sommes "en poésie"* ' (Ibid., p. 473). On the function of the first person pronoun as indicative of the intrusion and active presence of the person in discourse, see Emile Benveniste, *Problèmes de linguistique générale*, II (Gallimard, 1974), pp.67-8.

[99] *Œuvres*, II, 222.

[100] The person here, although an individual consciousness, is not the one identifiable with its mere affective life, but the one which belongs to the order of being and manifests itself in its fundamental unitary attitude and intentionality.

[101] *Œuvres*, II, 1532.

[102] *Cahiers*, I, 403.

[103] *Langage et structures. Essais de logique et de séméiologie* (Payot, 1969), pp. 142-3.

[104] *Œuvres*, I, 484.

[105] Loc. cit.

[106] *Description, Sign, Self, Desire* (Mouton, 1980), pp. 2-3.

[107] 'Texte et dynamisme', *Qu'est-ce qu'un texte? Eléments pour une herméneutique* (J. Corti, 1975), pp. 48-9.

[108] *L'Ecriture et la différence*, p. 31.

[109] Op. cit., p. 225. Tzvetan Todorov likewise calls attention to the extralinguistic features of discourse (*Symbolisme et interprétation*, Seuil, 1978), pp. 9-10.

[110] Op. cit., pp. 146-7.

[111] Op. cit., pp. 445-6. Cf. J. Derrida: 'S'il y a des structures, elles sont possibles à partir de cette structure fondamentale par laquelle la totalité s'ouvre et se déborde pour *prendre sens* dans l'anticipation d'un telos qu'il faut entendre ici sous sa forme la plus indéterminée' (*L'Ecriture et la différence*, p. 44).

[112] Christopher Norris, *Deconstruction: Theory and Practice* (Methuen, 1982), p. 52.

[113] Phenomenology, as represented by Merleau-Ponty and the 'generation of 1960', has been criticized by Vincent Descombes for its neglect of being. Referring to the former, he writes: 'the sovereign subject is not "overcome"... but *multiplied*. Instead of being subjected to a single *ego*, the world must now manifest itself to a mass of small *supposita*, each one tied to a *perspective*'. And he goes on to envisage the possibility of 'jettisoning the *for-myself* in order to preserve being' (*Modern French Philosophy*, translated by L. Scott-Fox and J. M. Harding, Cambridge Univ. Press, 1980, pp. 187, 190). Such a jettisoning, however, would signify the destruction of the very basis of phenomenology. Nor is it necessary. The works of Gabriel Marcel and Paul Ricœur show how a philosophy of being may be accommodated within a philosophy of consciousness and how phenomenology may receive, indeed requires for its full development an ontological dimension, if only because, to quote Ricœur, 'il y a un mystère du langage: à savoir que le langage dit, dit quelque chose, dit quelque chose de l'être' (Op. cit., p. 79). This being said, the core and thrust of phenomenology lie ultimately in its analysis and description of conscious phenomena in terms of structuring and sense-giving acts of mind within a self-world context. If Valéry's thought assuredly possesses the ontological dimension, it stands primarily as a phenomenology by its use of a phenomenological method and its formulation of is basic themes.

[114] Valéry is thus able to suggest that the forms of literature have a philosophical dimension — 'On ne comprend ce qu'est la *forme* en matière d'art que lorsqu'on a compris qu'elle donne... *autant* de pensées que le *fond*' (*Cahiers*, II, 1036) — while the thought content of philosophy has a literary or rhetorical dimension — '*La Philosophie est une affaire de forme*' (Ibid., p. 1055). It is an original idea which anticipates much contemporary critical theory, see Jonathan Culler, *Semiotics, Literature, Deconstruction* (Routledge and Kegan Paul, 1981), p. 222.

Select Bibliography of Publications by Ian W. Alexander

1937

'Le Relatif et l'Actuel. En marge des pensées d'Alain', *Revue philosophique*, LXII, 155-88.

'Personnalité et Relativité', *Revue de métaphysique et de morale*, XLIV, 545-61.

1944

'Voltaire and Metaphysics', *Philosophy*, XIX, 19-48.

Review

Ch. de Montet, *Polyphonie*. Ibid., pp. 177-81.

1945

'Novelist-Philosophers II—The Scepticism of Anatole France', *Horizon*, XI, 31-49.

1947

'La Philosophie existentialiste en France: ses sources et ses problèmes fondamentaux', *French Studies*, I, 95-114.

'Valéry and Yeats: The Rehabilitation of Time', *Scottish Periodical*, I, 77-106.

Review

M. Muller, *De Descartes à Marcel Proust: Essais sur la théorie des essences, le positivisme et les méthodes dialectique et réflexive*. French Studies, I, 66-8.

1948

'Jean-Paul Sartre and Existential Philosophy', *Cambridge Journal*, I, 721-36.

Review

F. Delattre, *Ruskin et Bergson: De l'intuition esthétique à l'intuition métaphysique*. French Studies, II, 98-9.

1949

Reviews

Les Etudes Bergsoniennes, I: F. Delattre, *Bergson et Proust;* H. Gouhier, *Maine de Biran et Bergson*. French Studies, III, 175-6.

Les Etudes Bergsoniennes, II: H. Bergson, *L'Idée de lieu chez Aristote*. Ibid., pp. 373-4.

J. Maritain, *Raison et raisons*. Ibid., pp. 372-3.

Gabriel Marcel, *The Philosophy of Existence*. Cambridge Journal, II, 437-8.

M. Grene, *Dreadful Freedom: A Critique of Existentialism*. Ibid., pp. 570-2.

1950

Review

R. Jolivet, *Introduction à Kierkegaard: Les Doctrines existentialistes de Kierkegaard à J.-P. Sartre*. Philosophical Quarterly, I, 79-80.

1951

Reviews

Philosophic Thought in France and the United States, ed. M. Farber. *French Studies*, V, 89-90.

J. R. Smiley, *Diderot's Relations with Grimm*. *Modern Language Review*, XLVI, 520-1.

1952

Reviews

Gabriel Marcel, *The Mystery of Being, I: Reflection and Mystery* (The Gifford Lectures). *Philosophical Quarterly*, II, 94-6.

E. Gilson, *L'Ecole des Muses: Essais d'Art et de Philosophie*. *French Studies*, VI, 271-2.

1953

'Philosophy of Organism and Philosophy of Consciousness in Diderot's Speculative Thought', in *Studies in Romance Philology and French Literature presented to John Orr* (Manchester University Press, 1953), pp. 1-21.

Reviews

A. J. Guérard, *André Gide*. *Modern Language Review*, XLVIII, 352-3.

G. Delfel, *L'Esthétique de Stéphane Mallarmé*. Ibid., pp. 477-8.

B. Constant, *Lettres à Bernadotte*, ed. B. Hasselrot. Ibid., pp. 473-4.

H. H. Holz, *Jean Paul Sartre: Darstellung und Kritik seiner Philosophie*. *Philosophical Quarterly*, III, 369-70.

1954

Reviews

E. Weil, *Logique de la philosophie*. *Philosophical Quarterly*, IV, 184-6.

W. D. Williams, *Nietzsche and the French: A Study of the Influence of Nietzsche's French Reading on his Thought and Writing*. *French Studies*, VIII, 179-80.

W. M. Frohock, *André Malraux and the Tragic Imagination*. Ibid., pp. 377-8.

A. Glauser, *Albert Thibaudet et la critique créatrice*. *Modern Language Review*, XLIX, 378-9.

1955

Review

N. Kemp Smith, *New Studies in the Philosophy of Descartes. Descartes' Philosophical Writings* (selected and translated). *Modern Language Review*, L, 80-2.

1956

Reviews

R. Troisfontaines, *De L'Existence à l'Etre: La Philosophie de Gabriel Marcel*. *Philosophical Quarterly*, VI, 82-3.

J. Clark, *La Pensée de Ferdinand Brunetière*. *Modern Language Review*, LI, 278-9.

P. H. Simon, *L'Esprit et l'Histoire: Essai sur la conscience historique dans la littérature du XXe siècle*. Ibid., pp. 281-2.

F. E. Sutcliffe, *La Pensée de Paul Valéry*. Ibid., pp. 309-10.

J.-P. Richard, *Littérature et Sensation*. *French Studies*, X, 185-7.

F. Jeanson, *Sartre par lui-même*. Ibid., pp. 370-1.

1957

Bergson: Philosopher of Reflection (Studies in Modern European Literature and Thought) (London, Bowes and Bowes, 1957), 109 pp.
Reviews
R. Arbour, *Henri Bergson et les lettres françaises*. French Studies, XI, 380-1.
A. Schlemmer, *Renouvellement de la pensée*. Ibid., p. 379.
N. Zaza, *Etude critique de la notion d'engagement chez Emmanuel Mounier*. Ibid., pp. 190-2.
A. Maurocordato, *L'Ode de Paul Claudel: Essai de phénoménologie littéraire*. Modern Language Review, LII, 119-20.
J. C. Davies, *L'Œuvre critique d'Albert Thibaudet*. Ibid., pp. 120-1.
Correspondance de Marcel Proust et Jacques Rivière, ed. P. Kolb. Ibid., pp. 305-6.

1958

'Critical Study. *De l'Intimité spirituelle*, by Louis Lavelle. *La Découverte de Dieu*, by René Le Senne', *Philosophical Quarterly*, VIII, 175-85.
Reviews
F. Alquié, *Descartes, l'homme et l'œuvre*. French Studies, XII, 68-9.
S. S. de Sacy, *Descartes par lui-même*. Ibid., pp. 156-8.
D. E. Roberts, *Existentialism and Religious Belief*. Ibid., pp. 383-4.

1959

Reviews
A. L. Leroy, *George Berkeley*. Etudes Anglaises, XII, 253-4.
L. S. Roudiez, *Maurras jusqu'à l' 'Action Française'*. French Studies, XIII, 83-4.
H. Hatzfeld, *Trends and Styles in Twentieth Century French Literature*. Modern Language Review, LIV, 123-4.

1960

Reviews
M. J. Temmer, *Time in Rousseau and Kant: An Essay on French Pre-Romanticism*. French Studies, XIV, 256-8.
M. Goth, *Franz Kafka et les lettres françaises* (1928-1955). Ibid., pp. 83-5.
F. G. Grover, *Drieu La Rochelle and the Fiction of Testimony*. Ibid., pp. 181-2.

1961

'The Consciousness of Time in Baudelaire', in *Studies in Modern French Literature presented to P. Mansell Jones*, ed. L. J. Austin, G. Rees and E. Vinaver (Manchester University Press, 1961), pp. 1-17.
Reviews
D. G. Charlton, *Positivist Thought in France during the Second Empire 1852-1870*. French Studies, XV, 76-8.
J. Cruickshank, *Albert Camus and the Literature of Revolt*. Modern Language Review, LVI, 121.
R. Champigny, *Stages on Sartre's Way*. Ibid., pp. 122-3.

1962

'L'Ontologie de Gabriel Marcel', *Actes du Premier Colloque de la Société Britannique de Philosophie de Langue Française* (*Résumés* 'Imprimés comme Manuscrits' by Fretwells

Ltd., Printers, Hull, for private circulation to members of the Society), pp. 5-11.
Review
J. S. Spink, *French Free-Thought from Gassendi to Voltaire. Philosophy*, XXXVII, 369-71.

1963
'La morale "ouverte" de Benjamin Constant', in *Studi in onore di Carlo Pellegrini* (Biblioteca di *Studi Francesi* II) (Turin, Società Editrice Internazionale, 1963), pp. 395-410.
Reviews
Ph. P. Hallie, *Maine de Biran: Reformer of Empiricism 1766-1824. French Studies*, XVII, 178-80.
R. H. Popkin, *The History of Scepticism from Erasmus to Descartes.* Ibid., pp. 254-5.
E. Piccard, *Simone Weil: Essai biographique et critique suivi d'une Anthologie raisonnée des Œuvres de Simone Weil.* Ibid., pp. 286-7.

1964
Reviews
P. Gardiner, *Schopenhauer. Philosophical Books*, V, 14-16.
A. Balakian, *Surrealism: The Road to the Absolute. French Studies*, XVIII, 75-6.
The Novelist as Philosopher: Studies in French Fiction 1935-60, ed. J. Cruickshank. Ibid., pp. 407-9.

1965
'The Phenomenological Philosophy in France: An Analysis of its Themes, Significance and Implications', in *Currents of Thought in French Literature: Essays in Memory of G. T. Clapton*, ed. J. C. Ireson (Oxford, Basil Blackwell, 1965), pp. 325-51.
'La Philosophie de Gabriel Marcel', *Livres de France*, XVI, n°7, 11-15.
Review
F. Temple Kingston, *French Existentialism: A Christian Critique. French Studies*, XIX, 319-20.

1966
Reviews
J.-P. Richard, *L'Univers imaginaire de Mallarmé. Modern Language Review*, LXI, 330-2.
Simone Weil, *Selected Essays 1934-43*, transl. R. Rees. *French Studies*, XX, 213-14.
Descartes, *Œuvres philosophiques, I (1618-37)*, ed. F. Alquié. Ibid., pp. 398-9.

1967
'An Existentialist Appreciation of French Literature (R. Grimsley, *Søren Kierkegaard and French Literature)', Forum for Modern Language Studies*, III, 179-83.
Review
R. D. Laing and D. G. Cooper, *Reason and Violence: A Decade of Sartre's Philosophy, 1950-1960. French Studies*, XXI, 276-7.

1969
'Henri Bergson', in *The Penguin Companion to Literature*, ed. A. K. Thorlby, *2 (European)* (Penguin Books, 1969), pp. 105-6. (Second edition, 1972).
Reviews

A. Levi, *French Moralists: The Theory of the Passions 1585-1649. French Studies*, XXIII, 64-6.
C. Smith, *Contemporary French Philosophy: A Study in Norms and Values.* Ibid., pp. 99-101.

1970

'Maine de Biran and Phenomenology', *Journal of the British Society for Phenomenology*, I, 24-35.
'What is Phenomenology?', Ibid., p. 3.

1971

Reviews
A. Drevet, *Maine de Biran. Journal of the British Society for Phenomenology*, II, 99-100.
F. C. T. Moore, *The Psychology of Maine de Biran. Philosophy*, XLVI, 269-70.

1972

'Raison, existence, être selon les notions de Pascal', in *Mouvements Premiers: Etudes critiques offertes à Georges Poulet* (Paris, Librairie José Corti, 1972), pp. 51-63.
'The Person: Issues and Questions', in *Linguistic Analysis and Phenomenology*, ed. W. Mays and S. C. Brown (Macmillan, 1972), pp. 81-7.

1973

Benjamin Constant: Adolphe (Studies in French Literature N° 24) (London, Edward Arnold, 1973), 64 pp.

1974

Review
P. Delbouille, *Genèse, structure et destin d' 'Adolphe'. Modern Language Review*, LXIX, 415-16.

1977

Review
L. G. Crocker, *Diderot's Chaotic Order: Approach to Synthesis. Modern Language Review*, LXXII, 444-6.

1978

Review
A. E. Pilkington, *Bergson and his Influence: A Reassessment. French Studies*, XXXII, 478-9.

1979

Review
The Classical Tradition in French Literature: Essays presented to R. C. Knight, ed. H. T. Barnwell, A. H. Diverres, G. F. Evans, F. W. A. George and Vivienne Mylne. *Modern Language Review*, LXXIV, 445-6.

1980

Reviews
P. Grotzer, *Albert Béguin ou la passion des autres. Existence et destinée d'Albert Béguin. Etapes d'Albert Béguin* (Dossier 'Civitas', 7).

Albert Béguin 1901-1957: Ein Schriftsteller im Zeitgeschehen. Modern Language Review, LXXV, 413-14.

R. Glasser, *Time in French Life and Thought.* Ibid., pp. 650-1.

H. Lazaron, *Gabriel Marcel the Dramatist.* Ibid., pp. 669-70.

1981

Reviews

G. Mercken-Spaas, *Alienation in Constant's 'Adolphe': An Exercise in Structural Thematics. Modern Language Review*, LXXVI, 195-6.

A. Moscato, *Pascal e la metafisica: Tre studi. French Studies*, XXXV, 197-8.

1984

Review

A. Medina, *Reflection, Time and the Novel: Toward a Communicative Theory of Literature. Journal of the British Society for Phenomenology*, XV, 90-2.

List of Subscribers

The following have associated themselves with the publication of this volume through subscription.

Elizabeth Anderson, Edinburgh

L. J. Austin, University of Cambridge

W. H. Barber, Birkbeck College, London

H. T. Barnwell, Glasgow

E. A. Cheshire, University College of North Wales, Bangor

C. Crossley, Birmingham

Alison Fairlie, Girton College and University of Cambridge

D. J. Fletcher, University of Durham

J. S. T. Garfitt, Magdalen College, Oxford

Rhiannon Goldthorpe, St. Anne's College, Oxford

B. Griffiths, University College of North Wales, Bangor

J. M. Heaton, British Society for Phenomenology

A. Howe, University of Liverpool

Geoffrey Hunter, University College of North Wales, Bangor

Emyr Tudwal Jones, University College of Wales, Aberystwyth

W. Gareth Jones, University College of North Wales, Bangor

J. Kitchin, Edinburgh

A. C. M. Lavers, University College, London

D. W. Lindsay, University College of North Wales, Bangor

J. E. Llewelyn, University of Edinburgh

Keith Marshall, University College of North Wales, Bangor

Robert Niklaus, Exeter

Adrian C. Ritchie, University College of North Wales, Bangor

D. D. Ronco, University College of North Wales, Bangor

B. Saunderson, Bangor

Eva Schaper, University of Glasgow

J. S. Spink, University of London

Alan Steele, Edinburgh

Norman Suckling, University of Newcastle upon Tyne

M. G. Tillett, Cosham

D. A. Watts, University of Exeter

Max Wilcox, University College of North Wales, Bangor

The Library, University of Aberdeen

The Library, University College of North Wales, Bangor
The Library, University of Birmingham
Universitäts-Bibliothek, Bonn
J. B. Priestley Library, University of Bradford
Magdalene College, Cambridge
St. Catharine's College, Cambridge
The Library, University of Durham
The Library, University of Edinburgh
The Library, St. David's University College, Lampeter
Modern Languages Library, University of Leeds
Department of French, King's College, London
The Library, University of London
Association des Amis du Musée Alain, Mortagne-au-Perche
St. Anne's College, Oxford
St. Catherine's College, Oxford
Taylor Institution, Oxford
The Library, University of Reading
Universitäts-Bibliothek, Saarbrücken
The Library, University of Sussex
Librarian, University of Warwick